PALLADIUS

TRAITÉ D'AGRICULTURE

LIVRES III à V

COLLECTION DES UNIVERSITÉS DE FRANCE

DERNIERS OUVRAGES PARUS

Série grecque

dirigée par Jacques Jouanna

ALCHIMISTES GRECS. *Recettes alchimiques* (Par. Gr. 2419 ; Holkhamicus 109) *Cosmas le Hiéromoine - Chrysopée.* Texte établi et traduit par A. Colinet.

APPIEN, *Histoire romaine*, tome X, livre XV (*Guerres civiles*, livre III). Texte établi et traduit par P. Goukowsky, annoté par Ph. Torrens.

CORPUS RHETORICUM, tome II, *Hermogène, les états de cause.* Textes établi et traduit par M. Patillon.

FAVORINOS D'ARLES, tome III. *Œuvres. Fragments.* Texte établi, traduit et commenté par E. Amato.

GALIEN, tome III. *Le médecin. Introduction.* Texte établi et traduit par C. Petit.

GALIEN, tome IV. *Ne pas se chagriner.* Texte établi et traduit par V. Boudon-Millot et J. Jouanna avec la collaboration de A. Pietrobelli.

MÉNANDRE, tome IV. *Les Sicyoniens.* Texte établi et traduit par A. Blanchard.

PROCLUS, *Commentaire sur le* Parménide *de Platon*, tome II, livre II. Texte établi, traduit et annoté par C. Luna et A.-Ph. Segonds.

Série latine

dirigée par Jean-Louis Ferrary & Jean-Yves Guillaumin

ARNOBE. *Contre les Gentils* (*Contre les païens*), tome VI, livres VI-VII. Texte établi, traduit et commenté par B. Fragu.

LES ARPENTEURS ROMAINS, tome II, *Hygin - Siculus Flaccus.* Texte établi, traduit et commenté par J.-Y. Guillaumin.

COMMODIEN. *Instructions.* Texte établi et traduit par J.-M. Poinsotte.

ENNODE DE PAVIE, tome II. *Lettres.* Texte établi, traduit et commenté par S. Gioanni.

PALLADIUS. *Traité d'agriculture*, tome II, livres III à V. Texte présenté, établi, traduit et commenté par Ch. Guiraud et R. Martin.

PLINE LE JEUNE, tome I. *Lettres.* Nouvelle édition. Texte établi, traduit et commenté par H. Zehnacker.

SYMMAQUE. *Discours.* Texte établi, traduit et commenté par J.-P. Callu.

VITRUVE. *De l'architecture*, livre V. Texte établi, traduit et commenté par C. Saliou.

COLLECTION DES UNIVERSITÉS DE FRANCE
publiée sous le patronage de l'ASSOCIATION GUILLAUME BUDÉ

PALLADIUS

TRAITÉ D'AGRICULTURE

TOME II

LIVRES III à V

TEXTE PRÉSENTÉ, ÉTABLI, TRADUIT ET COMMENTÉ

PAR

† CHARLES GUIRAUD

Professeur honoraire à l'Université de Paris X

ET

RENÉ MARTIN

Professeur émérite à l'Université de Paris III

Ouvrage publié avec le concours du Centre national du Livre

PARIS
LES BELLES LETTRES
2010

Conformément aux statuts de l'Association Guillaume Budé, ce volume a été soumis à l'approbation de la commission technique, qui a chargé M. Jean Christian Dumont d'en faire la révision et d'en surveiller la correction en collaboration avec M. René Martin.

95 boulevard Raspail, 75006 Paris
www.lesbelleslettres.com

ISBN : 978-2-251-01458-6
ISSN : 0184-7155

Vxori carissimae
studiorum operumque
sodali

C.G.

NOTE PRÉLIMINAIRE

Le texte des livres III, IV et V de l'*Opus agriculturae* a été établi par Charles Guiraud, qui prenait la suite de René Martin, éditeur des livres I et II. La traduction reprend dans une très large mesure celle, provisoire, que celui-ci avait déjà réalisée, sur la base de l'édition Rodgers, à la suite de sa propre édition et que son successeur, à qui il l'avait transmise, a choisi de faire sienne sous réserve des modifications imposées le cas échéant par ses options textuelles.. Charles Guiraud n'ayant pu mettre la dernière main à son travail lorsqu'il décéda subitement en 2004, René Martin fut, en sa qualité de traducteur, considéré par les Belles Lettres comme représentant désormais l'auteur, et chargé de revoir et de corriger, si besoin était, le travail effectué par Charles Guiraud. De ce travail il a conservé l'essentiel, tout adoptant dans un certain nombre de cas, dûment signalés dans l'apparat critique et justifiés dans des notes signées de lui et signalées dans le commentaire par un astérisque, des choix textuels différents, au nombre desquels, dans le livre III, cinq conjectures (en 9, 2, *neque* (*fecundas*) pour *atque* ; 11, 14, *cui* pour *quibus* et transposition de *his signis* ; 25, 26, *ista* pour *ita* ; 31, 1, *ac inclinabis* pour *ac linabis*). Le manuscrit *P*, fréquemment omis dans l'apparat, a été intégralement collationné. L'apparat a été par ailleurs conservé tel quel. La bibliographie a été mise à jour. L'introduction et le commentaire n'ont subi en revanche aucune modification. L'ensemble du travail, résultant ainsi d'une collaboration partiellement posthume, a été ensuite soumis au réviseur, M. Jean-Christian Dumont, auquel René Martin, en son nom propre et au nom de Charles Guiraud, tient à adresser ici ses plus vifs remerciements pour le soin avec lequel il s'est acquitté de sa tâche et pour les remarques toujours pertinentes qu'il a formulées.

INTRODUCTION

Il est naturellement indispensable de se reporter à l'introduction de René Martin, Palladius, *Traité d'agriculture*, tome premier, (livres I et II), Paris, Les Belles Lettres, 1976. Nous nous contenterons d'insister sur les points suivants :

1. Columelle et Palladius

Palladius est incontestablement un compilateur. Le problème des sources a déjà été étudié dans la préface de l'édition Schneider de 1795. Palladius ne semble pas avoir pris grand chose chez Caton et Varron ; pour les arbres et l'horticulture, il a utilisé Gargilius Martialis, ainsi que les *Géoponiques* (c'est ce dernier traité qui a inspiré notamment les chapitres sur la conservation des produits et l'élaboration de recettes variées). Mais la source fondamentale de Palladius est incontestablement Columelle. On citera ici ce qu'écrivait à ce sujet René Martin : « Pour l'essentiel, notre auteur s'inspire de Columelle, que dans de très nombreux passages il se borne à résumer, tout en prenant en général le plus grand soin de ne pas employer les mêmes mots et tournures que lui, peut-être dans le dessein de masquer une trop grande servilité ».

Une question générale se pose à ce sujet : un abréviateur peut-il conserver sa lisibilité ? En ce qui concerne notre auteur, la réponse est positive dans la grande majorité des cas. Par exemple, le chapitre 15 du livre 3, consacré à la taille des jeunes vignes, montre bien que Palladius est un bon spécialiste de la « contraction de texte ». Il rassemble en quelques lignes des renseignements empruntés à des passages très dispersés de Columelle (4,17,5 ; 11,2,19). Un exemple particulièrement caractéristique est fourni par le chapitre 13 du livre 3, consacré à la taille de la vigne arbustive où, en trois paragraphes, Palladius a recours successivement aux passages suivants de Columelle : 5,6,23-25 ; 5,6,26 ; 5,6,27 ; 5,6,12 ; 5,6,15 ; 5,6,10 ; 5,6,36-37 ; 5,7,1-2 ; 5,6,27-28. Il fait donc une véritable synthèse des renseignements fournis par sa source, sans suivre l'ordre de celle-ci ; il rassemble ce qui était dispersé chez son devancier.

Il arrive néanmoins que Palladius soit insuffisant, par exemple, en 3,9,3 et 4, où est abordée la question des variétés de vignes, dont il considère l'énumération comme inutile. Il commence par distinguer (paragraphe 3) le raisin de table et le raisin destiné aux vendanges., puis il évoque, au paragraphe 4, deux sortes de vignes seulement : les Aminées et les Apiennes alors que Columelle, au livre 3 de son traité, mentionnait une cinquantaine d'espèces. D'autre part, toujours en 3,9,3 et 4, il exclut systématiquement toutes les indications sur la vente des raisins et du vin, qui apparaissent chez Columelle en 3, 2.

Il est très rare que Palladius soit plus précis que son modèle ; cela se produit néanmoins en 3,9,4 à propos des Aminées, qui, dit-il, ont besoin de fumure pour passer d'un terrain gras à un terrain maigre, alors que cette précision n'apparaît pas chez Columelle 3,9,7.

Dans l'ensemble, le traité de Palladius constitue un résumé de son modèle, mais ce résumé ne dispense pas de recourir à l'original. Il est vraisemblable que les grands propriétaires de l'époque de Palladius avaient en mains à la fois le texte de l'élève et celui du maître, l'avantage du second tenant à sa structure d'almanach, offrant mois par mois la quintessence de ce qu'un homme de la terre devait savoir à l'époque.

2. L'originalité de Palladius

Elle tient donc d'abord au fait que son traité agricole se présente sous forme de calendrier. On peut renvoyer à ce sujet aux développements de R. Martin, Palladius, *Traité d'agriculture*, tome premier (livres I et II), Paris, Les Belles Lettres, 1976, p. XXV-XXVII. La forme du calendrier ne concerne pas tout le traité de Palladius, mais seulement les livres 2 à 13, correspondant aux mois de janvier à décembre. Le livre 1, nettement plus long que les autres, rassemble un certain nombre de généralités préalables sur l'exploitation agricole. Le livre 14 est un traité de médecine vétérinaire, le livre 15 un poème sur les greffes. La technique de l'almanach (livre 2 : janvier etc., jusqu'au livre 13 : décembre) constitue l'originalité fondamentale de Palladius par rapport à ses devanciers. Mais Palladius tient compte aussi de l'influence de la lune (*passim*).

Est-ce à dire que ni Caton, ni Varron, ni Columelle n'avaient introduit dans leurs œuvres des considérations relatives au calendrier ? Les auteurs de traités agricoles de l'Antiquité avaient l'habitude de consacrer certains chapitres au calendrier[1], en y superposant éventuellement l'astrologie.

Le premier de ces auteurs, Caton, nous offre un traité où les préoccupations de calendrier sont vraiment réduites au minimum ; certes, du chapitre 23 (préparation de la vendange) au chapitre 53 (la fenaison), on peut déceler un ordre chronologique, mais le reste de l'ouvrage part en ordre dispersé. Surtout, les indications

1. Cf. Ana Moure Casas, Paladio, *Tratado de agricultura*... Madrid, 1990, pp. 33-35.

de date, lorsqu'elles existent, sont extrêmement vagues : au chapitre 41, greffe de la vigne et d'autres espèces au printemps ; au chapitre 43,2 : piochage une fois par mois des tranchées de la vigne ; au chapitre 50, fumage des prés au début du printemps. Encore peut-on se contenter de cette tentative de précision. Mais que dire d'indications comme celles-ci : ce que l'on peut faire « quand le temps sera mauvais » (*ubi tempestates malae erunt*, chap. 39) ? Ou encore : « coupez l'osier en temps voulu » (*suo tempare*, chap. 33,5). Même type de formule au chapitre 53 : *ubi tempus erit* « quand il sera temps ». Ou encore cet adverbe : *mature* « en temps voulu » (chap. 32).

Un progrès sensible apparaît avec le traité de Varron, qui comporte un calendrier des travaux agricoles (chap. 27 à 37, 31 du livre 1). Mais la simplicité n'est pas au rendez-vous. D'abord Varron annonce des divisions du temps « de deux sortes, l'une annuelle, que détermine la révolution du soleil, l'autre mensuelle, qu'embrasse le mouvement circulaire de la lune ». La division annuelle du temps est la division par saisons. En 1,27,2 et 3, l'auteur expédie rapidement les travaux à faire au printemps (six lignes), en été (quatre mots : *aestate fieri messes oportere*), en automne (quatre lignes), en hiver (trois lignes). Les considérations sur la lune et les travaux qu'il convient de faire quand elle est pleine ou nouvelle occupent le chapitre 37 du livre 1. L'essentiel concerne la division de l'année en huit périodes (1, chap. 28 à 36). C'est là qu'on se rapproche le plus de ce que sera l'almanach de Palladius. Mais la division du temps est différente : non pas douze mois, mais huit périodes : 1) du Favonius[2] à l'équinoxe de printemps ; 2) de l'équinoxe de printemps au lever des Pléiades[3] ; 3) du lever des

2. Le 7 février (Varron), le 9 (Ov. *Fast.* 2,148,sq.), le 8 (Pline 2,122).

3. Le 13 mai (Ov. *Fast.* 5,599) ; le 10 mai (Colum. 11,2,40 ; Pline 18,248).

Pléiades au solstice d'été ; 4) du solstice d'été à la Canicule[4] ; 5) de la Canicule à l'équinoxe d'automne ; 6) de l'équinoxe d'automne au coucher des Pléiades[5] ; 7) du coucher des Pléiades au solstice d'hiver ; 8) du solstice d'hiver au Favonius.

La seule période qui fasse l'objet d'un développement assez long est la troisième : du lever des Pléiades au solstice d'été. On peut considérer qu'il y a là une petite ébauche de ce que sera cinq siècles plus tard l'almanach de Palladius. Nous y trouvons des conseils concernant les soins à donner à la vigne, la fenaison et trois lignes sur les arbres fruitiers. Une période, la cinquième (de la Canicule à l'équinoxe d'automne) est expédiée en quatre lignes : « il faut couper les chaumes et construire les meules, biner les champs, tailler le feuillage, faucher une seconde fois les prés irrigables » (trad. Heurgon, Les Belles Lettres). Si l'on compare avec ce qui concerne cette période dans les mois correspondants de l'almanach de Palladius, on voit que les utilisateurs du traité de Varron restaient vraiment sur leur faim.

Un pas décisif est franchi avec Columelle, qui propose au *uilicus* un calendrier agricole tout au long du long chapitre 2 du livre 11. L'année, qu'il fait commencer pour les travaux de la ferme aux ides de janvier, est divisée en périodes de demi-mois. On va d'ides en calendes et de calendes en ides. Pour chacune de ces périodes l'auteur, qui avait écrit un livre sur l'astrologie (*iis libris quos aduersus astrologos composueram* — Colum. 11,1,31) commence avec la description des signes du zodiaque, des constellations et indique leur influence sur la climatologie et sur les travaux agricoles. Ensuite il donne des conseils concernant la culture, notamment celle de la vigne. C'est, avant la lettre, du Palladius mais, à la diffé-

4. Le 25 juillet (Colum. 11,2,52).

5. Le 8 novembre chez Colum. 11,2,84 ; le 11 novembre chez Pline 2,125 et 18,225.

rence de ce dernier, il ne fait pas tenir l'ensemble de ses conseils dans le calendrier. Le livre 2 de Columelle est consacré aux champs et aux céréales, les livres 3 et 4 à la vigne, etc.

Palladius a systématisé le calendrier agricole dont Columelle avait donné l'exemple. Ce calendrier est devenu la totalité de son œuvre, à l'exception des livres 1, 14 et 15. Autre nouveauté : Palladius offre pour la première fois un almanach fondé exclusivement sur le calendrier civil et politique, sans y superposer l'astrologie.

Dans les livres 2 à 13 apparaît une distribution ordonnée des thèmes au cours de chaque livre. Ainsi les premiers chapitres se réfèrent à la préparation des terrains, aux semences, à la plantation, aux greffes et aux travaux variés ; ensuite, dans les mois opportuns, ce qui se rapporte à la vigne et à l'olivier ; puis apparaissent, dans tous les livres sans exception, deux chapitres sur les jardins et les arbres fruitiers[6], suivis d'autres sur les animaux domestiques, l'agriculture et diverses recettes de préparation de produits[7], avec invariablement en conclusion un ultime chapitre contenant la durée des heures de chaque mois.

Palladius n'est donc pas un compilateur sans esprit critique, puisque sa forme de compilation implique une réorganisation personnelle considérable. Il a utilisé des auteurs variés sur les mêmes thèmes, ce qui l'obligeait à une sélection entre les sources, en cherchant la théorie la plus autorisée. Il y a donc intervention de son esprit critique.

L'originalité de ce traité est essentiellement formelle, et la technique de composition est extrêmement soignée. Plutôt que d'être une œuvre faite pour être lue du début à la fin, il s'agit d'un ouvrage de consultation où le lecteur

6. Source qui s'ajoute à Columelle : Gargilius Martialis, cf. R. Martin, Palladius I et II, Paris, Belles Lettres, p. XXXII-XXXIII.

7. Source : les *Géoponiques* sur les recettes et *passim*. Cf. R. Martin, Palladius I et II, p. XXII.

peut rencontrer le fait concret recherché, ce qui n'était pas immédiatement le cas dans les traités d'agriculture de conception thématique.

Une question se pose pour finir : l'originalité de Palladius se situe-t-elle uniquement au plan formel de la présentation ? N'ajoute-t-il rien à ses modèles (essentiellement Columelle) ? Nous aborderons cette question ci-dessous, p. 100. On pourrait citer d'autres exemples où Palladius est plus précis que Columelle : 3,1 ; etc. Que Palladius complète Columelle (ou les autres), sur tel ou tel point, en général de détail, n'a pas grande importance. Mais il apparaît ici un problème de société : le monde agricole aurait-il tellement peu évolué en quatre siècles que les techniques soient restées à peu près les mêmes ? Une réponse peut se trouver dans l'article d'Edmond Frézouls, « La vie rurale au bas Empire d'après l'œuvre de Palladius », *Ktema* V, 1980, pp. 193-210. L'auteur signale p. 196 que, dans le monde rural, « les données sociales et économiques ont eu dans l'Antiquité une inertie assez grande ».

Langue et style

Il n'est pas question de refaire le chapitre rédigé par R. Martin dans l'édition des Belles Lettres du tome premier du *Traité d'agriculture* de Palladius. On renverra donc aux pages XXXIX-XLIX de l'introduction. Par ailleurs, dans notre commentaire, nous citerons l'ouvrage fondamental sur la langue de J. Svennung, *Untersuchungen zu Palladius und zur lateinischen Fach-und Volkssprache*, Uppsala, Almqvist und Wiksells, 1935.

Le style de Palladius appelle quelques remarques brèves et assez évidentes : grande simplicité de la plupart des phrases, qui sont d'une longueur moyenne (deux ou trois lignes). Mais parfois interviennent des phrases plus longues et structurés. Ex : *Quod ego in Sardinia territorio Neapolitano in fundis meis conperi, quibus solum et caelum tepidum est, umor exundans, per gradus quosdam sibi semper poma succedere, cum maturis se acerba substituant, acerborum uero aetatem florentia consequantur, orbem quendam continuae fecunditatis sibi ministrante natura* (4,10,16). Une telle construction syntaxique est néanmoins assez rare chez lui.

Il y a évidemment de longues phrases dans ce qu'on peut appeler des descriptions de l'animal « *optimum* ». Ex. : en 4,11,2, où l'auteur énumère toutes les caractéristiques physiques, d'un bœuf de qualité : « membres carrés et forts, corps robuste, muscles et tendons saillant sur tout le corps », etc.

Une chose apparaît frappante : l'expression de Palladius est souvent rendue très vivante grâce à l'anthropomorphisme. En 3,9,4 la vigne aminée « se rit » ou « s'inquiète peu » de la pluie et des vents (*imbres contempnit et uentos*). Très souvent les plantes, les arbres tantôt se plaisent, se réjouissent, aiment, tantôt ils souffrent ou refusent. Côté positif : en 3,18,4, l'olivier se réjouit (*gaudet*), il se délecte (*delectatur*). Les verbes « aimer » (*amare*, *diligere*) sont souvent employés : en 3,24,5 « les choux aiment un sol gras » (*solum pingue diligunt*) ; en 3,24,10 « la bette aime un champ friable » (*amat agrum putrem*) ; en 3,24,9 « la menthe désire un terrain ensoleillé » (*apricum solum desiderat*). Côté négatif : « chaque fois que le ciel refuse la pluie » (*quotiens caelestis negatur infusio*) 3,25,22. La notion de souffrance des arbres apparaît en 3,25,5 : *arbores in floribus laborare*. Notion de fatigue à propos des sautelles de la vigne en 3,16,2 : *fatigantur*.

Plus généralement, Palladius a parfois recours à un style imagé, sans doute pour rompre avec la monotonie de l'exposé didactique. Quelques exemples suffiront : en 3,23,20 l'auteur nous dit joliment que les cognassiers « doivent recevoir le secours de l'arrosage » (*opus est illis rigatione succurri*). Ce même arbre, lorsqu'il est petit, « doit être aidé de fumier » (*iuuetur stercore*)

3,25,22. Plus remarquable encore est l'expression suivante appliquée aux porcs en 3,26,5 : une fois la vendange terminée, il faut les envoyer dans les vignes, car « ils font la guerre aux herbes » (*gramine persecuto*).

Le style de Palladius peut être qualifié en gros de scientifique, ce qui suppose sur le plan des idées une grande cohérence. Cependant de rares dossiers peuvent infirmer cette analyse. Il s'agit d'abord du mot *sabulo* désignant du sable, au même titre que *harena* : les deux mots sont employés de façon à peu près égale numériquement chez Palladius, mais, si, de manière incontestable, *harena* désigne le sable en général, son concurrent *sabulo* peut susciter quelques interrogations. Un premier point est sûr : les deux mots ne sont pas synonymes puisqu'ils sont employés parfois en concurrence : *sabulone et harenis non delectantur* (3,24,5) ; *nec in sabulone solum sed in harena quoque proueniunt* (4,3). *Sabulo* désigne le gros sable ; cet emploi apparaît en 1,9,4, où l'auteur explique comment confectionner un revêtement de sol pour un appartement d'hiver : « après avoir mis en place la couche de mortier ou un carrelage de briques, on mélangera avec du gros sable (*cum sabulone*). Le « gros sable » peut être tantôt « gras » (*pinguis* : 3,18,3) tantôt « maigre » (*macer* : 3,18,4), tantôt « ferme » avec l'étonnant *masculus* (9,8,2). Reconnaissons que quelques explications complémentaires seraient ici les bienvenues.

Un problème plus sérieux se pose pour les noms de la sarriette, plante aromatique employée comme condiment[8]. Le terme fondamental pour désigner cette plante est chez Palladius *satureia*. C'est avec ce nom que la sarriette apparaît pour la première fois dans notre traité : 1,37,2 ; 1,37,3. Mais il y a aussi le mot *cunila* : 3,24,9 ; 4,9,5 ; etc. Les deux mots seraient-ils synonymes ? Sûrement pas, puisqu'ils sont employés en 4,9,5 dans la

8. J. André, *L'alimentation et la cuisine à Rome*[2], p. 203.

même liste de plantes qu'il faut semer dans les jardins au mois de mars. S'il y a une différence, Palladius ne nous en avertit pas. D'où la note de Ana Moure Casas, *Paladio, Tratado de agricultura*..., p. 201, note 1 : « *Satureia y cunila* son dos términos difíciles de precisar ». Une recherche doit être faite dans la direction du principal modèle de Palladius, Columelle. Ce dernier parle plusieurs fois de la sarriette : *nostratis cunilae quam satureiam rustici uocant* (9,4,2) ; et encore : *nostras cunila quam dixi satureiam*. Il s'agirait donc de la même plante ayant des noms différents suivant les régions. Mais Palladius ne nous le dit pas. Il existe diverses sortes de *cunila* : la *bubula* (14,22,12) ; Pline, en 32,126 parle d'une *cunila capitata* et Columelle 11,3,39 d'une *cunila transmarina*. Au vu des sources de notre auteur une remarque s'impose : ici il a simplifié à l'extrême. Les lecteurs de son traité qui avaient aussi en mains l'ouvrage de Columelle pouvaient compléter les défaillances d'information. Mais un lecteur moderne qui se limiterait à Palladius aurait ici de sérieuses difficultés.

Charles GUIRAUD

BIBLIOGRAPHIE

Nous renverrons ici à l'édition de Palladius, livres I et II, procurée par René Martin, avec quelques compléments et une mise à jour (par ordre chronologique) au-delà de 1976.

1) Principales éditions et/ou traductions :

Nicolas Jenson, *Rei rusticae scriptores*, Venise, 1482 (*editio princeps*).

Jucundus Veronensis, *Libri de re rustica*, Venise, 1514 (*editio Aldina*).

J.M. Gesner, *Scriptores rei rusticae ueteres latini*, Leipzig, 1735.

—, Deuxième édition, Leipzig, 1773-1774.

—, Réimpressions de la deuxième édition en 1781 et 1787-1788.

J.G. Schneider, *Scriptorum rei rusticae ueterum latinorum...*, Leipzig, 1794-1797.

J.G. Schmitt, *Palladii Rutilii Tauri Aemiliani uiri inlustris opus agriculturae*, Leipzig, Teubner, 1898.

R.H. Rodgers, *Palladii Rutilii Tauri Aemiliani uiri inlustris opus agriculturae, de ueterinaria medicina, de insitione*, Leipzig, Teubner, 1975.

R. Martin, *Palladius, Traité d'agriculture*, tome premier (livres I et II), Paris, Les Belles Lettres, 1976.

A. Moure Casas, *Paladio, Tratado de agricultura, medicina veterinaria, poema de los injertos*, traduction réalisée à partir du texte de l'édition Rodgers, Madrid, Gredos, 1990.

2) Études :

R.H. Rodgers, « An introduction to Palladius », *BICS* (= *Bulletin of the Institute of classical Studies of the University of London*) Suppl. XXXV, 1975, XVI et 177 p.

K. Čupr, « Les dénominations de l'outillage agricole chez Palladius » [en tchèque, avec résumé en français] *LF* (= *Listy Filologické*, Praha), 1976, 153-155.

—, « La terminologie agricole latine chez Palladius », *ibid.*, 1977, 78-87.

A. Cossarini, « Palladio Rutilio Tauro Emiliano, Residui della ideologia della terra », *AIV* (= *Atti dell' Istituto Veneto di Scienze, Lettere ed Arti*) CXXXVI, 1978, 175-185.

R. Martin, « Problèmes textuels de l'*Opus agriculturae* de Palladius I II », *RPh*, LII, 1978, 7-31.

L. Gallo, « Neapolis in Palladio », 4,10,16, *ASNP* (= *Annali della Scuola Normale Superiore di Pisa*), IX, 1979, 179-184.

V.E. Kuzišcin, « Le caractère de la main-d'œuvre dans un domaine du IVe siècle d'après le traité de Palladius », dans I. Biezuńska-Malowist, J. Kølendo (éds.), *Actes du Colloque sur l'esclavage, Nebiorów 2-6 XII 1975*, Varsovie, 1979, 239-255.

E. Frézouls, « La vie rurale au Bas-Empire d'après l'œuvre de Palladius », *Ktema*, V, 1980, 193-210.

G. Maggiulli, « Palladio fra Sardegna e Gallia », *GIF* (= *Giornale italiano di Filologia, Rivista trimestriale di Cultura*), XXXIV, 1982, 121-131.

W. Kaltenstadler, « Arbeits- und Führungskräfte im *Opus Agriculturae* von Palladius », *Klio*, LXVI, 1984, 223-229.

—, « Betriebsorganisation und betriebswirtschaftliche Fragen im *Opus agriculturae* von Palladius », dans H. Kalcyk, B. Gullath, A. Graeber (eds.), *Studien zur alten Geschichte. Siegfried Lauffer zum 70. Geburtstag*, Rome, 1986, 501-507.

F. Morgenster, « Die Auswertung des *Opus agriculturae* des Palladius zu einigen Fragen der spätantiken Wirtschaftgeschichte », *Klio*, LXXI, 1989, 179-182.

A. Moure Casas, « S. Isidoro de Sevilla : el valor de la tradición indirecta de Paladio », *CFC(L)* III, 1992, 9-22.

G. Maggiulli, « La *praefatio* all'*Opus agriculturae* di Palladio Rutilio Tauro Emiliano, dans S. Nino (éd.), *Prefazioni prologhi, proemi di opere tecnico-scientifiche latine*, II, Rome, 1992, 825-839.

Domenico Vera, « I silenzi di Palladio e l'Italia : osservazioni sull' ultimo agronomo romano », *Ant. Tard*, VII, 1999, 283-297.

Alberto De Angelis, « Elementi virgiliani nell'*Opus agricultu-rae* e nel *De ueterinaria medicina* di Palladio », *AFLPer (class.)*, XIX, 1997-2000, 21-31.

Javier Fresnillo Nuñez, *Concordantia Palladiana*, Hildesheim, 2003.

Outre les ouvrages signalés dans la Bibliographie, nous avons utilisé :

J. André, *Les noms de plantes dans la Rome antique*, Paris, Les Belles Lettres, 1985.

J. André, *L'alimentation et la cuisine à Rome*, Paris, Les Belles Lettres, 2ème édition, 1981 (*L'alimentation*²).

J. Svennung, *Untersuchungen zu Palladius und zur lateinischen Fach-und Volkssprache*, Uppsala, Almqvist und Wiksell (*Untersuchungen...*).

SIGLA

Les manuscrits sont les mêmes que ceux qui ont été utilisés pour les livres I et II.

R Cantabrigiensis K k. V. 13 (s. IX)
La désignation de ce manuscrit par la lettre R est à mettre au compte de R. Martin dans son édition de Palladius, livres I et II. R.H. Rodgers, qui a découvert ce manuscrit, l'avait appelé D = *Dionysianus* en raison du fait que son écriture le fait apparaître comme provenant du scriptorium de Saint-Denis. Mais Schmitt avait déjà utilisée la lettre D pour désigner un autre manuscrit. Dans ces conditions, R. Martin a choisi de le désigner par la lettre R, en hommage à son inventeur, solution que nous avons entérinée.

L Laudunensis 426 bis (s. IX)

K Montepessulanus B.U. 305 (s. IX)

P Parisinus lat. 6842 B (s. IX)

G Leidensis B.P.L. 102 (s. IX/X)

Q Parisinus lat. 6830 D (s. X)

V Vindobonensis 148 (s. X)

S Parisinus lat. 6830 E (s. XI)

N Cantabrigiensis Corp. Chr. Coll. 297 (s. XI)
(J. Svennung, qui l'a signalé pour la première fois, le désigne par la lettre *B*. R. Martin a préféré une autre lettre, du fait que Schmitt a affecté *B* à un manuscrit contenant le *Carmen*).

M Ambrosianus C 212 inf. (s. XIII/XIV)

E Erfurtensis siue Amphonianus Q 15 (s. XIII/XIV) ; comme pour les livres I et II, et pour les mêmes raisons, ses leçons ne sont mentionnées qu'occasionnellement.

LISTE DES ABRÉVIATIONS

Comm. = Commelianus
Ges. = Gesner
Iens. = Ienson
Iuc. = Iucundus
Pol. = Politien
Pont. = Pontedera
Rodg. = Rodgers
Schn. = Schneider
edd. = consensus editorum ante Schmitt
ego. = C. Guirand, R. Martin adprobante

LIVRE III

MOIS DE FÉVRIER

LIBRO III CONTINETVR

MENSIS FEBRVARIVS

I. laetamine *LKQVGSNM* : -na *R*

IV. cum disciplina sua *om. K* || de *ante* cicercula *add. E Iens.*

VII. eruo *edd.* : heruo *G* herbo *cett.*

IX. uineis *RLKPQVGSNM* : uitibus *E* || omni *SM* : omnia *RLKP QGN* || pertinet *RLKPQVSNM* : -nent *G*.

X. arbustiuis *Schmitt Rodg.* : arbustibis *R* arbustibus *LP* arbustis *GME edd.*

XV. nouellae *RLPQVGSNM* : -lla *KE edd.* || putatione *RLQVG SNM* : potat- *P* potanda *K* putanda *E edd.*

XIX. generale *RLK²PQVGSNM* : -li *K¹*

XX. uineis *om. K* || laetandis *RLKPQVGNM* : laetaminandis *S* || et plantis circumfodiendis *om. K.*

XXIII. asparagis *RPQVGSNM* : sparagis *L* asperagis *K* || plantis *RKQVGSNM* : planctis *L* || salicum *RLKPQVSNM* : silicum *G* || myrti *RLQVGSN* : myrte *M.*

XXIV. in eo... colocasiis similiter *om. K* || sepibus *RLKPQV GNM* : seminibus *S* || et *ante* carduo *ins. S* || coriandro *Schmitt* : -liandro *codd. Rodg.* || satureia *RLKPQVGSN* : saturegia *M* || et *om. Iens. Iuc.* || malua *RKSNM* : malba *LQVG* || pastinaca *RLKVGSNM* : -ta *PQ* || cerefolio beta *RLKPQVSN* : cerefolii obeta *G* cerefolia beta *M* caerefolio beta *Iens* || disciplina *codd.* : disciplina sua *edd.* || colocasiis *RLKPQVSN* : coloca sis *G* collocasis *M.*

XXV. melo *RLKQVGSN* : malo *M Iens. Iuc. P non leg.* || cydoneo *RLKPQVSNM* : cidonea *G* || myxa *RKPQVN* : mixa *L* mixta *GSM* myrrha *Ges.*

XXVIII. de uite theriaca *RLKPQVGSNM* : de thiriaca uite *E* de uite thyriaca *Iens. Ius.*

XXIX. granis *RLQVGSNM* : seminibus *K P non leg.*

XXXI. myrtitis *RLKPQVGSN* : mirtetis *M* || secundum *RLPQVGSNM* : apud *K*.

XXXII. propomata *RLKPQVGSN* : -pamata *M*.

XXXIII. uitis *om. K* || uarios ferat *RLPQVGSNM* : uarii nascantur *K*.

XXXIV. de horis *om. K*.

LIVRE TROISIÈME

MOIS DE FÉVRIER

I. ENTRETIEN ET FUMURE DES PRÉS

Pendant ce mois, dans les régions tempérées, les prés commenceront à demander des soins. Il faut au préalable, s'ils sont maigres, les engraisser en y répandant du fumier, lequel doit être déversé quand la lune est croissante[1]. Plus le fumier sera récent, plus il sera efficace pour faire croître l'herbe. Il faut le répandre en commençant par la partie supérieure, afin que son suc puisse s'écouler à travers la totalité[2].

II. LABOURAGE DES COLLINES

Dans les régions tièdes, ou bien si le temps a été doux et sec, labourez les collines grasses, même durant ce mois[1].

III. SEMAILLES DES TRÉMOIS

C'est ce mois-ci qu'il faut semer toute espèce de trémois.

LIBER TERTIVS

SIVE

MENSIS FEBRVARIVS

I. DE PRATIS SERVANDIS ET LAETAMINE SATVRANDIS

Hoc mense locis temperatis prata incipient custodiri. Quae prius, si macra sunt, sparso laetamine saturentur, quod eiciendum est luna crescente. Quanto recentius fuerit, tanto plus nutriendis herbis ualebit. Quod a superiori parte fundatur, ut sucus eius per totum possit elabi.

II. DE PROSCINDENDIS COLLIBVS

Locis tepidis aut si tempus clemens et siccum fuerit, colles pingues uel hoc mense proscinde.

III. DE SATIONE TRIMENSTRI

Hoc mense serendum est omne trimenstrium genus.

I. superiori *RLKPQVSNM Schmitt Rodg.* : -re *G edd.*
II. uel *om. V* || proscinde *RLKQVGSN* : -dis *M.*
III. etiam ante mense *ins. L* || est *om. edd.* || trimenstrium *RKPQVG SNM* : triti menstrium *L.*

IV. SEMAILLES DES LENTILLES ET AUSSI DE LA GESSE[1]

C'est encore ce mois-ci que sémerez la lentille, dans un sol léger et friable, ou même dans un sol gras, mais alors très sec, parce qu'elle vient mal dans un sol trop riche ou humide. On la sème valablement jusqu'au douzième jour de la lune[2]. Pour qu'elle lève rapidement et qu'elle se développe, il faut au préalable la mêler à du fumier sec[3] et la semer après l'avoir laissé reposer quatre ou cinq jours dans cet état. Un seul boisseau de graines ensemencera un arpent. En ce mois également, la gesse[4] se sème dans les terrains et de la manière précédemment décrite.

V. SEMAILLES DU CHANVRE

On sème le chanvre à la fin de ce mois en terrain gras, fumé et arrosé, ou bien plat et humide, et labouré assez profondément. Dans un pied carré on dépose six grains de cette semence[1].

VI. PRÉPARATION DES CHAMPS DE LUZERNE

C'est maintenant que le champ destiné à la luzerne – de la nature de laquelle nous parlerons en même temps que de ses semailles – doit recevoir le second labour et être soigneusement hersé après épierrage. Et, aux alentours des calendes de mars, une fois le sol travaillé comme on le fait dans les jardins, il faut y former des planches larges de dix pieds et longues de cinquante, susceptibles d'être arrosées et facilement désherbées en se tenant des deux côtés. On y répand alors du vieux fumier et on les laisse ainsi préparées jusqu'au mois d'avril[1].

VII. SEMAILLES DE L'ERS

Tout au long de ce mois, il est encore possible de semer l'ers, car en mars cela est exclu, si l'on ne veut pas que sa consommation fasse du mal aux bêtes et rende les bœufs fous[1].

IV. DE SERENDA LENTICVLA, ITEM CICERCVLA

Hoc etiam mense lenticulam seres solo tenui et resoluto uel etiam pingui, sed sicco maxime, quia luxuria et umore corrumpitur. Vsque ad duodecimam lunam bene seminatur. Quae ut cito exeat atque grandescat, prius cum fimi ariditate miscenda est, atque ubi ita requieuerit quattuor diebus aut quinque, tunc spargitur. Iugerum modii unius semen inplebit.

Hoc etiam mense cicercula seritur loco et modo quo ante descripsi.

V. DE SERENDO CANNABO

Hoc mense ultimo cannabum seris terra pingui, stercorata, rigua uel plana atque umida et altius subacta. In uno pede quadrato sex eiusdem seminis grana ponuntur.

VI. DE AGRIS MEDICAE PARANDIS

Nunc ager qui accepturus est medicam, de cuius natura cum erit serenda dicemus, iterandus est et purgatis lapidibus diligenter occandus. Et circa Martias Kalendas, subacto sicut in hortis solo, formandae sunt areae latae pedibus decem, longae pedibus quinquaginta, ita ut eis aqua ministretur et facile possint ex utraque parte runcari. Tunc, iniecto antiquo stercore, in Aprilem mensem reseruentur paratae.

VII. DE ERVO SERENDO

Hoc mense toto eruum adhuc seri potest, quia Martio serendum non est, ne pastu suo pecoribus noceat et boues reddat insanos.

V. *Titulum om. G.* || rigua *RLKPQGSNM* : irrigua *V* || pede *VGS NM* : iede *RLKP*.

VI. parandis *RLKPQVSNM* : -da *G* || occandus *VSM* : coecandus *RLKPG* || in aprilem mensem *RKPVSNM* : inprilem mensem *LQ*.

VII. toto *RLPQVGSNM* : totum *K* || adhuc *om. K* || insanos *RLKP QVSNM* : insanandos *G*.

VIII. SOINS A DONNER LA VIGNE ET AUX ARBRES, SEMAILLES DE L'ORGE DE GALATIE

Si l'on verse maintenant de la vieille urine[1] au pied des arbres fruitiers et de la vigne, on améliore à la fois la quantité et la beauté des fruits[2] ; son efficacité sera renforcée si nous y mêlons de l'amurque sans sel[3], surtout dans le cas des oliviers. Mais cela doit se faire aux jours assez froids, avant qu'il ne se mette à faire chaud. C'est maintenant aussi que l'orge de Galatie, qui est un grain lourd et blanc, sera semé dans les régions froides, aux alentours des calendes de mars[4].

IX. PLANTATION DES VIGNES EN TERRAIN FAÇONNÉ A LA HOUE[1] OU BIEN EN FOSSÉS OU EN SILLONS, ET TOUTES LES INSTRUCTIONS S'Y RAPPORTANT

C'est en ce mois qu'il faut garnir de vignes toutes les sortes de terrains façonnés à la houe, les sillons ou les fosses. Au demeurant la vigne est de nature à supporter n'importe quel climat ou sol, à condition que l'on choisisse des espèces appropriées. **2.** On plantera donc en terrain plat une vigne d'une espèce supportant brouillards et gelées blanches, sur les coteaux une espèce endurant la sécheresse et les vents, dans un champ gras des vignes grêles et peu productives, dans un maigre des fertiles et robustes, dans un compact des fortes et feuillues, dans un froid et brumeux celles qui devancent l'hiver par une prompte maturité ou qui, grâce à la dureté de leurs grains, <dé>fleurissent avec moins de danger dans les brumes, sous un climat venteux des tenaces, sous un climat chaud celles dont le grain est plutôt tendre et aqueux, sous un climat sec celles qui ne peuvent supporter les pluies. Bref il faut choisir les espèces dont les défauts indiquent qu'elles affectionnent les lieux opposés à ceux dans les-

VIII. DE CVRANDIS VITIBVS ET ARBORIBVS ET HORDEO GALATICO SERENDO

Nunc pomis et uitibus uetus urina si adfundatur, et numero fructuum praestat et formae ; cui proderit ut amurcam misceamus insulsam, maxime in oleis ; sed hoc frigidioribus diebus, antequam feruor incipiat. Etiam nunc hordeum Galaticum, quod graue et candidum est, seretur locis frigidis circa Martias Kalendas.

IX. DE PONENDIS VINEIS PASTINO VEL SCROBIBVS AVT SVLCIS ET OMNI QVAE ILLVC PERTINET DISCIPLINA

Hoc mense omnia genera pastinati soli seu sulci seu scrobes uitibus conpleantur. Natura autem uitis caelum omne solumque sustentat, si genera conuenienter aptentur. **2.** Plano igitur loco statues uitem cuius genus nebulas sustinet et pruinas, collibus quod siccitatem durat et uentos, pingui agro graciles *ne*que fecundas, macro feraces et solidas, denso ualidas atque frondosas, frigido et nebuloso quae hiemem celeri maturitate praeueniunt aut quae duris acinis inter caligines securius <de>florent, uentoso statui tenaces, calido grani tenerioris et umidi, sicco eas quae pluuias ferre non possunt. Et ne multa dicamus, eligenda sunt genera quae professione uitiorum suorum

VIII. urina *RLKPQVGSN* : ruina *M* || fructuum *S* : fructum *RLK PVGM* || insulsam *RLKPQVSNM* : insulcam *G* || oleis *RLPQVGSNM* : oliuis *K*.

IX. scrobibus *RLKPQVSNM* : scrobe *G* || omni *S* : omnia *RLKP QVGN* || aptentur *RLKPQVGNM* : aptantur *S* || **2**. graciles *RLKP QVGN* : gratiales *M* || neque fecundas *Martin (cf. Col. 3, 1, 5* : pingui et uberi dabit agro gracilem uitem nec natura nimis fecundam*)* : atque fecundas *codd. Rodg. (dubitanter)* atque infecundas *cett. edd., Guiraud* || deflorent *ego* : florent *codd.* || statui *RLPQGM* : status *K* statue *V* statu *N* || possunt *RLKPQV*G^2*SNM* : possint G^1.

quels elles ne pourraient pas subsister. En tout état de cause, une région au climat doux et serein acceptera sans danger n'importe quelle spèce[2]. **3**. Il est inutile d'énumérer les espèces de vignes[3]. Mais chacun sait qu'il faut réserver pour la table les grappes de belle taille et de bel aspect, ayant des grains durs et secs, et pour les vendanges, les plus productives, dont les raisins ont la peau tendre et un goût distingué et surtout celles qui défleurissent de bonne heure. **4**. Les lieux changent la nature des vignes dans la plupart des cas. Seules les Aminées donnent du vin de première qualité où qu'elles se trouvent. Mais elles supporteront plutôt un climat chaud qu'un froid. Elles ne peuvent passer d'un terrain gras à un maigre, à moins de recevoir le secours du fumier. Il en existe deux espèces : la grande et la petite. Mais la petite défleurit mieux et plus tôt, elle a des entre-nœuds plus courts et un grain plus petit. Si on la marie à un arbre, il lui faut une terre grasse, si on la cultive par rangées, une moyenne. Elle se rit des pluies et des vents ; la grande en effet en souffre souvent durant sa floraison[4]. Celles qui donnent du raisin muscat sont également de première qualité[5]. **5** Il suffit d'avoir mentionné ces espèces. Un homme avisé doit en choisir d'éprouvées et les confier à des terres susceptibles de ressembler à celles d'où elles proviennent ; cela permettra à chacune de conserver ses mérites propres. Mais il vaudra mieux transférer une vigne ou un arbre d'un terrain maigre dans un gras, car ils ne peuvent être productifs si le transfert se fait d'une terre grasse vers un sol maigre. Les sarments que nous plantons doivent être choisis dans le milieu du cep et non pas dans le haut ou dans le bas, et sortir du vieux bois à une longueur de cinq à six yeux, car ceux que l'on transplante en les prenant à cet endroit ne dégénèrent pas facilement[6]. **6**. Mais il importe de les prendre sur une vigne

contraria loca diligunt his in quibus durare non poterant. Placida sane regio et serena tuto genus omne suscipiet. **3**. Vitium genera numerare non adtinet. Sed notum est maiores uuas pulchrae speciei, grani callosi et siccioris ad mensam, feracissimas uero et cutis tenerioris et sapore nobiles et maxime quae citius deflorescunt uindemiis esse seruandas. **4**. Loca naturam plerisque uitibus mutant. Solae Amineae, ubicumque sint, uinum pulcherrimum reddunt. Calidum statum potius quam frigidum sustinebunt. De pingui ad macrum transire non possunt, nisi stercus adiuuerit. Harum duo genera sunt : maior et minor. Sed minor melius deflorescit et citius, internodiis minoribus et grano breuiore. Si arbori adplicetur, pinguem terram, si colatur in ordines, mediocrem desiderat. Imbres contempnit et uentos, nam maior saepe uitiatur in flore. Sunt et Apianae praecipuae. **5**. Satis est genera ista dixisse. Industrius uir probata deligat et terris talibus mandet quae imitari eas possint unde sumuntur ; sic merita sua quaeque seruabit. Sed uitem uel arborem melius erit de exili ad pinguem transferre ; nam si a pingui terra ad solum exile transierint, utiles esse non possunt. Eligenda sunt sarmenta quae pangimus de uite media neque de summa neque de infima, quinque uel sex gemmarum spatio a ueteri procedentia, quia non facile degenerant quae de locis talibus transferuntur. **6**. Suman-

his *RLKPQVNM* : iis *GS* || poterant *RLPQVGSNM* : -rat *K* -runt *Iuc. Ges. Schn.* || suscipiet *RLKPQVSNM* : -piat *G* || **3**. feracissimas *RLKPQVSNM* : -ma *G* || nobiles *RLPQVGSNM* : -le *K* || uindemiis *om.* *L*[1], *post* citius *add.* *L*[2] || **4**. statum *RLKPQGSNM* : statu *V* || sustinebunt *om.* *R*[1] || pingui *RLKPVGSNM* : -gu *Q* || stercus *RLKPQVGSN* : -coris *M* || melius *om.* *K* || arbori *RLPQGSNM* : -ras *K* || contempnit *RLK QVGSN* : -nunt *M P non leg.* || apianae *G Schmitt* : appianae *RLKP QVSNM Rodg.* || **5**. imitari *RLKPQGSNM* : -re *V* || seruabit *RLKQ GNM* : -bunt *VS* || eligenda *RLQVGSNM* : eliganda *P* colligende *K* || transferuntur *RLPQVGSNM* : transiliunt *K*.

féconde ; et gardons-nous de considérer comme productifs des bras portant chacun une ou deux grappes, mais seulement ceux que fait ployer l'abondance des fruits. Une vigne prolifique peut en effet avoir en elle des bois plus prolifiques que d'autres. Sera encore un signe de fécondité le fait qu'elle produise du fruit d'une partie dure, et que soient chargées de raisin les petites branches poussant sur sa partie inférieure[7]. **7.** Mais cela doit être indiqué par des marques que l'on y fait durant les vendanges. On doit choisir, pour la mettre en terre, une jeune branche sur laquelle ne reste rien de dur et rien d'un vieux sarment, car elle se gâte fréquemment quand celui-ci vient à pourrir. On mettra au rencart les tigelles des extrémités, ainsi que les rejetons ; ceux-ci, bien que nés en bonne place, se sont révélés inféconds[8] ; **8.** Un sarment à pampre qui naît sur le bois dur, même s'il a été productif, ne doit pas être considéré comme fertile : il est en effet, à la place qu'il occupe, fécondé par sa mère ; mais, une fois transféré, il garde le vice de stérilité qu'il a acquis par ses conditions de naissance[9]. Au moment de la mise en terre, la tête du sarment ne doit être ni tordue ni abîmée en quoi que ce soit, pour éviter que, la partie la plus féconde ayant été enterrée profondément, ce qui est quasi stérile ne soit laissé au-dessus du sol ; il y a ensuite le fait que la torsion elle-même est un mauvais traitement et que la partie d'où pousse une racine ne doit subir aucun dommage contre lequel elle soit contrainte de lutter avant de prendre[10]. Les vignes doivent être plantées par temps calme et chaud et il faut veiller à ce que les sarments ne soient pas brûlés par le soleil ou le vent, ce qui implique ou bien de les planter immédiatement ou bien de les conserver à l'abri[11]. **9.** C'est ce moi-ci et ensuite durant tout le printemps que la vigne doit être

tur autem de uite fecunda ; neque putemus bracchia esse fertilia quae uuas singulas aut binas producunt, sed quae multa ubertate curuantur. Nam potest ferax uitis feraciores in se habere materias. Erit et hoc signum fertilitatis, si de duro aliquo loco fructum citabit, si fetu inpleuerit ramulos ex ima parte surgentes. **7**. Sed hoc signis positis per uindemias est notandum. Ad pangendum nouellus palmes debet eligi duri in se nihil habens et ueteris sarmenti, quia hoc putrescente saepe corrumpitur. Summa flagella repudiemus ac surculos ; qui licet bono loco nati sunt, tamen feracitate caruerunt. **8**. Pampinarius qui de duro nascitur, etiam si adtulit, pro frugifero non est ponendus : in suo enim loco fecundatur a matre ; translatus uero tenet sterilitatis uitium quod nascendi conditione suscepit. Caput sarmenti cum deponitur, torquendum non est nec aliquo more uexandum, ne demersa penitus fecundiore parte quod sterili proximum est supra terram relinquatur ; deinde quod ipsa tortura uexatio est, et pars ea de qua radix praesumitur iniuriae nulli subicienda est, cum qua contendere cogatur antequam teneat. Ponendae sunt uites placidis diebus ac tepidis curandumque ne sarmenta sole urantur aut uento, sed uel statim ponantur uel obruta reseruentur. **9**. Hoc mense ac deinceps toto uere uinea ponenda est regionibus frigidis,

6. aut binas *om. G* || nam *RLKPQVSNM* : iam *G* || feraciores *RLKPQVGS²NM* : fertiliores *S¹* || materias *RLPQVGSNM* : -ries *K* || **7**. est *om. G* || nouellus *R²GSM* : -llos *R¹LKPQV* -llas *Iens.* || ueteris *RLKVGSNM* : ueri *Q* || sarmenti *RLKQVGSNM* : serm- *P* || sunt *codd. Schmitt* : sint *edd. Rodg.* || **8**. pampinarius *K²GSM* : iam pinarius *RK¹P* iam pinnarius *L* || frugifero *RLKQVGSNM* : profugi fero *P* || sarmenti *RKPQVGSNM* : sacramenti *L* || more *codd.* : modo *edd.* || demersa *RLKPQSNM* : dimersa *V* demersum *G* || sterili *RKPQVGSNM* : stereli *L* || supra *RLKPQGSNM* : super *V* || terram *edd. pler.* : terras *codd. Rodg.* || curandumque *RLKPQVSNM* : curad- *G* || sarmenta *RLK²PQVGSNM* : sacramenta *K¹* || obruta *RLKPVGSNM* : obrupta *Q* || **9**. uinea *RLKPVGSNM* : uineae *Q* || in *ante* regionibus *ins. M.*

plantée dans les régions froides et pluvieuses, dans les plaines grasses et dans les provinces humides. La longueur du sarment doit être d'une coudée[12]. Lorsque la terre est naturellement grasse, on laissera d'assez grands intervalles entre les vignes, et de petits dans le cas contraire[13]. C'est pourquoi certains viticulteurs, dans le cas des vignes plantées dans un champ entièrement travaillé à la houe, laissent entre les ceps trois pieds d'intervalle dans tous les sens. Mais une disposition de ce genre ne permettra de planter que trois mille six cents sarments par arpent ; **10**. tandis que si l'on choisit de laisser entre les vignes deux pieds et demi, on en mettra cinq mille quatre cent soixante seize[14]. Mais la technique de plantation sera la suivante : on fera sur un cordeau des marques blanches ou de quelque couleur que ce soit, suivant les intervalles que l'on aura choisi de ménager ; puis, après avoir tendu le cordeau à travers le terrain, en fichera en terre des pieux ou des roseaux aux emplacements destinés à chaque vigne. Ainsi toute la surface sera couverte de pieux correspondant au nombre de ceps à venir et celui qui aura à les planter mettra en terre sans la moindre erreur les sarments qu'on aura déposés à côté des pieux[15]. **11**. En outre, il ne faut pas planter d'une seule espèce de vigne l'ensemble d'un terrain façonné à la houe, si l'on ne veut pas qu'une année contraire à l'espèce ne ruine l'espérance de toute la vendange, et, pour cette raison, on plantera quatre ou cinq sarments d'excellente qualité[16]. Mais la meilleure méthode consistera à attribuer une planche particulière à chaque espèce en ménageant des allées entre les planches, si l'on n'est pas rebuté par la

pluuiosis, pinguibus campis et umidis prouinciis. Sit autem mensura sarmenti cubitus unus. Vbi pinguis est natura terrarum, maiora inter uites spatia relinquemus, ubi exilis, angusta. Nonnulli itaque in his uitibus quas toto solo pastinato disponunt ternos pedes inter singulas uites quoquouersus dimittunt. Sed hoc genere diuisionis in iugerali tabula pangentur tria milia sescenta sarmenta. **10**. Quod si duos semis pedes inter uites relinqui placuerit, in eadem tabula ponentur uites quinque milia quadringentae septuaginta et sex. Sed ad ponendum utemur hoc ordine : lineam, seruatis his spatiis quae placuerit custodire, candidis signis uel quibuscumque notabimus ; tunc tensa per tabulam linea in eis locis, surculos uel calamos figemus ubi uitis unaquaeque uentura est. Ita spatium totius tabulae surculis conplebitur ad numerum uitium futurarum, atque is qui pacturus est proiecta circa surculos sarmenta sine ullo errore deponet. **11**. Praeterea non est uno genere uitium omne pastinum conserendum, ne annus iniquus generi spem uindemiae totius extinguat, et ideo quattuor uel quinque eximii generis sarmenta pangemus. Sed maxime expediet genera tabulatim disponi et

pluuiosis *RLKPVSNM* : pluinosis *Q* pruinosis *G* || sarmenti *RLK*^{2}*P QVGSNM* : sacramenti *K*^{1} || cubitus *RLKPQVGSN* : -ti *M* || unus *RLK*^{2}*PQVGN* : unius *SM* || itaque *om.* *G* || disponunt *RLKP QVGS*^{2}*NM* : deponunt *S*^{1} || ternos... dimittunt *om.* *M* || diuisionis *R*^{2}*LKPQVGSNM* : -nes *R*^{1} || pangentur *RKPQVGSNM* : pangantur *L* pangemus *Pol.* || milia *R*^{2}*LKPQVGSNM* : mala *R*^{1} || **10**. duos *RLP QVNM* : duo *KGS* || uites *om.* *M* || lineam *RLKPQGSNM* : linea *V* || custodire *RKPVGSNM* : custid- *L* custodiret *Q* || eis *RLPQVGSNM* : his *K* || surculos *RLP*^{2}*QVGSNM* : sarculos *KP*^{1} || figemus *R*^{2}*KPQVG SNM* : fug- *R*^{1}*L* || unaquaeque *RLPQVGSNM* : unaquaque *K* || surculis *RLP*^{2}*QVGSNM* : sarc- *KP*^{1} || atque is *SM* : adquis *R*^{2}*LKPQ* ad quas *R*^{1} ita quis *G* || qui *RLKPQVSNM* : quae *G* || pacturus *RLKPQVGSN* : pansturus *M* || surculos *RLQVGSNM* : sarc- *K* || **11**. omne *RLPQVG SNM* : cure *K* || annus *RLKP*^{2}*QVGSNM* : annis *P*^{1} || iniquus *RLKP QVGSN* : in quo *M* || eximii *R*^{2}*VGSM* : eximi *R*^{1}*LKPQ* || pangemus *RLKPQVGSN* : pamg- *M* || expediet *RLKPQVG*^{2}*SNM* : -diat *G*^{1}.

difficulté de l'opération[17]. Si l'on a un ancien vignoble, on pourra faire des plantations par planches grâce aux rejetons des diverses espèces et l'on réalisera aisément ce type de culture, qui joint la beauté à l'utilité ; ainsi pourra-t-on obtenir, tant pour la maturité que pour la floraison, qui ne se produisent pas au même moment pour chaque vigne, des dates convenant à chacune d'entre elles. **12**. Et le dommage ne sera pas mince si l'on cueille ce qui est mûr avec ce qui est vert, car il est mauvais de faire la vendange de l'un en son temps en y mêlant du raisin vert, et pernicieux d'attendre la maturité tardive de l'autre[18]. **13**. À l'avantage que j'ai dit s'ajoute celui-ci : les vendanges se succédant par degrés en raison de la diversité des espèces, il faudra moins de journées de travail pour les mener à bien[19], les stocker par espèce et garder plus aisément chaque vin avec son goût propre, sans que celui-ci soit combattu par un autre. Si cela paraît difficile, on ne plantera en même temps que les espèces qui vont ensemble pour la saveur, la floraison et la maturité. Mais ce qui vien d'être dit concerne les terrains façonnés à la houe ou les sillons ; dans les fosses au contraire, on placera les sarments aux quatre coins. **14**. Mais, comme

decumanis diuidi, nisi deterreat operis difficultas. Quod si est uet*us* uinea, singulorum generum surculis tabulatim poterimus inserere et facile hoc genus colendi, quod est pulchrum atque utile, consequemur ; ita et maturitatis ac floris tempora, quae in uite diuersa sunt, suis poterimus opportunitatibus obtinere. **12**. Nec paruo constabit, si legatur maturitas cum acerbitate, dispendio, cum unius tempestiuam uindemiam sequi sit permixta cruditate uitiosum, alterius seras maturitates expectare damnificum. **13**. Huic commodo adicitur quod pro generum diuersitate per gradus accedente uindemia minor operarum numerus eam poterit expedire et generatim condere ac melius puro sapore sine luctamine alterius generis unaquaeque uina seruare. Hoc si difficile uidebitur, non alias simul conseras quam quae et sapore et flore et maturitate conueniunt. Sed haec in pastinis uel sulcis ratio erit ; in scrobibus uero per angulos quattuor sarmenta depon*e*s **14**. Sed, ut adserit Columella, uinaceam stercori

decumanis *KM edd.* : decimanis *R²PVS Schmitt Rodg.* decimannis *R¹L* decemanis *G* ‖ diuidi nisi *KVGSM* : diuini si *RLPQ* ‖ operies *VGSM* : operis *RLK¹PQ* operum *K²* ‖ est *del. Rodg.* ‖ uetus *edd. Schmitt* : ueteres *V²G²SM Rodg.* ueteris *RLKPQV¹* ueteros *G¹* ‖ uinea *V edd. pler.* : uineas *RLKPQGSNM Rodg.* ‖ generum *RLPQVGSNM* : -rarum *K* ‖ surculis *RLQVGSNM* : sarc- *K* ‖ consequemur *GV²M* : -quimur *RLKQV¹S* ‖ maturitatis *RLKQVGSNM* : -tas *P* ‖ ac *RLKPQ VGNM* : et *S* ‖ tempora *RLQVGSNM* : -rum *K* ‖ poterimus *VSM* : temporibus *RLKPQGN* ‖ opportunitatibus *L* : oport- *RKPVSNM* oportunius *G* ‖ **12**. acerbitate *M Schmitt* : seruitute *RLKPQS* seruitutis *G* aceruitatis *V* seritate *Pol. Ges. Rodg.* ‖ dispendio *codd.* : -dium *edd.* ‖ sit *om. Schn.* ‖ uitiosum *codd.* : -sam *Schn.* ‖ **13**. commodo *RLKVSNM* : -da *G* ‖ gradus *RKQVGSNM* : grados *L* ‖ accedente *RL KPQVSNM* : accend- *G* ‖ uindemia *VGSM* : -miam *RLKPQ* ‖ expedire *RLKPQVSNM* : experire *G* ‖ puro sapore *VSM* : porus sapore *RPQ* paros sapore *L* purus sapore *K* puros sapores *Schmitt* ‖ si *om. R¹LG* ‖ erit *RLKPQGS²NM* : est *VS¹*. ‖ sarmenta *R²KQVGNM* : ser- *R¹LPS* ‖ depones *Schmitt* : -nis *codd.* ‖ **14**. stercori *RLKPQVSNM* : -re *G* ‖ sparges *RLKPQVGSN* : -ge *M*.

le recommande Columelle, on y répandra en même temps du mare de raisin mêle à du fumier et, si le sol est maigre, on mettra dans la fosse de la terre grasse, au besoin apportée d'ailleurs[20]. D'autre part, en plaçant le pied de vigne ou le mailleton, on posera les sarments en position oblique, dans un sol moyennement humide, mais plutôt sec que bourbeux, en laissant deux yeux hors de terre ; ils prendront ainsi plus facilement.

X. LES VIGNES MARIÉES AUX ARBRES ET LES PLANTS D'ARBRES DESTINÉS A LES PORTER

S'il vous plaît d'avoir un vignoble planté d'arbres, vous devrez commencer par élever dans une pépinière du plant de vigne de bonne qualité, de manière à l'en transporter, quand il aura pris racine, dans une fosse creusée au pied de chaque arbre[1]. Nous appelons pépinière une plate-bande uniformément piochée à une profondeur de deux pieds et demi. Dans cette plate-bande, dont on augmente ou diminue la superficie en fonction des vignes ou de tout autre plant que l'on veut y mettre, on déposera les sarments à une très faible distance les uns des autres[2] ; **2**. dans le cas d'une vallée ou d'une plaine humide, ils auront trois yeux, sans compter les petits que présentera leur partie inférieure[3]. Lorsqu'ils auront pris de la force, on transportera de ce lieu les vignes ou les arbustes pourvus de racine, au bout de deux ans. Au moment de leur installation dans la fosse, on ne conservera de chacun que la tige, en enlevant les parties galeuses et en coupant aussi les racines, s'il arrive qu'on en trouve d'abîmées. **3**. Pour marier les vignes aux arbres, on mettra dans la fosse deux ceps pourvus de racines, en veillant à ce que

mixtam simul sparges et, si exile solum fuerit, pinguem terram scrobi inferes uel aliunde portatam. Cum uero plantam uel malleolum dispon*e*mus, modice umido solo sed potius arido quam lutoso, duabus gemmis supra terram relictis, sarmenta ponemus obliqua ; sic facilius conprehendent.

X. DE ARBVSTIVIS VITIBVS ET PLANTIS ARBORVM VITIFERARVM

Quod si arbustum te habere delectat, plantam generosae uitis prius in seminario nutrire debebis, ut inde radicata transferatur ad scrobem cui arbor iniuncta est. Seminarium uero dicimus aeque fossam tabulam pedum duorum semis altitudine. In hac, quam pro numero ponendarum uitium uel qualiumcumque plantarum protendis aut contrahis, breuissimo spatio distantia inter se sarmenta depones ; **2**. si uallis aut umectus est campus, trium gemmarum exceptis minutis quas habebit inferius. Et ubi conualuerint, hinc post biennium radicatas uites uel arbusculas transferes. Quas cum depones in scrobe, ad singulas materias redig*e*s, putatis omnibus qua scabra sunt, curtatis etiam radicibus, si quas potueris inuenire uexatas. **3**. In scrobe autem ad arbustum faciendum duas radicatas uites depon*e*s, hoc seruans ne se in radice

inferes *RLKPQVG²N* : -ras *G¹* inseres *S* inferre *M* || portatam *RLKPQVSN* : perlatam *G* || disponemus *Schmitt* : -nimus *codd. Rodg.* || supra *RKPQVGSNM* : super *L* || sic *codd.* : et sic *Iuc. Comm. Ges.*

X. arbustiuis *K²* : -tis *RGS* -tibus *LK¹* -tibis *P* || dicimus *RLPQVGSNM* : dicitur *K* || aeque *RLKPQSNM* : ea quae *V* atque *G* || qualiumcumque *P¹SM* : qualiumque *RLP²VGN* qualicumque *K* || distantia *RLPQVGSNM* : distincta *K* || depones *RLKPVG²S²NM* : disp- *G¹S¹* || **2**. arbusculas *RQSNM* : -calas *K* -colas *LPV* -culos *G* || transferes *RLQVG²NM* : -ras *G¹SE P non leg.* || scrobe *R¹LKPQVSNM* : -bem *R²G* || rediges *edd. Schmitt* : -gis *codd. Rodg.* || curtatis *RLPQVSNM* : curuatis *G* || etiam *om. G* || potueris *RLKQVGNM* : poteris *S* || **3**. depones *edd. Schmitt* : -nis *codd. Rodg.* || radice *RLKQVGNM* : -cem *P Iens.*

celles-ci ne soient pas en contact. Mais on placera entre les deux des pierres d'environ cinq livres et on appliquera les ceps eux-mêmes contre les côtés opposés de la fosse[4]. Magon affirme qu'il ne faut pas combler la fosse dès la première année, mais la remplir par intervalles, ce qui permet à la vigne d'enfoncer plus profondément ses racines. Mais, si cela peut être bon dans les régions sèches, en revanche, en zone humide, les plants pourriraient si l'on ne comblait immédiatement le trou[5]. **4**. Celui qui choisira ce mode de culture doit planter, ou, si le territoire en fournit en abondance, utiliser des arbres appartenant aux espèces suivantes : peuplier, orme et frêne dans les terrains montagneux et escarpés, où l'orme se plaît moins. Selon Columelle, ces arbres doivent être élevés en pépinière. Mais, à mon avis, puisqu'il n'est aucune région qui ne produise spontanément l'une ou l'autre de ces espèces, le mieux est de mettre à cette époque, près des ceps déposés en fosse, des pieds d'arbres déjà assez grands, pris en quelque endroit que ce soit, ou des troncs munis de racines appartenant à ces espèces[6]. **5**. Mais si le sol où vous faites la plantation est une terre à blé, laissez quarante pieds entre chaque arbre, afin que le terrain puisse être ensemencé ; dans un sol maigre vingt pieds suffiront[7]. À l'intérieur de la fosse, la vigne devra se trouver à un pied et demi de son arbre, car, si elle est placée tout près de celui-ci, elle sera écrasée lorsqu'il se développera[8]. Il faut aussi la mettre, grâce à un treillage, à l'abri des méfaits du bétail désireux de la brouter et l'attacher aussitôt à son arbre[9]. **6**. Il y a aussi

contingant. Sed lapides quinum prope librarum medios inter utramque constitues et ipsas uites ad scrobis latera discreta coniunges. Mago adserit scrobem non primo anno esse conplendam, sed subinde coaequandam, quae res uitem faciet altius fundare radices. Sed hoc aridis prouinciis forte conueniat ; umidis autem sata putrefient recepto umore, nisi statim terra cumuletur. **4**. Sed arbusta qui faciet plantas arborum de his generibus ponat uel, si agro subpetit abundantia, his utatur : populo, ulmo, fraxo in montanis et asperis, in quibus ulmus minus laeta est. Has etiam Columella dicit seminario debere nutriri. Mihi uidetur, quia nulla prouincia est quae non ex his quamcumque sponte producat, plantas iam maiores de locis quibuscumque translatas uel eorum generum truncos radicatos hoc tempore circa scrobem uitis oportere constitui. **5**. Sed si ager frumentarius fuerit ubi arbusta dispon*e*s, quadragenos pedes inter arbores relinque, ut seri possit, in exili autem uicenos. In scrobe uero uitis ab arbore sua sesquipedis spatio distare debebit, nam uitis multum subiecta arbori incremento arboris obprimetur. Caueis etiam munienda est aduersum pecoris adpetentis iniurias et arbori suae protinus alliganda. **6**. Est et aliud

contingant *RKPQVGSNM* : -guant *L* ‖ quinum *RLKPQVGNM* : qui non *S* ‖ scrobem *RLPQVGSNM* : -be *K* ‖ sed *om. G* ‖ coaequandam *RLKPQGSN* : coaequendam *V* quo aequandam *M* ‖ faciet *RLKPQV SNM* : faciat *G* ‖ fundare *RLKPVGSNM* : -dere *Q Iens.* ‖ cumuletur *RKPQVGSNM* : com- *L* ‖ **4**. qui *RLKPQVSNM* : quae *G* ‖ faciet *RL KPQVSNM* : faciant *G* ‖ ponat *RLPQVSNM* : ponantur *G* ‖ fraxo R^1*LKQVSNM* : fraxino R^2*G* ‖ debere *RLPQVGSN* : decembre *M* ‖ translatas *VGSM* : -lata *RLKPQ* ‖ constitui *RLKPGSNM* : -tue *QV* ‖ **5**. dispones *Schmitt* : -nis *codd. Rodgers.* ‖ scrobe *RLPQVGSNM* : scrobeo *K* ‖ uero *RLKPQVG*S^2*NM* : autem S^1 ‖ ab *om. M* ‖ sesquipedis *RLKPQGSNM* : -pede V^1 -pedes V^2 ‖ arbori *post* subiecta *om. M* ‖ arbori (suae) *RLKPVSNM* : -ris *G* ‖ alliganda *RLKPVSNM* : -ganti G^1 -gandis G^2 ‖ **6**. aliud *RLKPVSNM* : alium *G*.

un autre moyen, expéditif, de transférer une vigne mariée à un arbre. On fabrique un petit panier d'osier dont le diamètre soit d'un pied ou un peu moins. On le porte auprès de l'arbre auquel est attachée la vigne et l'on pratique dans son fond, par le milieu, un trou où puisse passer la tige d'un sarment[10]. **7.** Après y avoir donc introduit un sarment de la vigne que l'on se propose de transférer, on suspend la corbeille à un point de l'arbre et on la remplit de terre végétale, de manière à ce que le sarment puisse être enfermé dans la terre. Ce sarment, on le tordra au préalable. Au bout d'une année accomplie, le sarment qui a été ainsi enfermé produira des racines à l'intérieur de la corbeille susdite. Alors, après avoir coupé sous le fond du panier le sarment pourvu de racines, on le transportera avec le panier lui-même à l'endroit que l'on se propose de garnir de vignes mariées à des arbres, et là on l'enterrera auprès des racines de l'arbre destiné au mariage. De cette manière on tranférera autant de vignes qu'on voudra, sans avoir à craindre qu'elles ne prennent pas[11].

XI. LES VIGNES DES RÉGIONS[1]

Dans les diverses régions, il existe de nombreuses façons de constituer un vignoble. Mais la meilleure, c'est quand le cep se tient, tel un arbuste, bien établi sur un

de transferenda ex arbusto uite conpendium. Fit ex uimine parua corbicula quae mensuram pedis uel aliquanto minus circini spatio possit amplecti. Haec ad arborem cui uitis adhaeret fertur et in fundi media parte pertunditur, quo sarmenti uirgam possit admittere. **7.** Inducto itaque sarmento uitis eius de qua transferre disponis, corbicula ipsa ex aliqua arboris parte suspenditur et uiua terra repletur, ut sarmentum terra possit includi. Quod sarmentum prius intorquetur. Ita exacto annui temporis spatio sarmentum quod clausum est radices creabit intra praedictam corbiculam. Tunc sub fundo corbis incisum radicatum sarmentum cum ipsa corbe portabitur ad locum quem uitibus arbustiuis destinabis inplere, ibique obruetur circa arboris maritandae radices. Hoc genere quantum uolueris numerum uitium transferes sine ambiguitate prendendi.

XI. DE VINEIS PROVINCIALIBVS

Vineae in prouinciis multis generibus fiunt. Sed optimum genus est ubi uitis uelut arbuscula stat breui crure fundata. Haec primo calamo iuuatur, donec solidetur. Sed

transferenda *RLKPVSNM* : -dum *G* || arbusto *R²LKPQVGSNM* : -ta *R¹* || uite *RLKVSNM* : uiti *G* || uimine *RKPQVGSNM* : uiminime *L* || corbicula *R²K²V* : coruicula *R¹LK¹PM* || mensuram *RLKVGSNM* : -ra *PQ edd.* || minus *RKPQVGSNM* : minis *L* || circini *RLQVSNM* : circinni *KG* || adhaeret *codd.* : inhaeret *edd.* || in fundi *codd.* : profundi *Iens.* || media *LKQVGSNM* : medii *R* || pertunditur *RLKQVGSN* : pertenditur *M* || quo *M edd.* : quod *RLKQVGSN* || **7.** repletur *codd.* : repleatur *Iens.* || annui *RLKQVSNM* : anni *G* || creabit *R²QGSNM* : -uit *R¹LKPV* || praedictam *RLKVGSNM* : -ta *Q* || sub fundo *VGSNM* : surfundo *RLPQ* || arbustiuis *KVS¹NM* : -tibis *RLP* -tibus *QGS²* || obruetur *K Schmitt* : -itur *RLPQVGSNM Iens. Rodg.* || prendendi *RLKQVGSN* : pred- *M*.

XI. genus *om. L* || uelut *RLKPQVSNM* : uel *G* || arbuscula *RLKP QVSNM* : arbustula *G* || breui crure *V²SM* : breuis rure *RLKPQV¹* breuis rurae *G*.

tronc court. On lui donne au début, le temps qu'il s'affermisse, l'aide d'une canne de roseau dont la hauteur ne doit pas dépasser un pied et demi. Une fois devenu solide, il tiendra tout seul[2]. Une autre méthode consiste à disposer plusieurs cannes autour d'un cep, dont les sarments attachés à elles se courbent en cercles successifs[3]. La plus mauvaise position est celle de la vigne qui se couche, étalée sur le sol. Dans tous les cas, la plantation se fait en fosses et en sillons[4].

XII. LA TAILLE DE L'ENSEMBLE DES VIGNES, HAUTES OU BASSES

C'est ce mois ci que, dans les régions relativement froides, ainsi que dans les régions tempérées, doit se faire la taille des vignes. Mais là où elles sont en grande quantité, on doit opérer un partage et tailler au printemps la partie d'entre elles qui est exposée au nord ; l'autre partie, celle qui bénéficie d'une orientation plus clémente, doit être émondée en automne[1]. Lors de la taille, attachons-nous toujours à ce que le tronc de la vigne devienne plus robuste et à ne pas laisser deux bois durs à une jeune vigne encore faible. **2**. Il faut supprimer les sarments développés, tordus, faibles, nés en mauvaise place. Il faut également retoucher le sarment « de fond de gorge »[2], qui pousse à mi-chemin entre deux bras. Mais si en grossissant elle a déjà affaibli l'un ou l'autre de ces bras, c'est lui qu'il faut couper, pour qu'elle pousse à sa place. En tout cas, un très bon émondeur laissera toujours, aux fins de renouvellement de la vigne, un sarment inférieur né en bonne place, en le réduisant à un ou deux yeux[3]. **3**. Sous les climats doux, on pourra laisser la vigne s'étendre vers le haut ; mais dans les champs au sol

altior sesquipede esse non debet. Vbi robusta fuerit, sola consistet. Aliud genus est in quo, cannis pluribus circa dispositis, ipsa uitis per cannas sarmentis ligatis in orbiculos flectitur se sequentes. Vltimae positionis uitis est quae per terram proiecta discumbit. Hae omnes et scrobibus ponuntur et sulcis.

XII. DE PVTANDIS VINEIS COMMVNIBVS ALTIS VEL HVMILIBVS

Hoc mense locis frigidis aliquatenus et temperatis uitium iusta putatio. Sed ubi multae sunt uineae, diuidantur et pars earum quae septentrionem respiciet uerno putetur ; alia pars aduersa clementioribus plagis recidatur autumno. Sed in putatione semper nitamur ut uitis fiat in crure robustior, ne debili uiticulae duo duramenta seruemus. **2** Auferenda sunt lata, intorta, debilia, malis locis nata sarmenta. Foca*neus* etiam, qui inter duo brachia medius nascitur, debet abradi. Qui si pinguedine sua brachium quodcumque proximum debilitarit, illo deciso ipse succedat. Erit tamen optimi putatoris inferius sarmentum quod bono loco natum fuerit, reparandae uitis causa semper tueri et ad unam uel duas gemmas relinquere. **3**. In locis clementioribus altius uitem licebit expandere, in

ligatis in R^2*GSM* : ligati si *P* ligati si in R^1*L*K^2 ligata si in K^1 || orbiculos *RK*P^2*VGSNM* : orbiculis P^1 morbiculos *LQ* orbicula *Pol.* || se *om. R* || positionis *RLPQVGSNM* : -nes *K* || hae *RLKPQVGSN* : hec *M*.

XII. est *post* putatio *ins. VSM* || putetur *RLKPVGSNM* : pot- *Q* || in crure *RLKPQVGSN* : incurue *M* || ne *RLKPQVGN* : neue *S* neu *M* || **2.** lata V^2*M edd. pler.* : laeta *RLKP*V^1*GS Schmitt* || focaneus *edd. Schmitt ex Colum.* : focalis S^1*M Rodg.* focata *RLKPQV*S^2 oculus *G* || proximum *om.* K^1 || debilitarit *codd* : -tauerit *edd.* || illo *GSNM* : illic *RLKPQV* illi *edd.* || optimi *M Schmitt* : -mum *RLKPQVGS Rodg.* || putatoris *RLKPSNM* : -tori *G* -turis *Rodg.* || tueri *RLKPQ VSNM* : intueri *G*.

maigre, ou soumis à de fortes chaleurs, ou pentus ou sujets aux tempêtes, il est nécessaire de la rabattre[4]. En terrain gras on laissera deux scions à chaque bras des ceps. Mais on fera preuve de sagesse en évaluant la force de la vigne ; en effet celle que l'on fait pousser en hauteur et qui est féconde ne doit pas avoir plus de huit branches à fruits, sans oublier le courson sur la partie inférieure du cep[5]. **4**. Tout ce qui naît autour du pied doit être coupé, sauf si la vigne a besoin d'être renouvelée. Si le tronc d'une vigne a été creusé par le soleil, les pluies ou des animaux nuisibles, on enlève tout ce qui est mort et on enduit les plaies avec de l'amurque et de la terre, ce qui sera bon contre les accidents en question. Il faut enlever aussi de la vigne l'écorce arrachée et pendante, opération qui permet d'avoir moins de lie dans le vin. Il faut racler la mousse partout où il s'en trouve. **5**. Mais les plaies que l'on fera à la vigne dans son bois dur devront être obliques et rondes. En coupant, comme je l'ai dit cidessus, tous les sarments mal nés ainsi que les vieux, laissez les jeunes et les productifs[6]. Coupez aussi les onglets desséchés des coursons et ceux qui ont un an, ainsi que tout ce que vous trouverez de vieux ou de galeux. Les vignes que l'on fait pousser en hauteur – par exemple en joug ou en pergola[7] – doivent avoir quatre bras dès qu'elles se sont élevées de quatre pieds au-dessus du sol. **6**. Si la vigne est maigre, on laisse un scion à chaque bras, et deux si elle est dense. Mais il faut veiller à ce que les sarments que l'on conserve ne soient pas tous du même côté, car alors la vigne se dessèche comme si elle était frappée de la foudre[8]. Il ne faut pas laisser de

exilibus aut aestuosis aut decliuibus aut procellosis humilior est habenda. Locis pinguibus singulis brachiis uitium bina flagella dimitte. Sed erit sapientis aestimare uim uitis ; nam quae altius colitur et fecunda est plus quam octo palmites habere non debet, ita ut consideremus semper in inferiori parte custodem. **4**. Circa crus quicquid nascitur amputandum est, si non desideret uinea reuocari. Quod si truncus uitis sole aut pluuiis aut noxiis animalibus est cauatus, purgamus quicquid est mortuum plagasque eas amurca linimus et terra, quod proderit aduersum praedicta. Cortex etiam rescissus et pendens a uite tollatur, quae res minorem faecem reddit in uino. Muscus radatur ubicumque repertus. **5**. Sed plagae quas in duro uitis accipiet obliquae et rotundae esse debebunt. Decisis, sicut supra dixi, male natis omnibus et ueteribus, nouellos et fructuarios serua. Vngues etiam custodum siccos et annotinos recide et omnia quae uetera uel scabra repperies. Hae quae altius coluntur, ut in iugo uel pergula, ubi quattuor pedibus supra terram leuatae steterint, quaterna brachia habeant. **6**. Si macra uitis erit, in singulis brachiis singula flagella dimittimus, si pinguis, bina. Sed prouidendum ne in una parte sint sarmenta quae seruas ; quod cum fit, uitis, tamquam si fulgure tangatur, arescit. Relin-

3. decliuibus *G* : decliuis *R²LKVSNM*, *fort. recte add. Rodg. in apparatu (sed uide infra c. 25, 21)* decliuus *R¹* || est *om. L* || : brachiis *R²LKVGSNM* : brachis *R¹PQ* || dimitte *RLKPQGSNM* : -ttes *V* || colitur *RLPQVGSNM* : aliter *K* tollitur *Iuc.* || consideremus *codd.* : conseruemus *edd.* || inferiori *RLPQGSNM Schmitt Rodg.* : -re *KV edd.* || parte *om. M* || **4**. quicquid *R²LKPQVSNM* : quidquid *R¹G* || eas *RLPQVGSNM* : eius *K* || etiam *om. M* || rescissus *R²M* : rescisus *R¹LPV* recisus *KGS edd.* || a *RLKPQVS²NM* : ante *GS¹* || **5**. esse *om. K* || nouellos *RKQVGSNM* : -llis *L* || ungues… recide *om. R¹* || etiam *post* custodum *transp. K* || recide *R¹LKPQVGSNM* : -da *R²* || hae *Schmitt* : haec *RLPQGSNM Rodg.* illae *edd.* || supra *RLKPQVSNM* : super *G* || **6**. brachiis *RLKQVGSNM* : brachis *P* || dimittimus *R¹LKPQVGSNM* : -ttemus *R²* || seruas *RKQVGSNM* :serues *L*.

sarments sur le bois dur ni en haut de la vigne, parce que ceux-ci, comme les sarments à pampre, produisent moins de fruits et que ceux-là chargent la vigne en produisant trop et la font monter trop haut. C'est la raison pour laquelle il faut choisir dans la partie médiane ceux que l'on gardera. La plaie de la taille ne doit jamais être faite près d'un oeil, mais un peu au-dessus et doit être opposée à celui-ci, à cause de la larme qui en coulera.

XIII. TAILLE DES VIGNES MARIÉES AUX ARBRES

La vigne placée sur un arbre[1]. Il faut couper son premier bois jusqu'au deuxième ou troisième oeil. Ensuite il faut en laisser pousser doucement un peu tous les ans à travers les branches de l'arbre, en dirigeant toujours une seule tige vers son sommet[2]. Ceux qui veulent obtenir une récolte très importante laissent monter plusieurs tiges à travers les branches ; ceux qui s'attachent à la qualité du vin tirent les sarments vers la cime. Il faut mettre davantage de sarments sur les branches les plus robustes des arbres et moins sur les plus faibles. **2**. Quant à la méthode de taille, elle consiste à couper tous les vieux sarments qui ont porté du fruit la première année et à laisser pousser les nouveaux, en retranchant les vrilles et les petits rameaux inutiles[3]. Mais, il faut prendre soin de délier et de relier tous les ans la vigne, parce qu'elle est ainsi rafraîchie[4]. Il faut organiser les branches des arbres porteurs de vigne de manière à ce que les supérieures ne soient pas sur la même ligne que les inférieures[5]. Mais en terrain gras, l'orme ne doit avoir de branches qu'à partir de huit pieds à partir du sol et de sept en terrain maigre[6]. **3**. En terrain sujet à la rosée et au brouillard, les branches de l'arbre porteur de vigne doivent être, par la taille, dirigées vers l'est et l'ouest, afin que ses flancs découverts exposent aux rayons du soleil toutes les parties de la vigne. Mais il faut faire en sorte que la vigne ne soit pas épaisse sur l'arbre et, quand les premiers arbres donnent

quenda sunt sarmenta neque circa durum neque in summo, quia haec uelut pampinaria minus adferunt, illa uitem nimietate fetus onerant et longius ducunt. Quare in medio loco seruanda sunt quae tuemur. Plaga non iuxta gemmam, sed aliquanto superius fiat et auertatur a gemma propter lacrimam defluentem.

XIII. DE PVTATIONE ARBVSTI

Vitis quae in arbore conlocatur. Prima eius materia ad secundam uel tertiam gemmam praecidatur. Deinde omnibus annis aliquid per ramos crescere subinde patiamur, unam materiam semper ad cacumen arboris dirigentes. Sed qui fructum uolunt maximum materias plures per ramos summittunt, qui uinum melius, sarmenta in cacumen extendunt. Fortioribus ramis arborum plures materiae, debilioribus inponendae sunt pauciores. **2**. Putandi autem ratio talis est ut uetera sarmenta, quibus primi anni fructus pependit, omnia recidantur et noua circumcisis capreolis et ramulis inutilibus dimittantur. Sed prouidendum est omnibus annis uitem resolui ac religari, quia refrigeratur. Ita formandi sunt rami arborum uitiferarum, ne alter sub alterius linea dirigatur. Sed loco pingui ulmus a terra octo pedibus, gracili uero septem sine ramo relinquenda est. **3**. In solo roscido et nebuloso rami arboris uitiferae in orientem et occidentem putatione dirigantur, ut latera uacua solis radiis membra totius uitis ostendant. Agendum est autem ut uitis spissa non sit in arbore, et deficientibus primis arboribus substituendae sunt aliae.

XIII. uel *om.* *Q* || materias *LKQGSN* : -ries *RV* || summittunt *codd.* : dimittant *Iens.* || imponendae *RKQVGSNM* : inpone *L* || pauciores *RLKQGSNM* : -ribus *V* || **2**. linea *RLKQVGSN* : in ea *M* || roscido *RLKVGSN* : rosido *M edd.* || deficientibus *RLKQVGSN* : defetien- *M* || substituendae *RLQGVSN* : -da *K* -de *M*.

des signes de faiblesse, on doit leur en substituer d'autres[6]. En terrain pentu les branches des arbres doivent être conservées plus bas, et plus haut en terrain plat et humide[7]. Il ne faut pas attacher les branches de vigne à l'arbre avec un osier dur, pour éviter que le lien ne les coupe ou ne les abîme. Sachez aussi ceci : parce que la branche couvre de fruits la partie d'elle même qui pend hors de la ligature, elle réservera pour le bois de l'année suivante celle qui est au-dessous.

XIV. TAILLE DES VIGNES DANS LES RÉGIONS

Si l'on veut cultiver les vignes dont j'ai dit que, comme on le voit dans les régions, elles se tiennent debout tels des arbustes[1], on leur laissera des branches sur les quatre côtés et on conservera des sarments sur ces bras en fonction des possibilités de la vigne. Quant aux vignes que l'on fait pousser en cercle au moyen de cannes, elles seront taillées de la même manière que celles qui s'appuient sur des échalas ou des pieux[2]. Mais celles qui n'ont pas de soutien et s'étendent sur le sol, procédé à n'adopter que par manque de ressources ou par nécessité locale, elles auront deux yeux la première année, davantage ensuite. Mais les vignes de cette espèce doivent être taillées assez court[3].

XV. TAILLE DES JEUNES VIGNES

Selon Columelle, il faut dès la première année ramener une jeune vigne à un seul jet et il ne faut pas la couper tout entière, comme on a coutume de le faire en Italie, à l'issue de la seconde année, parce que les vignes entièrement coupées ou bien meurent ou bien produisent des sarments inféconds qui, du fait que la tête a été tranchée, ne peuvent sortir que du bois dur, comme des sarment à

In loco cliuoso humilius rami arborum seruandi sunt, in plano et uliginoso altius. Palmites ad arborem non duro uimine ligentur, ne eos uinculum recidat aut adterat. Hoc autem noueris : quia palmes quod extra ligaturam pendens habuerit fructu induit, quod infra ligaturam materiae sequentis anni deputabit.

XIV. DE PROVINCIALIBVS VINEIS PVTANDIS

Vites quas prouinciali more uelut arbusculas stare dixi si instituere uelis, ramos a quattuor partibus his relinques et in eis brachiis sarmenta pro uitis possibilitate seruabis. Vites autem quae cannis in orbem cogantur sic putentur quemadmodum haec quae nituntur r*i*dicis aut palis. Illae uero quae sine adminiculis iacent, quod pro sola indigentia faciendum est uel necessitate prouinciae, primo amno duas gemmas, deinde plures habebunt. Sed huius generis uinea strictius est putanda.

XV. DE NOVELLA PVTANDA

Nouellam uitem Columella dicit a primo anno ad unam materiam esse formandam nec recidendam totam, sicut Italiae consuetudo est, anno secundo expleto, quia uel intereant uites in totum recisae uel infecunda sarmenta producant, quae amputato capite uelut pampinaria de

cliuoso : clibo- *P* || seruandi *RLPQVGSNM* : -da *K* || recidat *codd.* : praec- *Schn.* || aut *RKPQVGSNM* : atque *L* || palmes *codd.* : -mas *Pol.* || fructu *RLKQGSNM* : -tum *V* || induit *codd.* : induet *Schmitt* || sequentis *RLK²PQVGSNM* : secuti *K¹* || deputabit *RLKQVGNM* : deputabis *S* depotabitur *P*.

XIV. prouinciali *RLKPQVSNM* : -les *G* || more *om. G* || relinques *RLKPQVGSN* : -quens *M* || cannis *RKQVSNM* : carnis *L* kannis *G* || putentur *RLPQVGSNM* : potenter *K* || haec *RLKPQVG Rodg.* : hae *SM* eae *edd. Schmitt* || ridicis *Schmitt* : radicis *RLKPQV* radicibus *G* redicis *S Rodg.* radicus *M* || indigentia *codd* : indulgentia *Pol.* || strictius *RL²KQVSNM* : strinctius *P* strictus *G* strictis *L¹* || putanda *RLKQVG SNM* : eputanda *P*

XV. putanda *codd. Rodg.* : putatione *Iuc. Schmitt* || Columella *RLKPQ VGSN* : columm- *M* || producant *RLKPQVSN* : perducant *G* prodecnit *M*.

pampre. **2**. C'est pourquoi, dit-il, il faut laisser un ou deux yeux auprès de la commissure même du vieux sarment, et il faut veiller à cela justement quand il s'agit d'une jeune vigne un peu forte ; en outre la jeune vigne doit être accueillie par des roseaux ou de minces piquets, pour qu'à l'âge de trois ans on puisse lui en donner de plus forts. **3**. Car une vigne de quatre ans, là où le terrain est gras, sera sans inconvénient contrainte de nourrir trois jets. Aussitôt après la taille, il faut retirer du vignoble les sarments coupés, ainsi que les ronces et tout ce qui peut gêner le piocheur[1].

XVI. LES MARCOTTES

C'est en ce mois également qu'il faut procéder au provignement. Mais une vigne vieille et épuisée, dont le bois dur s'est étendu loin, sera, comme le dit Columelle, mieux renouvelée en sautelles que si l'on procède à son enfouissement intégral, ce que les agriculteurs ne peuvent que blâmer. On parle de sautelle chaque fois qu'une sorte d'arc est laissée au-dessus de la terre, le reste de la vigne étant enfoui[1]. **2**. Car, comme dit Columelle, lorsqu'elles sont entièrement mises en terre, elles sont fatiguées par le très grand nombre de racines qui sortent de tout leur corps. Au bout de deux ans, on coupe les sautelles dans leur partie supérieure et on laisse en place les vignes bien adaptées. Mais, à ce qu'affirment les agriculteurs, si on les coupe au bout de deux ans, elles ont presque toujours des racines sans vigueur et elles auront tôt fait de périr[2].

XVII. LES GREFFES[1]

C'est en ce mois que la greffe se pratique le mieux dans les endroits chauds et ensoleillés[2]. Elle se fait de

duro coguntur exire. **2.** Quare iuxta ipsam commissuram ueteris sarmenti unam uel duas gemmas relinquendas, quod est merito in uiticula fortiore seruandum ; et sane excipiendam calamis nouellam uel exiguis palis, ut tertio anno robustiores possit accipere. **3.** Nam quadrima nouella, ubi laetum solum est, tres materias merito nutrire cogetur. Statim post putationem sarmenta decisa uineis et rubi et inpedimentum fossoris omne tollatur.

XVI. DE PROPAGINIBVS

Hoc etiam mense propagandae sunt uites, sed uetus et exesa uinea, cuius duramenta longe processerunt, ut Columella dicit, mergis melius reparabitur quam si infossione totius corporis obruatur, quod agricolis certum est displicere. Mergum dicimus, quotiens uelut arcus supra terram relinquitur alia parte uitis infossa. **2.** Nam, ut ait Columella, cum totae stratae sunt, plurimis radicibus totius corporis fatigantur ; mergi uero post biennium reciduntur in ea parte quae supra est, et in loco iustas uites relinquunt. Sed, ut agricolae adserunt, post biennium si recidas, plerumque infirmas habent radices et simul repente perierunt.

XVII. DE INSITIONIBVS

Hoc mense calidis et apricis locis optime celebratur insitio. Quae fit tribus generibus, sed ex his duo nunc

2. ipsam *om.* *L*[1] *K*[1] ‖ commissuram *RLPQVGSNM* : conmisinxuram *K*[1] conmisinsiram *K*[2] ‖ calamis *RLKQVGSNM* : -mi *P* ‖ **3.** nouella *RLKPQVSNM* : -lam *G* ‖ materias *RLKQGSNM* : -ries *V* ‖ nutrire *codd.* : seruare *Pol.* ‖ a *ante* uineis *ins. Iens. Iuc.*

XVI. propagandae *RLPQVGSNM* : -gendae *K* ‖ et *om.* *K* ‖ si *om.* *L* ‖ **2.** recidas *RLKPVGSNM* : recisas *Q* ‖ infirmas *VSM* : -mat *RLKPQ* -matas *G* ‖ perierunt *RLKPQVGNM* : pereunt *S edd.*

trois manières, dont deux seulement sont possibles à cette époque, la troisième étant réservée à l'été. Ces manières sont les suivantes : ou bien sous l'écorce ou bien dans le tronc ou bien en écusson[3]. Nous grefferons donc comme suit : nous couperons un arbre ou une branche, sans abîmer l'écorce, à un endroit en bon état et sans cicatrice. Après sciage, nous polissons la plaie avec des outils de fer bien aiguisés. **2**. Puis nous enfonçons précautionneusement, en évitant de faire éclater la bande de l'écorce, entre celle-ci et le bois, à trois doigts environ de profondeur, une espèce de coin mince, soit en fer soit en os (de lion notamment) et, après avoir retiré le coin, nous insérons aussitôt en cet endroit le scion taillé d'un côté en laissant intactes la moelle et l'écorce couvrant l'autre côté. Ce côté doit déborder l'arbre de six à huit doigts[4]. **3**. On placera deux ou trois scions, voire davantage, suivant la qualité de l'arbre ; on laissera entre eux un intervalle de quatre doigts ou plus. Puis on les serrera avec du jonc, de l'orme ou de l'osier et on mettra et attachera pardessus de la boue recouverte de mousse, dans des conditions telles que le scion puisse s'élever de quatre doigts au-dessus de la boue[5]. Mais la plupart des gens préfèrent fendre par le milieu le tronc de l'arbre préalablement coupé, après l'avoir serré très fort avec des liens, et y introduire des scions raclés des deux côtés en formes de coins, sans toucher la moelle, après avoir mis tout d'abord dans la fente un petit coin, de manière que, une fois celui-ci enlevé, le scion ainsi placé puisse être maintenu serré par le bois qui se rejoindra à l'endroit de la plaie. **4**. Ces deux opérations se font au printemps, en phase croissante de la lune, lorsque les bourgeons des arbres commencent à grossir[6]. Les scions destinés à la

fieri possunt, tertium reseruatur aestati. Sunt autem genera inserendi haec : aut sub cortice aut in trunco aut emplastro. Inseremus ergo sic : arborem uel ramum in loco qui nitidus et sine cicatrice est serra recidemus non laeso cortice. Post serraturam plagam ferramentis acutis nitidamus. **2**. Inde quasi cuneum tenuem ferreum uel osseum maxime leoninum, inter corticem et lignum tribus prope digitis consideranter deponimus, ne corticis fascia dissipetur, et in eum modum subducto cuneo statim surculum mergimus una parte decisum, salua medulla et cortice partis alterius. Qui supra arborem sex uel octo digitis emineat. **3**. Duos uel tres uel plures surculos pro trunci qualitate constituemus ; quaternis digitis uel amplius inter eos spatium relinquemus. Tunc iunco aut ulmo aut uimine stringemus et super lutum musco tectum ponemus ac ligabimus, ut quattuor digitis supra lutum possit surculus eminere. Plerosque delectat strictum primo sectae arboris truncum uinculis artioribus in medio findere et ibi surculos ex utraque parte rasos in modum cunei, ut integra sit medulla, demergere praemisso ante cuneolo, quo subducto depositus surculus redeunte in plagam materia possit adstringi. **4**. Sed hoc utrumque genus uernum est et fit crescente luna, ubi incipit arborum gemma turgescere.

XVII. genera *om. RLKPQV¹G* || emplastro *codd. Rodg.* : inplastro *Schmitt* || nitidus *RLPQVGSNM* : -dis *K* || nitidamus *codd. Rodg.* : incid- *edd. Schmitt.* || **2**. tribus *om. L* || consideranter *RLKPQ VSNM* : -tes *G* || fascia *G Schmitt* : fascea *RLPQVM Rodg.* fascta *K* || mergimus *RLPQVGSNM* : -gemus *K* || **3**. constituemus *Schmitt* : -tuimus *codd. Rodg.* || iunco *RKQVGSNM* : iungo *L* inico *ut uid. P* || stringemus *G Schmitt* : -gimus *RLKPQVSM Rodg.* || tectum *RLP QVGSNM* : -to *K* || et... ponemus *om. G* || ligabimus *K* : ligauimus *RLPV* ligaminibus *M* || artioribus *RLKPVM* : altioribus *Q Iens.* || modum : medium *P¹* || quo *RLKPVS²M* : qui *S¹* || depositus *RKQVG SNM* : -tos *L* || adstringi *RLKQVGNM* : extringui *S* || **4**. hoc *om. Q* || uernum *RLKPQVSNM* : ueris *G* || gemma *RLKQVGSN* : gemmam *M* gemma arborum *edd.* || turgescere *RLPQVGSNM* : turguescere *K*.

greffe doivent être jeunes, féconds, noueux, nés d'un arbre jeune, pris sur le côté de celui-ci exposé à l'est, épais d'un petit doigt ; ils doivent avoir deux ou trois pointes et être pourvus de plusieurs bourgeons. **5**. Si vous désirez enter un arbre assez petit – sur lequel sans doute les greffes se développent mieux – coupez-le près du sol ; et (c'est la meilleure méthode) placez les scions entre le bois et l'écorce et ligaturez-les. Certains enfoncent au milieu de l'arbre à enter un scion raclé des deux côtés et proportionné à la solidité de l'arbre, de telle sorte que l'écorce du scion soit rendue égale de tous côtés à l'écorce de l'arbre. Mais, dans le cas d'un arbre jeune, il convient de piocher la terre et de l'entasser jusqu'à la greffe elle-même, ce qui la protègera du vent et de la chaleur[7]. **6**. Un cultivateur compétent m'a assuré que n'importe quelle greffe prend à coup sûr si, en mettant les scions en place, on enfonce en même temps dans la plaie de la glu non détrempée, qui aura pour effet d'amalgamer les sucs de l'un et l'autre bois à la manière d'une colle[8]. **7**. Pour ce qui est de la greffe en écusson, nous en parlerons au mois ou elle se pratique[9]. Un quatrième procédé est ainsi décrit par Columelle[10] : on perce un arbre avec une tarière gauloise[11] jusqu'à la moelle, en veillant à que le trou soit légèrement oblique. Après avoir enlevé toute la sciure, on y insère avec précision une branche de vigne ou d'arbre taillée aux dimensions du trou réalisé, mais plein de sève et humide, en laissant à l'extérieur un ou deux yeux. On recouvre alors soigneusement l'endroit d'argile et de mousse. Il est possible de greffer ainsi même les vignes mariées à un orme. **8**. Un Espagnol m'a indiqué ce nouveau procédé de greffe ; il affirmait

Surculi autem qui inserendi sunt, sint nouelli, fertiles, nodosi, de nouo nati, ab orientali arboris parte decisi, crassitudine digiti minoris, bifurci uel trifurci, gemmis pluribus uberati. **5**. Si arborem minorem desiderabis inserere, in qua sine dubio meliora incrementa proueniunt, circa terram secato ; et, quod melius est, surculos inter lignum corticemque depone, tunc stringe. Quidam rasum ex utraque parte surculum conuenientem soliditati arboris inserendae sic in medio deponunt, ut cortex surculi undique cortici arboris reddatur aequalis. Sed in nouella arbore terra mota usque ad ipsum insitum colligatur, quae eam res a uento et calore defendet. **6**. Mihi adseruit diligens agricola omne insitum sine dubio conprehendere si, depositis surculis, uiscum non temperatum in ipsa plaga pariter mergamus quasi glutino quodam sucos materiae utriusque mixturum. **7**. De inplastratione suo mense dicemus. Quartum genus Columella sic retulit : Galllica terebra usque ad medullam arborem perforandam plaga interius leuiter inclinata. Ibi educto omni scobe uitem uel ramum ad modum foraminis inpressi delibratum, sucidum tamen et umentum, stricte inprimi, una aut duabus gemmis foris relictis ; tunc argilla et musco locum diligenter operiri. Ita et uites in ulmo inseri posse commissas. **8**. Hispanus quidam mihi hoc genus nouae insitionis

ab *RLKPQVGSN* : ad *M* || crassitudine *R²LKPQVGSN* : grass- *R¹* gross- *M* || gemmis *RLKQVGSN* : genimis *M* || uberati *RLKQVGSNM* : ubertati *P* || **5**. est *om. R* || utraque *RLPQVGSN* : utramque *K* utaque *M* || soliditati *RLKPQS²N* : soliditate *V* solidatati *S¹* solidati *M*. || colligatur *RLKPQVGS²NM* : -tum *S¹* || defendet *RKPQVGSNM* : -dat *L* || **6**. adseruit *RLKPQVGSN* : aserunt *M* || sucos *RLKPQVGNM* : sucus *S* || **7**. quartum *RLKQVSN* : quarum *GM* || leuiter *RLQVGSNM* : nihil *K* || educto *RLKPVSM* : -ta *G* || scobe *RLKPGS²N* : scrobe *QS¹M Iuc. Comm.* sorde *V* || delibratum *RLKQVSNM* : -beratum *G* || **8**. quidam *RLKPQVG²SNM* : quidem *G¹* || mihi *om. GM* || nouae *om. G* || ex *om. KM*.

l'avoir essayé sur un pêcher. Il m'a dit de percer à la tarière[12] une branche de saule ayant l'épaisseur d'un bras, solide, longue de deux coudées ou plus, au milieu, et d'introduire dans le trou même du bâton de saule, en le laissant dans le lieu même ou il a poussé, un plant de pêcher, dépouillé de toute ses branches et réduit à sa seule tige ; puis qu'il fallait courber en forme d'arc ladite branche de saule de manière à enfoncer ses deux extrémités en terre, et reboucher le trou avec de la boue et de la mousse ligaturée. Ensuite, au bout d'un an, lorsque l'extrémité du jeune arbre s'est unie en dessous à la moelle du saule au point que leurs deux corps mêlés n'en fassent qu'un, on coupe le plant par en dessous, on le transfère et on entasse de la terre qui puisse recouvrir à la fois l'arc de saule et la pointe du pêcher. On obtiendra ainsi des pêches sans noyaux. Mais, selon lui, cela convient aux lieux humides ou irrigués et les saules doivent être aidés par des arrosages, de sorte qu'un bois aimant naturellement l'humidité soit vigoureux et offre aux pousses de l'autre le superflu de son suc.

XVIII. ÉTABLISSEMENT DES OLIVERAIES

C'est en ce mois que, dans les pays tempérés, on plantera les oliviers, qui doivent être plantés dans des terres défoncées à la houe en entourant les bords des plates-bandes autour de l'allée ou bien occuper leur propre terrain[1]. S'ils sont plantés en terre défoncée à la houe, les

ostendit ; ex persico se adserebat expertum. Salicis ramum brachii crassitudine, solidum, longum cubitis duobus aut amplius terebrari iussit in medio et plantam persici in eodem loco in quo consistit, spoliatam ramis omnibus, solo capite relicto, per ipsum saligni manubrii foramen induci ; tunc eundem salicis ramum terrae capite utroque demerso in arcus similitudinem debere curuari ; foramen luto, musco, uinculis stringi. Anno deinde exempto, ubi infra medullam salicis caput plantulae sic cohaeserit ut unitas sit ex duobus mixta corporibus, plantam subter incidi atque transferri et aggeri terram, quae arcum salicis cum persici cacumine possit operire. Hinc persici poma sine ossibus nasci. Sed hoc locis umidis conuenire uel riguis et salices aquationibus adiuuandas, ut et natura ligni uigeat, quae delectatur umore, et superfluentem copiam suci germinibus ministret alienis.

XVIII. DE INSTITVENDIS OLIVETIS

Hoc mense locis temperatis instituemus oliueta, quae uel pastinis conserenda sunt, ut extremas circa decumanum tabulas cingant, uel suum locum tenebunt. Si ponuntur in pastino, radicatae plantae decisis capitibus et bra-

brachii *RLPQVGSNM* : brachiis *K* || crassitudine *RLKPQVGSN* : gross- *M* || longum *om. M* || induci *LKQVGSNM* : iudici *R* || luto *RL KPQVGSN* : illuto *M* || exempto *codd.* : exacto *Pol.* || plantulae *RLK VGSNM* : plantu ac *Q* plantae *edd.* || sic cohaeserit *RLKQSN* : sicco haeserit *PM* sicco heserint *VG* || unitas *RLKPQVGNM* : -ta *S* || subter incidi *RKQVGSNM* : super indici *L* || aggeri *RLQVGSNM* : aggerri *K* aggerari *edd.* || riguis *RLKPQGSNM* : irriguis *V Pol.* || adiuuandas ut *RLKPQVGSN* : adiuanda sunt *M* || uigeat quae *SM* : uiceat quae *RPL* uinceat quae *K* uincat quae *V* uice aquae *G Pol.* || delectatur *RLK QVSN* : -tetur *GM Pol.* || germinibus *codd.* : granibus *Iens.*

XVIII. uel *om V* || suum *RLKPQVGSN* : sum *M.*

pieds pourvus de racines, tête et branches coupées et tronc réduit à la hauteur d'une coudée et d'une paume, doivent être plantés dans la terre amollie par la houe, après y avoir creusé un trou au moyen d'un pieu. Il faut mettre au fond du trou des grains d'orge et débarrasser les arbres de tout ce qui s'y trouvera de pourri ou de desséché, puis recouvrir leur tête de boue et de mousse, en les serrant avec des liens d'orme ou de toute autre matière bien solide[2]. **2**. Mais ce qui leur fait le plus grand bien et les aide le mieux à grandir, c'est de marquer à l'ocre rouge les points vers lesquels ils étaient orientés et de les mettre en terre avec la même orientation. Ils doivent être à quinze ou vingt pieds de distance les uns des autres. Il faut de temps en temps arracher toute l'herbe autour de leur pied et, chaque fois qu'il aura plu, les stimuler par de très brefs et très fréquents piochages. Il faut aussi de temps en temps prendre de la terre à leur pied et, après l'avoir bien travaillée, l'entasser autour de leur tronc jusqu'à une certaine hauteur[3]. **3**. Si l'on veut établir une oliveraie sur son propre terrain, on choisira les genres de terre suivants : une terre mêlée de gravier ou de la craie rendue meuble par un mélange avec du gros sable ou du gros sable gras ou une terre d'une nature assez dense et humide. **4**. Il faut proscrire absolument l'argile de potier, la terre marécageuse et celle dans laquelle l'eau séjourne en permanence ainsi que le sable maigre[4] et le gravier pur ; car, bien que l'olivier y prenne, il n'y forcit pas. On peut le planter dans une terre ayant produit précédemment de l'arbousier ou de l'yeuse ;

chiis et in truncum redactae usque ad mensuram cubiti unius et palmi in fermento terrae fossae defigantur locum palo antea deprimente. Hordei grana subteriaciantur et amputetur his quicquid putridi inuentum fuerit aut arentis, et tunc capita earum luto uelentur et musco, ulmeis uinculis uel tenacibus quibuscumque constricta. **2**. Sed maximum beneficium est et proficit incremento, si rubrica partes notentur quibus obuersae steterant, et contra eas simili ratione ponantur. Sint a se discretae pedibus quindecim uel uiginti. Omnis subinde circa eas herba uellatur et, quotiens se imber infuderit, breuissimis ac frequentissimis fossionibus sollicitentur. Et subinde ducta a trunco terra atque permixta in aliquanto altiores cumulos congeratur. **3**. Quod si oliuetum suo loco facere uolueris, haec genera terrarum sequeris : terram cui mixta sit glarea, aut cretam sabulonis coniunctione resolutam aut pinguem sabulonem aut terram naturae densioris et umidae. **4**. Creta figuli omnino repudianda est et uliginosa et in qua semper umor adsistit et sabulo macer et nuda glarea ; quamuis enim conprehendat, non conualescit. Potest seri et ubi arbutus aut ilex steterat ; nam cerrus et excisa radices noxias relinquit, quarum uirus

redactae *RLKPVGSNM* : redatae *Q* || ad mensuram *RLKVGSNM* : admensura *Q* || cubiti *RLPQVGSNM* : -tis *K* || palo antea *RLKP QVSNM* : pala ante *G* || subteriaciantur *RPQS*[2] *Schmitt Rodg.* : subteriacientur *K* subteriaciuntur *S*[1] subteriactantur *LV* subter lactantur *M* || quicquid *LKPQVGSNM* : quidquid *R* || capita earum luto *RLK QVSNM* : capita amputata luto *G* amputata capita luto *edd.* || ulmeis *RLKPQVSN* : uel neis *G* uel meis *M* || **2**. et *VM* : ut *RLKPQGS* || proficit *RLKPVM* : -ciat *GS edd.* || obseruae steterant *V* : obserua est et erant *RLPM* obserua steterant *K* obserua est et erutae *G* obseruae steterunt *edd.* || uellatur *RLKPQVGSN* : uellantur *M* || subinde *RLKQ VGSN* : sub *M* || **3**. genera *RKPQVGSNM* : terra *L* || terrarum *RLKP QVSNM* : terra cum *G* || sabulonis *RLQVGSNM* : sabolinis *K* || umidae *edd. Schmitt* : uiuidae *codd. Rodg.* || **4**. arbutus *RLKPVGS*[2]*M* : arbustus *QS*[1]*N* || ilex steterat *RKPQVSNM* : lex steterat *L* ilex exstiterat *G* || cerrus *RLKPGSNM* : ceasus *Q* cerasus *V* cedrus *Pol.*

quant au *cerrus*[5], même abattu, il laisse des racines nuisibles, dont le poison corrompt l'huile. Dans les régions très chaudes[6], l'olivier affectionne une colline exposée au nord et, dans les froides, au midi ; sous les climats tempérés il adore les terrains en pente. Il ne supporte ni les fonds ni les escarpements et préfère les pentes douces, comme en présentent la Sabine et la Bétique. Les espèces d'olives sont nombreuses et portent une foule de noms tels que *pausia*, *orchis*, *redius*, *Sergia*, *Licinia*, *Cominia* et bien d'autres qu'il n'est pas dans mon propos de citer. Disons néanmoins que l'huile donnée par la *pausia* est excellente tant qu'elle est verte, mais qu'elle se gâte en vieillissant. La *Licinia* vaut pour la qualité, la *Sergia* pour la quantité[7]. Mais, d'une façon générale, il suffira de signaler que les grosses olives sont recommandées pour la table et les petites pour l'huile[8]. **5**. Si le champ où nous plantons des oliviers est une terre à blé, il faut laisser quarante pieds d'intervalle entre les arbres, et vingt-cinq dans le cas d'un terrain maigre. Nous avons intérêt à diriger les rangées vers le côté d'où souffle le vent d'ouest. Lors de la plantation, il faut les mettre dans des fosses sèches creusées à quatre pieds de profondeur. Il faut aussi en l'absence de cailloux, y mêler du gravier et du fumier. Si le champ est clôturé, il faut les planter en n'en laissant qu'une faible hauteur au-dessus du sol. Mais s'il risque d'avoir à souffrir du bétail, les troncs doivent être plus hauts. Dans les régions au climat sec, en l'absence de pluies, il faudra aussi les arroser. **6**. Si la région est dépourvue d'oliveraies, et que l'on ne sait d'où faire venir les pieds, il faut faire une pépinière, c'est à dire une planche piochée comme je l'ai dit plus haut[9], pour y mettre, comme le dit Columelle, des branches d'olivier sciées à une longueur d'un pied et demi[10]. Cela permettra de transférer au bout de cinq ans des pieds d'arbres robustes et de les planter ce mois-ci dans les régions froides. Je sais que la plupart des gens, vu la facilité et

oleam secat. Locis aestuosis septentrionali colle, frigidis meridiano gaudet, mediis cliuis delectatur. Neque imum locum neque arduum patitur, magis modicos cliuos, sicut est regio Sabina uel Baetica. Bacarum genus numerosum est et plurium uocabulorum, sicut pausia, orchis, radius, Sergia, Licinia, Cominia et ceterae quas nominare non adtinet. Pausia tamen oleum quod reddit, dum uiride est, optimum, sed cito uetustate corrumpitur. Optimum Licinia dat, plurimum Sergia. Sed de his hoc generaliter praecepisse sufficiet : maiores bacas cibo, minores oleo profuturas. **5**. Si frumentarius ager est quem conserimus oliueto, quadragenis inter se pedibus distent, si macer, uicenis quinis. Melius faciemus si ordines in Fauonium dirigamus. Cum deponentur, in scrobes siccas constituantur quaternis pedibus fossas. Glarea etiam, ubi lapides defuerint, misceatur et stercus. Si clausus locus est, modice supra terram quae ponuntur emineant. Si pecora formidantur, altiores trunci esse debebunt. In siccis uero prouinciis, cum pluuiae desunt, et rigare conueniet. **6**. Si prouincia indiget oliuetis et non est unde planta sumatur, seminarium faciendum est, id est tabula effossa, sicut superius dixi, ut ibi, sicut Columella dicit, rami serra incisi in modum sesquipedalem deponantur. Inde post quinquennium poterit ualida planta transferri et locis frigidis hoc mense plantari. Scio plerosque, quod facilius

aestuosis *M edd. Schmitt* : aestiuosis *RLKPVGS Rodg. dubitanter* || sabina *RLKPQVGSN* : sauina *M* || bacarum *RLKPQGSNM* : becarum *V* olearum *Pol.* || plurium *edd. Schmitt Rodg. dubitanter* : -rinum *codd.* -rimorum *Pol.* || orchis *edd. Schmitt* : orches *RLKPQV Rodg.* horches *G* orces *S* || praecepisse *RPQGSNM* : prae cipisse *LV* || **5**. quadragenis *RQVGSN* : quadrig- *LKM* || uicenis *RKQVGSNM* : uicenus *L* in cenis *Pol. om. Iens.* || dirigamus *RLQVGSNM* : -gatur *K* || ubi *RQVGSNM* : ibi *L* || et *om. edd.* || **6**. sumatur *RPQVGSNM* : summatur *L* summantur *K* || ibi *RLQVGS²NM* : ubi *PS¹* || sicut *om. M* || dicit *RLPQVGS²NM* : dixit *S¹* || ualida *RPVGSNM* : uada *LQ* || planta *om. Q* || scio *RLKP QVGSN* : sio *M*.

l'utilité de l'opération, ont coutume de mettre soit dans une pépinière, s'ils le désirent, soit dans une oliveraie, des racines d'oliviers qui se trouvent communément dans les forêts ou des lieux déserts, après les avoir coupées à la longueur d'une coudée, et de les aider à pousser en ajoutant du fumier. Il pourra arriver que des racines d'un seul arbre naissent de nombreux pieds[11].

XIX. LES ARBRES FRUITIERS ET LEURS LIEUX DE PLANTATION : PRESCRIPTIONS GÉNÉRALES[1]

Nous pouvons aussi, dans les terrains travaillés à la houe, planter des arbres fruitiers exposés au nord. Nous dirons plus loin[2] ce qu'il faut faire spécialement pour chacun d'eux. C'est la même terre qui convient à eux et aux vignes. Mais il leur faut des fosses plus grandes, profitables tant au bois qu'aux fruits. Si l'on constitue un verger, on laissera trente pieds entre les rangées. 2. On plantera des pieds pourvus de racines : cela vaut mieux. On évitera que les pointes, cassées par la main ou broutées, ne puissent pas croître. On assignera chaque rangée à sa propre espèce, afin que les faibles ne soient pas opprimées par les plus fortes. On marquera les pieds, afin de leur donner la même exposition qu'ils avaient antérieurement. **3**. D'un terrain pentu, sec et maigre nous les transférerons dans un terrain plat, gras et humide. Si l'on veut mettre en terre des troncs, leur hauteur devra être d'environ trois pieds au-dessus du sol. Lorsqu'on met deux pieds dans une même fosse, il ne faut pas qu'ils soient en contact, car alors les vers les feront périr. Mais,

atque utilius est, radices olearum quae in siluis plerumque sunt aut in locis desertis, in cubitalem mensuram recisas aut in seminario, si placuerit, aut in oliueto solere disponere et admixtione stercoris adiuuare. Qua re proueniet ut ex unius arboris radicibus numerosa planta nascatur.

XIX. DE POMIFERIS ET SPATIIS EARVM GENERALE PRAECEPTVM

Etiam pomiferas arbores possumus in pastinis a septentrionali regione disponere. De quibus singillatim dicemus quae specialiter sunt tenenda. Nam pomis eadem conuenit terra quae uitibus. Scrobes autem maiores facies, ut materiae prosis et fructui. Si pomarium facies, inter ordines tricenos pedes relinques. **2**. Plantas statues radicatas, quod est melius. Seruabis ne cacumina aut manu fracta aut erosa non crescant. Vnumquemque ordinem suo generi deputabis, ne infirmae a ualentioribus obprimantur. Plantas similiter notabimus, ut ipsis quibus steterant cardinibus obponamus. **3**. De cliuo, sicco, exili in planum, pinguem, umidum tranferemus. Si truncos ponere uolueris, supra terram prope tribus pedibus erigantur. Vbi duas in una scrobe plantas deponis, cauendum est ne se contingant, nam uermibus interibunt. Sed,

atque *RKPQVGSNM* : aut *L* || cubitalem *RKPQVGSNM* : cubilitatem *L* || unius *RKQVGSNM* : unicis *L* || nascatur *RPL²K¹QVGSN* : -citur *L¹M* -cantur *K²*.

XIX. septentrionali *RLPQVGSNM* : -le *K* || singillatim *RLPSNM* : sigillatim *QG* singulatim *V* || maiores *RKPQVGSNM* : minores *L* || facies *LKPQVGSNM* : facias *R* || pomarium *RKPVGS²NM* : pomarum *L* porium *S¹* || relinques *RLKQVGSN* : -quens *M* || **2** statues *RLQV GSNM* : statuas *K*. || erosa *RLKPQSNM* : ulcerosa *V* aerosa *G* || generi *RKPQVGSNM* : -re *L* || notabimus *K²M* : notauimus *RK¹LPQNV* || **3**. exili *VGSM* : -lii *RLKP* || truncos *RKPQVGSNM* : truncus *L* || supra *RLKPQVGSN* : super *M* || deponis *RKPQVGSN* : depomis *L* deponimus *M*.

à ce que dit Columelle, les arbres sont plus productifs quand ils proviennent des semences, c'est à dire de leurs propres noyaux, que quand on les plante en pieds ou en boutures. Quand la région est trop sèche, il faut les aider en les arrosant.

XX. BÊCHAGE, ÉCHALASSAGE ET LIGATURE DES VIGNES ET FUMURE DES ARBRES[1]

C'est à présent que, dans les pays maritimes et chauds, il faut bêcher les vignes ou les labourer, si tel est l'usage de la région ; il faut aussi, dans les mêmes endroits, échalasser ou lier les vignes avant qu'elles ne bourgeonnent, car il est très dommageable de secouer ou de frotter les bourgeons. **2.** C'est maintenant que les oliviers et les autres arbres reçoivent du fumier, en phase lunaire décroissante[2]. Il suffira d'une charretée[3] pour un arbre assez grand, d'une demie pour un petit ; pour cette opération, on écarte la terre des racines et on l'y ramène, après l'avoir mêlée de fumier. C'est à cette époque qu'il faut bêcher le pourtour des pieds placés en pépinière et qu'il faut les débarrasser des branches superflues ou des petites racines qu'ils ont fait pousser tout autour à la surface du sol.

XXI. PLANTATION DES ROSIERS, DES LIS, DU SAFRAN ET DES VIOLETTES[1]

C'est en ce mois que nous planterons les rosiers, que l'on doit mettre en terre dans des petites tranchées ou des fosses, soit en plants[2] soit même en graines. Mais n'allons pas prendre pour des graines de rosiers les éta-

ut Columella dicit, feraciores sunt quae seminibus, hoc est nucibus suis, quam quae plantis ponuntur aut ramis. Vbi regio siccior est, aquationibus adiuuentur.

XX. DE FODIENDIS, PALANDIS ET LIGANDIS VITIBVS VEL LAETANDIS ARBORIBVS

Nunc locis maritimis et calidis fodiendae sunt uites uel, si haec prouinciae consuetudo est, exarandae et in eisdem locis palandae aut ligandae sunt uineae, priusquam gemma procedat, cuius concussione uel adtritu incurritur grande dispendium. **2.** Nunc oleae ceteraeque arbores laetamen accipiunt decrescente luna. Sufficient autem maiori arbori ue*h*es una, minori media, ita ut subducta a radicibus terra et fimo permixta reuocetur. Tempore hoc, si quae sunt in seminariis plantae, circumfodiendae sunt et amputandi eis rami superflui uel radiculae, quas circa in superiori parte miserunt.

XXI. DE ROSIS, LILIIS, CROCO, VIOLIS CONSERENDIS

Hoc mense rosaria conseremus, quae sulco breuissimo aut scrobibus ponenda sunt uel uirgultis uel etiam semine. Semina autem rosarum non putemus medios

regio *RLK²PQVGSNM* : rogo *K¹*.

XX. palandis *om. G* || uitibus *om. K* || laetandis *RLK²PVGN* : latandis *K¹* laetaminandis *S*, *om.* M. || si *RLKPQVGNM* : cui *S* || et… ligandae *om. G* || aut ligandae *om. K* || de *ante* gemma *add. M* || concussione *RPVGSNM* : conuersione *K* concursione *QL Iens.* || dispendium *RKPQVGSNM* : despedium *L* || **2.** olea *RLK²PQVGSNM* : oleum *K¹* || uehes *edd. Schmitt* : ueges *codd. Rodg.* || maiori *RLKQGSNM* : minori *V* || eis *RLPQVGSNM* : eius *K* || superflui *RLKQGSNM* : -fluuii *V* || superiori *codd. Schmitt Rodg.* : -re *edd.*

XXI. uirgultis *codd. Schmitt* : uirgulis *Rodg. fort. recte* (*cf. Pall. 12, 11* ex paucis uirgulis) || putemus *RLKPQGSNM* : putamus *V* || medios *RLKPQVSNM* : modicos *G*.

mines couleur d'or que les roses présentent en leur milieu ; les rosiers produisent des baies ressemblant à une toute petite poire, pleines de leurs graines, qui mûrissent après la cueillette. Leur maturité pourra se reconnaître à leur couleur sombre et à leur mollesse. **2**. Mais, si l'on a des roseraies déjà anciennes, c'est à cette époque qu'on les fouille avec des sarcloirs ou des binettes et que l'on coupe toutes les branches sèches[3]. C'est aussi maintenant que les rosiers clairsemés peuvent être renouvelés par marcottage[4]. Si l'on veut avoir des roses assez précoces, on bêchera un cercle de deux paumes à partir de leur pied et on les arrosera d'eau chaude deux fois par jour. **3**. C'est à présent aussi qu'on mettra en terre des oignons de lis ou que l'on sarclera ceux qui y sont déjà, en faisant très attention de ne pas endommager les yeux qui naissent autour de la racine ni les petits oignons qui, une fois séparés de leur mère et répartis en d'autres rangées, formeront de nouvelles planches de lis. Il faut également mettre en terre les pieds de violettes et les oignons de safran et bêcher délicatement les plates-bandes déjà formées.

XXII. SEMAILLES DES GRAINES DE LIN

Certains cultivateurs sèment en ce mois dix boisseaux de graine de lin par arpent dans un sol fertile et en récoltent du lin très fin.

XXIII. ROSELIÈRES, ASPERGES ET PLANTATIONS DE SAULES OU DE GENÊT[1]

C'est à cette époque que nous devons planter les roselières, après avoir creusé de très petites fosses, dans chacune desquelles on enterre des yeux de roseaux distants

flosculos esse aurei coloris quos rosae ferunt, sed bacas nutriunt quas in breuissimi piri similitudinem plenas seminibus suis post uindemiam reddunt maturas. Quarum tamen maturitas ex colore fusco et mollitie poterit aestimari. **2**. Si qua etiam sunt antiqua rosaria, hoc tempore circumfodiuntur sarculis uel dolabris et ariditas uniuersa reciditur. Nunc et quae rara sunt possunt ducta uirgarum propagine reparari. Si rosam temperius habere uolueris, duobus palmis ab ea gyrum fodies et aqua calida bis rigabis in die. **3**. Nunc et liliorum bulbos ponemus uel lilia ante habita sariemus summa diligentia, ne oculos circa radicem nascentes et minores bulbulos sauciemus, qui a matre subtracti atque in alios digesti ordines noua lilieta formabunt. Item uiolarum plantae et croci bulbi serendi sunt uel subtiliter, si fuerant ante, fodiendi.

XXII. DE LINI SEMINE SERENDO

Hoc mense aliqui lini semen laeto soli in iugerum decem modios spargunt et lina consequuntur exilia.

XXIII. DE CANNETIS ET ASPARAGIS ET PLANTIS SALICVM VEL GENESTAE

Tempore hoc canneta ponenda sunt factis breuissimis scrobibus et oculis cannarum per singulas scrobes obru-

ferunt *RLK²PQVGSNM* : fuerunt *K¹ Ges. Schn.* ‖ breuissimi *RLP K²GSNM* : -mis *Q* beatissimi *K¹* ‖ suis *om. edd.* ‖ **2**. sarculis *RLP QVSN* : surc- *GM* ‖ gyrum *G Iens. Iuc. Schmitt* : guirum *RLPQ Rodg.* girum K*VSM* ‖ **3**. fuerant *RLPQVGSNM* : -rint *K*.

XXII. laeto *RLKPQVGS²NM* : lento *S¹* ‖ modios *RKQVGSNM* : modiis *L P non leg.* ‖ consequuntur *LKQVGSNM* : consecuntur *P* secuntur *R* ‖ exilia *RLKPVGSNM* : exalia *Q*.

XXIII. *Tit.* asparagis *RPQVGSNM* : aspargis *LK* ‖ factis *RLPQVG SNM* : factae *K*.

les uns des autres d'un demi-pied[2]. Si nous avons affaire à une région chaude et sèche, il est nécessaire d'assigner aux roseaux des vallées humides ou arrosées ; si la contrée est froide, il faut le mettre à mi-pente, mais en dessous de ce qui s'écoule des fermes[3]. Entre les roseaux, nous pouvons également répandre des graines d'asperges, afin que les deux plantes naissent ensemble, parce que les asperges se cultivent et se brûlent de la même façon que les roseaux[4]. **2.** Mais si l'on a d'anciennes roselières, on les sarclera à cette époque, en coupant tout ce dont il faut débarrasser la racine, c'est à dire les parties pourries, mal venues et dépourvues d'yeux pour la reproduction. C'est maintenant que nous mettrons en terre les pieds de saules et de toutes les espèces destinées à être mariées à la vigne arbustive ou lieu, à défaut, des pieds de genêt[5]. Nous ferons aussi des pépinières à partir de baies de myrte et de laurier ou nous donnerons des soins à celles qui sont déjà formées.

XXIV. LES JARDINS[1]

Vers la mi-février il faut faire des haies de jardins à partir de graines d'épines placées dans des cordes, selon le procédé qui a été indiqué dans le chapitre sur les clôtures des jardins. Les Grecs prescrivent aussi de couper de grosses branches de ronces en petits morceaux, d'enfouir ceux ci dans des fosses profondes d'une paume et de les entretenir jusqu'à la pousse des feuilles en les fouillant et en les arrosant tous les jours[2]. **2.** C'est en ce mois qu'on sème la laitue, afin qu'elle puisse être transplantée au mois d'avril. On sème aussi le cardon[3], le cresson alénois[4], la coriandre[5] et le pavot, tout comme en

tis, qui semipedis spatio inter se distare debebunt. Si calidae et siccae prouinciae studemus, ualles umidas uel inriguas opus est deputare cannetis ; si frigida regio est, locis mediis instituantur, sed suco uillarum subditis. Inter haec asparagorum etiam semina spargere possumus, ut mixta nascantur, quia et asparagi coluntur et incenduntur hoc more quo cannae. **2.** Sed si sunt antiqua canneta, hoc tempore sarientur, recisis quae in radice purganda sunt, id est putribus, male porrectis et si qua gignendi oculos non habebunt. Nunc salicis plantas et omnium generum quae arbusto adplicandae sunt, uel genestae, ubi deerit, obruemus. Ex bacis etiam myrti et lauri seminaria faciemus uel, si fuerant, excolemus.

XXIV. DE HORTIS

Circa Idus Februarias sepes hortorum ex congesto in funibus spinarum semine faciendae, sicut dictum est cum de munimine loqueremur hortorum. Item Graeci dicunt de grossa rubi uirga fieri debere particulas et palmaribus scrobibus obrui et cotidie, donec frondeat, fossione et rigatione nutriri. **2.** Hoc mense lactuca seritur, ut possit Aprili mense transferri. Item carduus seritur et nasturcium et coriandrum et papauer, sicut mense Nouembri, et

semipedis *RLKPVGSNM* : semispedis *Q* || debebunt *RLKPVG SNM* : debunt *Q* || uel *om. M* || nascantur *RLKPQVSN* : -cuntur *G* -cintur *M* || asparagi *RLKPQVSN* : asparagia *G* aspargi *M* || more *RK PQVGSNM* : mense *L* || **2.** recisis *RPQVGSNM* : recidis *L* || habebunt *RLKPQVGNM* : habent *S Schn.* || et omnium *RLKPQVGS²NM* : omniumque *S¹* || genestae *RLKQVSNM* : genistae *G* || obruemus *PV GSM* : obruamur *K¹* obruemur *RLK²* || seminaria *RLKPQVGS²NM* : semina *S¹*.

XXIV. februarias *RLKPVGSNM* : febroaris *Q* || grossa *codd.* : crassa *edd.* || rubi *RKPQVGSNM* : rubu *L* || frondeat *codd.* : frondeant *edd.* || **2.** ut… seritur *om. Pol.* || carduus *RLPQVGSN* : cardius *K* carduis *M* || coriandrum *RGSNM Schmitt* : coliandrum *LKPQV Rodg.*

novembre, ainsi que l'ail et l'ulpique[6]. On sème à présent la sarriette « *satureia* » en terrain gras et non fumé, mais ensoleillé ou, mieux encore, proche de la mer, et on l'entremêle de ciboule. **3**. C'est en ce mois aussi qu'on sème la ciboule, mais il est bien connu que cela doit se faire aussi bien en automne qu'au printemps. Si on la sème en graine, elle produit un gros bulbe, mais donne moins de graines ; si c'est le bulbe qu'on met en terre, lui-même maigrit, mais il produit beaucoup de graines[8]. Les oignons demandent une terre grasse, vivement remuée, arrosée et fumée. Nous y ferons des planches débarrassées de toutes les herbes et racines. Nous choisirons, pour les semailles un jour calme et serein, et surtout où soufflera le vent du midi ou de l'est. **4**. S'ils sont semés par lune décroissante, ils viennent grêles et un peu âcres, si c'est par lune croissante, ils seront robustes et de saveur juteuse. Il faut les semer assez clair, les désherber et les sarcler fréquemment. Si nous voulons qu'ils aient de gros bulbes, nous devons arracher toutes les feuilles : ainsi le suc sera drainé vers leur base. Ceux dont la graine doit être recueillie doivent être étayés lorsque leur tige commencera à grandir. La couleur noire de la graine est un indice de maturité. Il faut arracher les tiges avec leur graine quand elles ne sont qu'à demi sèches, et les faire sécher telles quelles au soleil[9]. **5**. C'est en ce mois qu'on sèmera l'aneth[10] dans les pays froids. Tout climat lui convient, mais il en préfère un tiède. Il faut l'arroser en période de sécheresse. On doit le semer assez clair. Il y a des gens qui n'enterrent pas les graines, en pensant qu'aucun oiseau n'y touchera. Nous pouvons aussi semer

alium uel ulpicum. Nunc satureia seritur pingui agro, non stercorato, sed aprico uel melius mari proximo ; et cum cepullis mixta seminatur. **3**. Hoc etiam mense cepullas seris, sed constat et uere et autumno esse seminandas. Si semen eius seueris, in caput crescit et minus reddit in semine ; si capitulum ponas, ipsum macescit et multum semen educit. Terram cepae desiderant pinguem, uehementer subactam, inriguam, stercoratam. Ibi areas faciemus omnibus herbis et radice purgatas. Seremus placido et sereno die, maxime Austro uel Euro flantibus. **4**. Si minuente luna serantur, tenues et acriores proueniunt, si crescente, robustae et saporis umecti. Rarius sunt ponendae, runcandae ac sarculandae sunt saepius. Si capita uoluerimus his esse maiora, folia omnia debemus auferre : sic sucus ad inferiora cogetur. De quibus uero semina colligenda sunt iuuentur adminiculis, ubi caulem coeperint excitare. Cum niger color seminis fuerit, praeferunt maturitatis indicia. Vellendi sunt t*h*alli adhuc semisicci cum semine et sic in sole siccandi. **5**. Hoc mense anethum seres locis frigidis. Omnem caeli statum patitur, sed tepidiore laetatur. Rigetur, si se imber abstineat. Seratur rarius. Aliqui semen eius non obruunt, opinantes quod a nulla aue tangatur. Nunc et senapi serere

alium *RLKPQGSNM Rodg.* : allium *V Schmitt.* || satureia *RLKPQV SN* : -regia *M* || cum *om. K* || **3**. cepullas *RLPQVSN* : cepullis *KM* cepulla *G* || serus *RLKPQVSNM* : seritur *G* seres *Comm. Ges. Schn.* || uere *RLPQVGSNM* : uerno *K* || macescit *RLPQKPS*^{2} : marcescit *VGS*^{1} *Pol.* marcessit *M* || **4**. proueniunt *P ut uid. RLQVG*^{1} : -niant *K* -nient *G*^{2} || ponendae *om. L*^{1} || capita *RLPQVGSNM* : captiuata *K*^{1} capitata *K*^{2} || auferre *RLKPQGSNM* : auferri *V* || sic *R*^{2}*K*^{2}*M* : si *R*^{1}*LK*^{1}*PV* || sucus *RLPQVGSNM* : sucis *K* || caulem *om. K* || thalli *Schmitt* : talli *RLKPQSM Rodg.* tali *VG* || adhuc semi *om.* M || **5**. anethum *GM Schmitt* : anetum *RLKPQVSN Rodg.* || seres *RLPQVGSNM* : seras *K* || caeli *RKPQVGSNM* : caelum *L* || statum *RKQVGSNM* : statim *L* || abstineat *RLK*^{2}*PQVGSNM* : -nebant *K*^{1} || a *om.* L || senapi *RLPQG NM* : sinapim *S* synapi *V* sinapi *edd.*

à présent la moutarde[11]. C'est en ce mois aussi que nous sèmerons les choux[12], qui peuvent l'être aussi toute l'année. Ils aiment un sol gras et suffisamment travaillé ; ils redoutent l'argile et le gravier ; ils n'apprécient ni le gros sable ni le fin, sauf à avoir le secours d'une irrigation constante. **6**. Tout climat convient au chou, mais surtout un climat froid. Exposés au midi ils rapportent plus tôt, au nord plus tard, mais cette exposition est la meilleure pour la saveur du chou et pour sa force. Il apprécie les pentes et, pour cette raison, il doit être mis, lors de la transplantation sur l'ados des planches. Il aime être fumé et sarclé. Un semis clairsemé lui donne la force. Il cuira plus vite en gardant sa couleur verte si, lorsqu'il n'a encore que trois ou quatre feuilles, on le saupoudre, en utilisant un tamis, de nitre broyé, de manière à ce qu'il ait l'air d'être couvert de gelée blanche[13]. **7**. Columelle dit que, pour qu'ils restent bien verts, il faut envelopper les racines des plants d'algue marine en même temps que de fumier. Il faut mettre en terre des plants déjà assez grands : sans doute prennent-ils plus tard, mais ils deviennent plus forts. En hiver, on les plantera à une heure du jour déjà tiède, en été, lorsque le soleil commence à décliner. Ils deviendront plus gros, si on les recouvre assidûment de terre. La graine de choux devenue vieille se change en rave[14]. **8**. C'est en ce mois, dans la seconde quinzaine, que l'on commencera à constituer de nouvelles racines d'asperges à partir de la graine ou à en planter d'anciennes. Il me paraît aussi utile et de bonne pratique de mettre dans un terrain inculte, ou en tout cas pierreux, un très grand nombre de racines d'asperge sauvage, susceptibles de rapporter immédiatement sur un terrain qui ne nourrissait rien d'autre[15]. Tous les ans nous devrons les brûler en tige, pour que le fruit

possumus. Hoc etiam mense caules seremus, qui et toto anno seri possunt Solum pingue et satis subactum diligunt ; argillam et glaream timent ; sabulone et harenis non delectantur, nisi perennis unda succurrat. **6**. Omnem statum caeli caulis patitur, frigidum magis. Contra Austrum positi citius ferunt, contra Septentrionem serius, sed hic et sapore caulis uincit et robore. Cliuis delectatur et ideo ponendae sunt plantae per puluinos arearum. Gaudet stercore et sarculatione. Rarius positus conualescit. Celerius coquetur uirore seruato si, dum est trium uel quattuor foliorum, nitrum tritum cribello desuper spargas, ut speciem pruinae canentis imitetur. **7**. Columella dicit plantarum radices alga marina inuoluendas seruandae uiriditatis causa fimo simul adhaerente. Ponendae sunt plantae maioris incrementi, quia, licet serius conprehendant, fortiores fient. Si hiems est, tepido iam die, si aestas, cum sol in uesperam declinatur, planta pangenda est. Vastior fiet, si terra operiatur adsidue. Semen brassicae uetustum mutatur in rapam. **8**. Hoc mense post Idus sfongeas asparagorum uel nouas formare incipiemus ex semine uel antiquas ponemus. Mihi etiam illud utile uidetur ac diligens, ut asparagi agrestis radices plurimas in unum locum congeramus incultum uel certe saxosum, quae statim fructum dent ex loco qui aliud nil alebat. Et has annis

sabulone *RLPQVGSNM* : -nem *K* ‖ succurrat *RLKPVGSNM* : succurat *Q* ‖ **6**. cliuis *VM* : caulis S^1 clibis *RLKPS*^{2} ‖ puluinos R^2*M* : pulumos *L* pulbinos R^1*KPS* bulbinos *QVG Iens*. ‖ positus *RLKPVGSN* : posisitis *Q om. M* ‖ coquetur *RLKPVGS*^{2}*M* : coquitur *QS*^{1} *edd*. ‖ uirore seruato : uiro reseruato *dist. codd*. (-uetur K^1) uigore seruato *Pol*. ‖ ut *GM* : et *RLKPQVSN* ‖ canentis *RLK*^{2}*PQVGSNM* : cadentis K^2 candentis *Iuc. Comm. Ges*. ‖ **7**. inuoluendas *RLPQVGSN* : inuoendas *M* ‖ simul *om*. L^1 ‖ fient *RLPQVG*^{1}*SNM* : fiant *KG*^{2} ‖ rapam *RQGSNM* : rapa *LKPV* ‖ **8**. sfongeas *G Iens*. : fongeas R^1*LKPQVS*^{1}*M* fungeas R^2 sfungeas S^2 spongias *edd*. ‖ illud *om*. *KJGS*^{1} ‖ utile *S* : uile *RLKPVG Rodg. om. M* ‖ agrestis *GM* : -ti *RLKPQVSN* ‖ locum *om*. L^1 ‖ nil *RPS* : nihil *LKGNM*.

monte plus fourni et plus fort. Cette espèce est celle qui a le goût le plus agréable. **9**. La mauve aussi peut être plantée maintenant[16]. Plantez aussi la menthe, en pieds ou en racines, en terrain humide ou près d'un point d'eau. Elle désire un terrain ensoleillé, qui ne soit ni gras ni fumé[17]. On sèmera en ce mois le fenouil dans un terrain ensoleillé et modérément caillouteux[18]. La carotte se met en terre au début du printemps. Cela se fait aussi bien en semis qu'en plant, dans un terrain gras, meuble, travaillé à la houe assez profondément. La carotte devra être clairsemée, pour acquérir de la force[19]. La sarriette « *cunila* » aussi se sème maintenant et se cultive de la même façon que l'ail ou la ciboule. Il faut maintenant, dans la seconde quinzaine du mois, semer le cerfeuil dans les pays froids ; il désire un champ fertile, humide et fumé[21]. **10**. C'est en ce mois que nous sèmerons la bette[22], encore qu'elle puisse l'être aussi tout au long de l'été. Elle aime un champ friable, un endroit humide. Il faut la transplanter quand elle a quatre ou cinq feuilles, après avoir enduit les racines de fumier nouveau. Elle aime être fréquemment bêchée et saturée de fumier. **11**. Le poireau doit être semé en ce mois. Si l'on veut qu'il soit sectile, on pourra le couper, en le laissant en place, deux mois après qu'il aura été semé, encore que Columelle affirme que même le poireau sectile durera plus longtemps et sera meilleur si on le transplante. Chaque fois qu'on le coupera, il faudra l'aider d'eau et de fumier. Si c'est du poireau à grosse tête que l'on veut faire, on devra transplanter en octobre celui qu'on aura semé au printemps. Il faut le semer dans un terrain fertile et surtout situé en plaine, sur une planche plane, profondément houée et dont la terre a été bêchée et fumée depuis longtemps. Le sectile se sème plus dru, celui à grosse tête plus claire. Il doit être fré-

omnibus incendamus in scopis, ut fructus frequentior surgat et fortior. Hoc autem genus est sapore iucundius. **9**. Nunc etiam malua seri potest. Mentam quoque sere plantis uel radicibus loco umido uel circa aquas. Apricum solum nec pingue nec stercoratum desiderat. Hoc mense feniculum seres loco aprico et modice saxoso. Seritur primo uere pastinaca. Et semine ponetur et plantis loco pingui, soluto, altius pastinato. Raram statues, ut robur accipiat. Cunila etiam nunc seritur et colitur eo more quo alium uel cepulla. Nunc c*a*erefolium locis frigidis post Idus seratur ; desiderat agrum laetum, umidum, stercoratum. **10**. Hoc mense betam seremus, quamuis possit et tota aestate seminari. Amat agrum putrem, umidum locum. Transferenda est quattuor aut quinque foliorum radicibus fimo recenti oblitis. Amat frequenter effodi et multo stercore saturari **11**. Hoc mense porrus serendus. Quem si sectiuum uelis, post duos menses quam satus est, poteris desecare manentem in areis suis, quamuis adserat Columella etiam sectiuum diutius duraturum melioremque, si tranferatur. Et quotiens secabitur, aqua iuuetur et stercore. Si capitatum facere uelis, quod uere seueris Octobri mense transferre debebis. Serendus est loco laeto et maxime campestri, area plana, pastinata alte et diu subacta et stercorata. Si sectiuum uelis, spissius, si

omnibus *om. K* || fructus *RKPQVGSNM* : fructibus *L* || surgat *RLKPQVGS*[2]*NM* : resurgat *S*[1] || iucundius *RVSN edd. Schmitt* : iocundius *LKPQGE Rodg*. iocundus *M* || **9**. saxoso *RLKPQVGSN* : saxo *M* || loco *RKPQVGSNM* : longo *L* || robur *VM* : robor *RLKPGSN* || accipiat *RLPQVGSNM* : -piet *K* || cunila *ego* : cunela *codd.* || quo *RKPQVGSNM* : quod *L* || caerefolium *Schmitt* : cerefolium *RLKPQGM* certe folium *V* || **10**. aestate *RLPQVSNM* : altate *K* || **11**. porrus serendus *RLKQVGSN* : porrum seremus *M* || quem *RLKPQVGSN* : quod *M* || melioremque *RLKPQVGSN* : meliorarique *M* || capitatum *RLKPQVSNM* : capitum *G* || uelis quod uere seueris *om. Pol.* || uere *VGSM* : ubere *RLKPQ* || serendus *codd.* : secundum *Pol.*

quemment sarclé et débarrassé des mauvaises herbes[23]. **12**. Quand il aura l'épaisseur d'un doigt, il faut le transplanter, après avoir préalablement coupé ses feuilles par le milieu et tronqué ses racines ; il faut l'enduire de fumier liquide et laisser quatre ou cinq doigts d'intervalle entre les plants. Quand ses racines viendront, il faut le saisir et le soulever légèrement avec le sarcloir, afin que, suspendu au-dessus de la terre, il soit contraint d'emplir par la grosseur de sa tête l'espace vide qu'il trouvera sous lui[24]. De même, si l'on met en terre plusieurs graines jointes entre elles, il en naîtra de l'ensemble un poireau de grande taille. De même, si l'on introduit dans sa tête de la graine de rave sans utiliser pour cela un instrument de fer et si on le plante, on dit qu'il grossit beaucoup ; il sera mieux encore de répéter cette opération à plusieurs reprises. **13**. On plante l'aunée[25] au mois où l'on constitue les roselières. Elle se met en terre, comme les roseaux, avec les yeux, que nous devons couper et recouvrir légèrement de terre, après avoir pioché et bien remué la terre, dans des massifs tracés au cordeau, dans lesquels il faut enfouir ses yeux. On laisse entre eux trois pieds d'intervalle. **14**. En ce mois nous mettrons en terre les bulbes de colocase[26]. Ils aiment un sol humide, gras et très arrosé. Ils se plaisent auprès des sources et des ruisseaux et ne se soucient pas de la qualité du sol, s'ils peuvent bénéficier d'une constante humidité. Ils gardent leurs feuilles presque en permanence, si on les protège du froid en les couvrant comme des plants de citronnier. En ce mois le cumin[27] et l'anis[28] se sèment dans un terrain bien travaillé et auquel il faut mêler du fumier. Ce qui a été semé doit être absolument débarrassé des mauvaises herbes.

capitatum, rarius seris. Sarculo frequentandus est et herbis liberandus. **12**. Cum digiti crassitudinem habuerit, a media parte praecisis foliis et truncatis radicibus transferatur ; oblitus fimo liquido quaternis uel quinis digitis separetur. Cum radices aget, modice conprehendendus et adleuandus est sarculo, ut suspensus a terra, quod spatii uacuum subter inuenerit, capitis uastitate cogatur inplere. Item plura semina in unum ligata si deposueris, grandis porrus nascetur ex omnibus. Item si capiti eius rapae semen inmittas sine ferro et pangas, multum fertur increscere ; melius si frequenter hoc facias. **13**. Hoc mense inula seritur quo canneta ponuntur. Seritur oculis sicut calami, quos abscidere et terra leuiter debemus obruere, terra fossa et subacta, excitatis ad lineam puluinis, quibus eius oculos oportet infodere. Trium pedum inter se spatio separantur. **14**. Hoc mense colocasei bulbos ponemus. Amant umidum locum, pinguem, maxime inriguum. Circa fontes laetantur et riuos nec de soli qualitate curant, si perpetuo foueantur umore. Frondere prope semper possunt, si tamquam citreta tegumentis defendantur a frigore. Hoc mense cyminum et anesum seritur loco bene subacto et cui laetamen admisceas. Quod satum est, herbis purgetur adsidue.

seris *RLKPQVSNM* : seres *G edd.* || frequentandus *RLKPQVGSN* : -dum *M* || liberandus *RLKPQVGSN* : -dum *M* || **12**. crassitudinem *RLKPQVGSN* : grass- *M* || conprehendendus *RLKPQVGSN* : -dum *M* || et adleuandus *om. V* || adleuandus *RLKPQVGSN* : -dum *M* || suspensus *RLKPQVGSN* : -sum *M Pol.* || uastitate *RKPQVGSNM* : -tis *L* || **13**. inula *RKPQVGSNM* : inulla *L* || canneta *RLKQVGSNM* : cannata *P* || ad lineam *RLKPVGSNM* : adlineaneam *Q* || puluinis R^2LM : pulbinis R^1KPS bulbinis *VG Iens* publinis *Q* || quibus *RLPQVGSNM* : quos *K* || oculos *RQVGSNM* : -lus *LK* || infodere *RLKQVGSNM* : -dore *P* || se *om.* G || **14**. colocasei *RKPQVGSN* : collocasei *L* colociae *M* collocasiae *E* colocasiae *edd.* || frondere *RLKQVGSNM* : fondere *P* || citreta $RLKPQVS^2N$: citetra *G* citrea S^1 cytera *M* || cyminum *RLKQV GNM* : cyninum *P* cuminum *S* || anesum *KSN Schmitt* : anessum *RLP QVM Rodg.* anisum *edd.* || loco *RLPQVGSNM* : in loco *K*.

XXV. LES ARBRES FRUITIERS

LE POIRIER. Nous planterons les pieds de poirier en février dans les pays froids, dans les pays chauds en novembre. Mais c'est en novembre que, dans les pays tempérés, il faut mettre les poires en terre, afin qu'elles bénéficient d'un sol arrosé ; ainsi les arbres donneront-ils une très grande quantité de fleurs et leurs fruits bien gonflés seront de belle taille[1]. Les poiriers ont beau aimer naître dans un sol identique à celui que nous avons dit convenir aux vignes, c'est dans un sol gras que nous obtiendrons à la fois des arbres forts et des fruits très nombreux. **2.** On considère que les poires pierreuses[2] perdent ce défaut si elles sont mises dans des terres molles. Mais planter un poirier en pied le fait en général venir tardivement ; néanmoins ceux qui choisissent ce procédé, pour éviter qu'une espèce de bonne qualité ne prenne l'âpreté d'un fruit sauvage, doivent mettre, comme on le fait pour les oliviers, des plants âgés de deux ou trois ans et pourvus de leurs racines dans de grandes fosses, en les laissant dépasser de trois ou quatre pieds le niveau du sol. Leur sommet étêté doit être recouvert de mousse mêlée d'argile. En réalité, si l'on sème des pépins de poire, ils viendront nécessairement, car la nature, à l'éterrnité de laquelle aucune lenteur ne peut procurer l'ennui, ne s'opposera pas à leur germination ; mais l'être humain, lui, trouve long d'attendre le résultat, étant donné que <les arbres> d'une part viennent tard, d'autre part dégénèrent[3]. **3.** Il vaudra donc mieux que nous mettions en terre au mois de novembre des pieds de poiriers sauvages pourvus de leurs racines dans des fosses bien travaillées, afin de les greffer quand ils auront pris. La différence tient à ce que <les fruits de> ceux qui

XXV. DE POMIS

PIRVS. Plantas pirorum mense Februario locis frigidis ponemus, calidis uero Nouembri. Sed mense Nouembri pira locis tepidis conserenda sunt, ut solo iuuentur inriguo ; ita et florem plurimum proferent et magnitudinem pomi turgentis adquirent. Nasci tamen tali solo maxime diligunt quali uineas diximus conuenire, sed laeto solo et ualidas arbores et fructus plurimos consequemur. **2**. Lapidosi generis pira uitium mutare creduntur, si terris mollibus conserantur. Sed pirum plantis serere prope tardus euentus est ; tamen quibus hoc placet, ut semina generosa nihil sibi de agresti asperitate permisceant, plantas bimas aut trimas eo more quo oleae ponuntur, radicatas magnis scrobibus ponant, supra terram tribus altas uel quattuor pedibus. Quarum decisa cacumina argilla mixta muscus debet operire. Nam si quis pirorum semen aspargat, nasci quidem necesse est originem suam refouente natura, cuius aeternitati nulla tarditas potest creare fastidium ; sed homini hoc spectare longinquum est, cum et sero ueniant et de generis nobilitate decedant. **3**. Melius ergo hoc mense Nouembri fiet ut pirorum plantas radicatas seramus agrestium subactis bene scrobibus, ut, *cum* prehenderint, inserantur. Hoc autem interest quod

XXV. februario *RLKPVGSNM* : febroa- *Q* ‖ pomi turgentis *RKPQVGSNM* : ponitur gentis *L* ‖ adquirent *RLPQVGSNM* : -rant *K* ‖ quali *RLKPQVGNM* : quale S *edd.* ‖ uineas *RLKPQVGNM* : uineis *S* uinetis *edd.* ‖ consequemur *RLPQVGSNM* : consecuntur *K* ‖ **2**. si … conserantur *om. M* ‖ more *R*[2]*LPQVGSNM* : morte *R*[1] ‖ quo *RKQVGSNM* : quod *L* ‖ radicatas *RLKVGSNM* : radicas *Q P non leg.* ‖ magnis *RLKQVGSN* : magis *M P non leg.* ‖ ponant *RLKQGSNM* : ponunt *V* ‖ aspargat *RLKPVM* : aspergat *QGS* ‖ creare *codd.* : causare *Iens.* afferre *edd.* ‖ spectare *RLVGSNM* : expectare *K edd.* speccare *Q* ‖ ueniant *RLKPVGSNM* : uenient *Q* ‖ **3**. agrestium *RKPVM* : -trium *L* ‖ cum prehenderint *edd. Schmitt Rodg.* : conprehenderint *codd.*

viennent de leurs propres plants seront sucrés et tendres, mais ne se conserveront pas, alors que <ceux des arbres> greffés suppporteront la longue durée. Un intervalle de trente pieds doit séparer les poiriers. Cette espèce d'arbre, pour bien pousser, doit bénéficier d'arrosages fréquents et de bêchages assidus ; cela est si vrai que, si on leur accorde l'aide d'un bêchage à la période même où ils ont coutume d'être en fleurs, on considère qu'ils ne perdront rien de leur fleur déjà produite. **4**. Il est très bénéfique de leur donner, au bout d'un an écoulé, du fumier quel qu'il soit, mais on estime que celui de bovin leur fait produire des fruits abondants et ronds. Certains y mêlent de la cendre, estimant que les fruits en acquerront la finesse du goût. Il me paraît superflu de passer en revue les diverses espèces[4], étant donné qu'il n'y a aucune différence entre elles en ce qui concerne la plantation ou la culture. Si un arbre à poires est languissant, on déchausse sa racine, on la perce à la tarière et on y enfonce un pieu de bois ou bien on introduit dans son tronc, semblablement percé, un coin de bois de pin ou, à défaut, de chêne. **5**. Les vers de cet arbre sont tués, une fois nés, et sont empêchés de naître par un arrosage fréquent de ses racines au moyen du fiel de taureau. Autre recette : si pendant trois jours on répand sur ses racines de la lie récente de vin vieux, celle-ci ne permet pas aux arbres en fleurs de souffrir plus longtemps[5]. **6**. Si un poirier est pierreux, on soulèvera la couche supérieure de la terre à l'extrémité de ses racines et on écartera tous les

quae plantis suis seruntur dulcedinem ac teneritudinem seruant, diu tamen seruata non durant ; insita uero moram temporis sustinebunt. Spatia inter piros triginta pedum mensura discernat. Genus hoc arboris, ut proficiat, frequenti umore et adsiduis fossionibus est colendum usque adeo ut tempore quo florere consueuit nihil perditura credatur de flore prolato, si eam tunc fossor adiuuverit. **4**. Multum proficit, si interiecto anno quale libet laetamen adiungas, sed bubulum creditur spissa et grauia poma generare. Aliqui cinerem miscent, credentes hinc contrahi pomis argutos sapores. Generum uarietates exequi superuacuum puto, cum in ponendis uel excolendis sit nulla distantia. Si languida arbor est piri, uel oblaqueatae radicem terebras et ibi ligneum palum deprimis uel in trunco similiter terebrato ex taeda cuneum figis uel, si hoc desit, ex quercu. **5**. Vermes eius arboris et nati necantur et nasci prohibentur radicibus felle taurino frequenter infusis. Item faeces uini ueteris recentes si radicibus adfundantur per triduum, diutius arbores in floribus laborare non faciunt. **6**. Si lapidosa pirus est, ab extremis radicibus terram priorem leuabis et secernes omnes lapillos. Quibus diligenter remotis, alteram terram cribro

ac teneritudinem *RLKPQVGS²NM* : actere dinem *S¹* ac teneritatem *edd.* || seruant *codd.* : seruabunt *Pol.* || discernat *RLKPVGSNM* : discernant *Q* || quo *RLKPQGSNM* : quos *V* || florere *RLKQVGSNM* : flerere *P* || perditura credatur *RQGS* : perditur acredatur *LKPM* perdatur ac radetur *V* || fossor *RKPQVGSNM* : forsor *L* || **4**. proficit *M* : -cis *RLKPVGS* || quale libet *RLK¹PVGSNM* : quodlibet *K²* quadelibet *Q* || adiungas *RLKPQVSNM* : adiugas *G* || creditur *om. RLKPVG* || superuacuum *RLKPQVGNM* : superfluum *S* || sit nulla *codd.* : nulla sit *edd.* || oblaqueatae *RLKPVGM* : abla- *S edd.* || ligneum *RLPVN* : lignum *KGSM* || palum *RLKPQVGSN* : planum *M* || figis *RLKPQVSNM* : infigis *G* deprimis *Pol.* || **5**. uini *om. K* || recentes *LKQVGSN* : recensentes *R* recentens *M P non leg.* || in floribus *om. S¹ Pol.* || floribus *RLQVG SNM* : arboribus *K* || **6**. priorem *RLKPQVGNM* : puriorem *S*.

petits cailloux. Une fois ceux-ci soigneusement enlevés, on remplacera[6] la terre par une autre passée au crible. Mais cette opération ne sera utile que si on ne cesse pas d'arroser C'est en février et en mars qu'on le greffe[7], sous l'écorce et dans le tronc. On le greffe sur le poirier sauvage, le pommier ; certains le font sur l'amandier et le prunellier[8], Virgile sur l'orne, le frêne[9] et le cognassier ; d'autres sur le grenadier[10], mais en fendant le bois. **7**. Le greffon de poirier utilisé avant le solstice doit être âgé d'un an, et il faut le débarrasser de ses feuilles et de tout son bois tendre avant son insertion dans l'arbre. Après le solstice, on insère celui qui a porté le bouton supérieur. Le poirier se greffe de toutes manières[11].**8**. Les poires doivent être confites[12] par un jour calme, en phase lunaire décroissante, du vingt-deuxième au vingt-huitième jour. Ces mêmes fruits, secs et cueillis à la main de la deuxième à la cinquième heure ou de la septième à la dixième, soigneusement séparés de ceux qui sont tombés, intacts, presque durs et un peu verts, sont enfermés dans un pot enduit de poix, que l'on ferme d'un couvercle et qu'on enterre, la tête en bas, dans un lieu près duquel coule en permanence de l'eau. **9**. De même, après avoir entassé des poires à chair et à peau dures, on les enferme, quand elles commencent à s'amollir[13], dans un pot de terre bien cuit et enduit de poix et, une fois le couvercle en place, on enduit de plâtre. Le pot est placé dans une petite fosse, en un lieu qui reçoive tous les jours le soleil. Bien des gens ont conservé des poires recouvertes de paille ou de blé. D'autres, aussitôt après les avoir cueillies avec leurs queues[14], les ont enfermées dans des cruches enduites de poix et, après avoir bouché l'ouverture des récipients avec du plâtre ou de la poix, les ont

cretam in loco eius infund*es*. Sed hoc proderit, si rigare non cesses. Mense Februario et Martio pirus inseritur more quo dictum est cum de insitione loqueremur, sub cortice et in trunco. Inseritur autem piro agresti, melo ; ut nonnulli, amygdalo et spino ; ut Vergilius, orno et fraxo et cydoneo, ut aliqui et Punico, sed fisso ligno. **7**. Surculus piri qui inseritur ante solstitium anniculus esse debet et, priusquam figatur, foliis et omni tenera parte priuari ; post solstitium uero eum figis qui summum germen inclusit. Pirus omni genere inseritur. **8**. Condienda sunt pira [ita] die placido, decrescente luna, a uicesima secunda usque in octauam. Eadem poma sicca et manu lecta hora a secunda in quintam uel a septima in decimam, a caducis diligenter electa, integra et prope dura et aliquanto uiridia in picato uase clauduntur, quod operculo tegitur et deorsum os eius inclinatur atque obruitur in eo loco circa quem perennis aqua decurrit. **9**. Item quae dura sunt in carne et cute, prius in aceruo posita, ubi se mollire coeperint, in uas fictile bene coctum picatumque ponuntur et operculo superueniente gypsantur. Vas breui scrobe demergitur in eo loco qui cotidie sole tangatur. Plurimi pira obruta inter paleas aut frumenta seruarunt. Alii statim lecta cum tenacibus suis picatis urceis condiderunt et

infundes *Schmitt* : -dis *codd. Rodg.* || pirus *RLKPQVGSNM* : prius *Iuc. Comm.* || more *RLKPVGSNM* : morte *Q* || quo *RLKPVGSN* : quod *QM* || de *om. M* || melo *RLKPQVSNME*[1] : in melo *G* malo *E*[2] *edd.* || amygdalo *RPQVGNM* : amigdalo *LKS* || uergilius *RKPQSM* : uirg- *LVG* || fraxo *RLKPQVGS Rodg.* : saxo *M* fraxino *Schmitt* || sed *RLK QVSNM* : uel *G* || **7**. piri *RLKQVGSN* : priri *M* || anniculus *RKQVG SNM* : -lis *L* || pirus... inseritur *secl. Rodg.* || **8**. ita *codd. Guiraud : secl. Gesner et post hunc cett. edd.* || in *RKQVGSNM* : usque in *L* || in picato *RLKQVGNM* : implicato *S* || operculo *RKQVGSNM* : -lun *L* || inclinatur *RKPVSM* : inclitatur *L* inlinatur *G* || obruitur *RLQVGSNM* : obruatur *K* || **9**. cute *RLKQVGNM* : in cute *S* || se mollire *RLKQVGSN* : demollire *M* || coeperint *KVGS Rodg.* : coeperunt *RLPM Schmitt* || scrobe *RLKQVGSN* : in scrobe *M* || uas... demergitur *om. Pol.* || aut *RLKPQVSNM* : au *G* || seruarunt *RLPQVGSNM* : serauerunt *K.*

laissées en plein air, couvertes de gros sable[15]. D'autres ont conservé dans du miel[16] des poires qui ne se touchaient pas entre elles. On fait aussi sécher au soleil des poires coupées en morceaux et épépinées[17]. **10** Certains écument de l'eau salée lorsqu'elle commence à bouillonner au feu, puis ils y plongent, après refroidissement, les poires qu'ils veulent conserver. Au bout d'un petit moment ils les en retirent et les enferment dans une cruche, où ils les gardent après en avoir bouché l'orifice ; ou bien ils les font séjourner un jour et une nuit dans de l'eau salée froide, puis ils les mettent à tremper deux jours dans de l'eau douce, ensuite ils les gardent plongées dans du vin cuit[18], du vin de raisins secs[19] ou du vin doux[20].

11. Poiré et vinaigre de poires. On fait du poiré en écrasant au moyen de poids ou sous l'arbre du pressoir des poires préalablement pilées à l'intérieur d'un sac à larges mailles. Le poiré se conserve tout l'hiver, mais il devient aigre au début de l'été[21]. La recette du vinaigre de poires est la suivante : on laisse en tas, durant trois jours, des poires mûres, sauvages ou d'une espèce à goût acre. On les met ensuite dans un récipient rempli d'eau de source ou de pluie ; on couvre celui-ci et on le laisse pendant trente jours ; il suffira, pour compenser la perte de vinaigre utilisé, d'y mettre en compensation une quantité égale d'eau[22]. **12**. Liqueur de poires. La pure liqueur de poires se prépare ainsi[23] : on foule avec du gros sel des poires très mûres. Quand leur chair a été réduite en bouillie, on les renferme soit dans des tonnelets, soit dans des pots de terre enduits de poix. Au bout de trois mois, cette bouillie en suspension fournit un jus d'un goût agréable, mais d'une couleur blanchâtre. Inconvénient

oribus uasculorum gypso uel pice clausis ipsa sub diuo obruta sabulone texerunt. Alii pira quae se non contingerent in melle seruarunt. Item pira diuisa et purgata granis in sole siccantur. **10**. Aliqui aquam salsam, cum coeperit undare calefacta, despumant et ei post iam frigidae pira seruanda demergunt. Tunc exempta post tempus exiguum condunt urceo et eius lito ore conseruant ; uel nocte et die in frigida salsa manere patiuntur, post in aqua pura biduum macerant, deinde in sapa uel passo uel dulci uino mersa custodiunt.

11. VINVM PIRI ET ACETVM. Vinum de piris fit, si contusa et sacco rarissimo condita ponderibus conprimantur aut prelo. Hieme durat, sed prima a*c*escit aestate. Acetum sic fit de piris : pira siluestria uel asperi generis matura in cumulo reseruantur per triduum. Deinde mittuntur in uasculo cui fontana aut pluuialis aqua miscetur, et opertum uas per tringinta dies relinquitur, ac subinde quantum sublatum fuerit aceti ad usum, tantum redditur aquae ad reparationem. **12**. Liquamen ex piris. Liquamen de piris castimoniale sic fiet : pira maturissima cum sale calcantur integro. Vbi carnes eorum fuerint resolutae, uel in cupellis uel in uasculis fictilibus picatis condiuntur. Post mensem tertium suspensae hae carnes liquorem dimittunt saporis iucundi sed coloris albiduli. Contra hoc

10. salsam *KVGS* : salmam *RLPQM* salinam *Rodg*. || calefacta *RLKPQSN* : -tam *VGM* || despumant *VGM* : disp- *RLKPS* || manere *V²GS* : mane *M* manare *RLKPQV¹* || pura *RLKPQVSNM* : dura *G* || biduum *S* : bidui *RLKPQVM Rodg*. biduo *G* || dulci *R²KPQVGSNM* : duci *R¹L* || **11**. *In tit*. acetum *RLKPQVSNM* : acoctum *G* || ponderibus *RKQVGSNM* : operibus *L* || acescit *edd. Schmitt Rodg*. : agescit *LKP* aescit *GS* algescit *V* agrescit *R* acessit *M* || aestate *RLPQVGSNM* : aetate *K* || mittuntur *RLKPQVGS²NM* : mittantur *S¹* || miscetur *RLP QVGSN* : misceatur *M* || **12**. castimoniale *om. Pol*. || integro *codd*. : -gra *Iuc. Schmitt* || iucundi *VSN Schmitt* : ioc- *RLKPGM Rodg*.

auquel on remédiera en mêlant aux poires, au moment de leur salaison, une certaine proportion de vin presque noir.

13. LE POMMIER. Nous planterons les pommiers en février et en mars, et en octobre et novembre si le pays est chaud et sec. Il y en a plusieurs variétés, qu'il est superflu d'énumérer[24]. Les pommiers aiment un terrain gras et fertile, et qui soit fourni en eau plus par la nature que par l'arrosage. S'il est sableux ou argileux, il faut néanmoins l'aider par des arrosages. Dans les pays de montagne ils doivent être exposés au midi. Ils viennent même dans un sol froid, si la douceur de l'air y remédie et ils ne refusent pas les lieux âpres et humides. Un terrain maigre et sec rend leurs fruits véreux et sujets à la chute. **14**. On les plante de toutes les façons dont on plante les poiriers. Ils n'ont pas besoin d'être labourés ni bêchés ; c'est pourquoi les prés leur conviennent le mieux. Quant au fumier (celui de brebis seulement)[25], Ils n'en ont pas vraiment besoin, mais ils l'acceptent volontiers, notamment quand on y mêle de la cendre fine. Ils aiment à être arrosés modérément. La taille leur est bonne, mais surtout celle qui consiste à enlever les branches sèches ou mal nées. **15**. Cet arbre vieillit assez tôt et dégénère quand il est vieux. Si les fruits sont sujets à tomber, l'insertion d'une pierre dans la racine fendue à cet effet les retiendra sur l'arbre. Si le haut des branches est enduit de fiel de lézard vert, de l'arbre ne pourrit pas[26]. Les vers qui l'attaquent sont détruits par de la fiente de porc mêlée à de l'urine humaine[27] ou à du fiel de bovin. Quand il y en a un grand nombre sur l'arbre, il n'en naîtra pas d'autres dans l'avenir, si on les ratisse avec un outil tranchant en bronze. Les parties ratissées doivent être enduites de bouse de vache. **16**. Si un grand nombre de fruits surcharge les branches, il faut cueillir çà et là ceux qui sont gâtés, pour que la sève fournisse aux

illud proderit, ut tempore quo saliuntur pro aliqua parte uina nigella permisceas

13. DE MELO. Mense Februario et Martio mela seramus ; si calida et sicca regio est, Octobri et Nouembri. Eorum plura sunt genera, quae numerare superfluum est. Amant pingue ac laetum solum et cui umorem non tam rigatio quam natura supeditet. Si in harena uel argilla sit, rigationibus adiuetur. Montanis locis debent ad meridiem uersa constitui. Et frigido solo proueniunt, si caeli tepor adiuuerit, nec in asperis et umectis sedem recusant. Macrum et aridum solum poma uermiculosa efficit et caduca. **14.** Seruntur omni genere sicut piri. Neque exarari neque effodi desiderant ; idcirco eis magis prata conueniunt. Stercus, ouillum tantum, non exigunt quidem, sed libenter adsumunt uel si cineris pulueres misceantur. Amant modestas rigationes. Putatio illis apta est, sed maxime ut arida aut male nata tollantur. **15.** Citius senescit haec arbor et in senectute degenerat. Si caduca sunt poma, fissae radici lapis iniectus poma retinebit. Lacertae uiridis felle si tangantur cacumina, non putrescit. Vermes eius suillo stercore mixto humanae urinae aut felle bubulo extinguuntur. Qui si plures circa arborem sunt, aereo scalpro semel rasi non ultra nascentur. Quae rasa sunt bubulum stercus obducat. **16.** Si spissa poma ramos onerabunt, interlegenda sunt quaeque uitiosa, ut alimentum ceteris sucus aequiperet et generosis abundan-

hoc *RLKQVGS^2NM* : haec *S^1 om. Pol.* || salientur *RKQGS^1N* : psalliuntur *L* salliuntur *S^2M* || **13**. februario *LKQVGSNM* : -ari *R* || suppediet *GSMN* : subpedit *LK^1P* subpetit *RK^2* || uermiculosa *RKQVGSN* : miculosa *L* uermiculos *M* || **14**. piri *RLKQVGSN* : pira *M* || ouillum *V^2SM* : *om. RLKPV^1G* ouilum *Iens.* || libenter *om. G* || ut *om. K^1G* || aut *RLKQVGS^2NM* : et *S^1* || **15**. arbor *RLKQVGSN* : arbos *M* || cacumina *RLKVGSNM* : caumina *Q* || urinae *om. L* || scalpro *RLKQVGSN* : scalpo *M* || rasa *KVSNM* : rara *RLQG* || **16**. aequiperet *RLKVSNM* : -paret *QG edd.*

autres une alimentation suffisante et apporte à ceux qui sont de bonne race l'abondance qu'elle gaspillait pour une foule sans valeur. **17**. Le pommier peut être greffé de la même manière que le poirier. En février, en mars et au cours des autres mois où l'on greffe le poirier, on tente sur pommier, poirier, prunellier, prunier, cormier, pêcher, platane, peuplier et saule. Il faut choisir soigneusement les pommes que nous voulons garder et les conserver dans des lieux obscurs, à l'abri du vent, en faisant des tas séparés sur une claie préalablement couverte de paille. Ces tas doivent faire l'objet d'une redistribution fréquente. Certains ont indiqué divers autres procédés : ou bien les envelopper d'argile ou bien badigeonner seulement leurs queues de craie ou bien les mettre sur des planches couvertes de paille ou bien les recouvrir de paille sur la partie supérieure. **18**. Les pommes rondes, que l'on nomme « orbiculaires »[28] peuvent se conserver toute l'année sans aucun soin. D'autres personnes plongent dans un puits ou une citerne des vases de terre enduits de poix et fermés avec soin, auxquels sont confiées les pommes. D'autres ont cueilli sur l'arbre des pommes non endommagées et, après avoir plongé leurs queues dans de la poix bouillante, les ont rangées sur un plancher recouvert de feuilles de noyer. La plupart des gens jettent entre les pommes de la sciure de peuplier ou de sapin. **19**. Il est bien connu que les pommes doivent être posées de telle sorte que la queue soit dirigée vers le bas, et qu'il ne faut pas les toucher avant qu'elles ne paraissent nécessaires à notre usage. Le cidre[29] et le vinaigre de pommes se font selon les recettes que j'ai données à propos des poires[30].

20. Pour la date de plantation des cognassiers, la plupart des auteurs ont donné des indications diverses ; mais

tiam ministret quam numerosa uilitate perdebat. **17**. Melus omni genere inseri potest quo pirus, mense Februario, Martio et aliis quibus pirus inseritur in melo, in piro, in spino, pruno, sorbo, persico, platano, populo, salice Diligenter legenda sunt mela quae uolumus custodire. Ea in locis obscuris, ubi uentus non sit, stramentis prius in crate subiectis, in cumulos secreta disponimus. Qui cumuli frequenti diuisione separentur. Aliqui diuersa dixerunt : uel singula in uasculis fictilibus picatis atque oblitis claudi uel in tabulis substrata palea disponi et stramentis de superiori parte coperiri. **18** Mela rotunda, quae orbiculata dicuntur, sine cura toto anno seruare se possunt. Alii in puteo uel cisterna mergunt uasa fictilia, quibus diligenter picatis et clausis mela committunt. Alii ex arbore mela inlaesa sumpserunt et, pediculis eorum pice feruenti mersis, supra tabulatum per ordinem disposuerunt nucum foliis subter expositis. Plerique scobem populi uel abietis inter mela diffundunt. **19**. Constat mela sic ponenda ut pediculorum partes deorsum facias, neque antequam usui necessaria uideantur esse contingas. Vinum et acetum fit ex melis, sicut ex piris ante praecepi. **20**. Cydoneis serendis plerique tempora diuersa dixerunt ; tamen mihi

uilitate *RKPQVGSNM* : utilitate *L* utilitati *Iens.* || **17**. melus : malus *P* || genere *RLKPVNM* : -ri *QGS edd.* || (quibus) pirus *RKPQGSNM* : prius *L* pirrus *V* || mela *RLKPQVGNM* : mala *S* || uolumus *RLPQVG SNM* : uolueris *K* || ea *om. M* || prius *RLKPQVGSN* : pirus *M* || crate *RKPQVGSNM* : catre *L* || uasculis *RLKPQVS*[2]*NM* : uasis *GS*[1] || argilla *RKPQVGSNM* : agilla *L* || tabulis *RLKPQVSNM* : talibus *G* || superiori *RLK Schmitt Rodg.* : -re *VSNM edd.* || coperiri *PR*[1]*VG* : cooperiri *R*[2]*LKSNM* || **18**. mela *RLKPQVGNM* : mala *S* || orbiculata *RLKP QVSNM* : ouic- *G* || cura toto *RLKPQVSNM* : curatione *G* || seruare *codd.* : -ri *edd.* || mela *RLKQVGNM* : mala *S* || pediculis *RLPQVG SNM* : peduc- *K* || disposuerunt *codd.* : disponunt *edd.* || nucum *PR LK*[2]*QVGSNM* : necum *K*[1] || subter *RLKPQVGSN* : super *M* || abietis *RKVSNM* : abiectis *LQ* habietis *G* || **19**. pediculorum *RLPQVGSNM* : peduc- *K* || facias *LKQVGSNM* : facies *R* || melis *RLKQVGNM* : malis *S* || **20**. cydoneis *codd.* : -niis *edd.*

ma propre expérience m'a appris qu'en Italie, aux environs de Rome, les pieds de ces arbres, enracinés en février ou début mars, prenaient si bien dans un terrain façonné à la houe que, dès l'année suivante, ils avaient souvent le bonheur de produire des fruits, à condition d'avoir été plantés déjà grands[31]. Dans les pays secs et chauds, c'est fin octobre ou début novembre qu'il faut les planter. Les cognassiers aiment un lieu froid et humide. Placés dans un endroit assez chaud, c'est fin octobre ou début novembre qu'il faut les planter. Les cognassiers aiment un lieu froid et humide. Placés dans un endroit assez chaud, ils doivent recevoir le secours de l'arrosage. **21**. Ils supportent néanmoins un statut intermédiaire entre le froid et le chaud eet ils prospèrent en terrain plat comme sur les pentes, encore qu'ils préfèrent les terrains inclinés et pentus. Il y a des gens qui mettent en terre des pointes de branches et des boutures, mais dans les deux cas leur croissance est lente[32]. Les cognassiers doivent être espacés de telle manière que le vent, en les secouant, ne fasse tomber aucune goutte de l'un sur l'autre. **22**. Quand il est petit ou lors de sa plantation, cet arbre doit être aidé de fumier, mais quand il a grandi, il suffit de répandre une fois par an sur ses racines de la cendre ou de la poussière de craie[33]. Une humidité constante fera mûrir rapidement leurs fruits et leur donnera davantage de développement. Il faut arroser ces arbres chaque fois que le ciel refuse la pluie et bêcher le pied en octobre et en novembre dans les pays chauds, et dans les froids en février ou en mars. Si on ne bêche pas assidument, ou bien l'arbre devient stérile ou bien ses fruits dégénèrent. Il faut le tailler, d'après ma propre expérience, et le débarrasser de tout ce qu'il a de défectueux. **23**. Si l'arbre est malade, on doit verser sur les racines de l'amurque[34] coupé d'une égale quantité d'eau ou bien badigeonner le

usu conpertum est in Italia circa Vrbem mense Februario uel inchoante Martio plantas cydoneorum radicatas in pastinato solo tenuisse adeo feliciter ut saepe sequentis anni fruge gauderent, si posita maioris status fuissent. Locis siccis et calidis extremo Octobri uel Nouembri inchoante ponantur. Amant cydonea locum frigidum, umectum. Si in tepido statuantur, opus est illis rigatione succurri. **21**. Ferunt tamen statum mediocris situs inter naturam frigoris et caloris et in planis et in decliuibus proueniunt ; magis tamen inclinata et deuexa desiderant. Serunt aliqui cacuminibus et talea, sed tardus est in utroque prouentus. Ita ponendae sunt largae arbores cydonei, ne alteram quatiente uento stillicidium tangat alterius. **22**. Dum minor est uel ponitur, iuuetur stercore, maior uero cinere uel cretae puluere semel toto anno radicibus misso. Poma in his et cito matura et maioris incrementi adsiduus umor efficient. Riganda*e* sunt quotiens caelestis negatur infusio, et circumfodienda locis calidis Octobri mense et Nouembri, frigidis Februario uel Martio. Nisi circumfodiatur adsidue, aut sterilis efficitur aut eius poma degenerant. Putanda est, sicut probaui, et a uitiosis omnibus liberanda. **23**. Si arbor aegra est, amurca aquae aequaliter mixta radicibus debet adfundi, aut calx uiuus temperatus cum creta, uel resina locularis pici

usu *RLKPQVS²NM* : uisu *S¹* || cydoneorum *RLPQVGN* : cidoneorum *SM* cydoniorum *K edd.* || umectum *om. R¹* || statuantur *codd.* : statuuntur *edd.* **21**. statum *RLKPVGSNM* : scatum *Q* || situs… caloris *om. L* || tardus *RLPQVGSNM* : tardius *K* || cydonei *codd.* : -nii *edd.* || alteram *RKPQVGSNM* : -ra *L* || **22**. incrementi *RLKPVGSN* : increnti *Q* incrementum *M* || adsiduus *RPQGSN* : assiduus *KV* adsiduos *LM* || rigandae sunt *edd.* : riganda sunt *RLPQVGS² Codd. Rodg.* rigentur *S¹* riganda est *Schmitt* || circumfodienda *codd.* : -dae *edd.* || mense *codd.* : mensibus *Pol.* || nisi *om. R* || circumfodiatur *codd.* : -diantur *edd.* || eius *codd.* : earum *edd.* || putanda *codd.* : -dae *edd.* || **23**. adfundi *RLKPQGSNM* : fundi *V* infundi *Pol.* || uiuus temperatus *codd.* : uiua temperata *edd.* || arboris *RLKPQVSNM* : -ri *G* || ablaqueatae *RLKQVGSNM* : albaq- *P*.

tronc avec de la chaux vive[35] adoucie de craie avec de la résine conservée en casier[36] mêlée à de la poix liquide ou encore, après avoir déchaussé l'arbre, placer autour des racines, en nombre impair, une quantité de coings proportionnelle à la grandeur de l'arbre et les maintenir en les couvrant de terre ; cette opération répétée tous les ans préservera l'arbre des maladies, mais diminuera sa durée de vie. **24**. C'est en février qu'on greffe les cognassiers, plutôt dans le tronc que sous l'écorce. Ils acceptent des greffons de pratiquement n'importe quelle espèce, du grenadier, du sorbier, de tous les pommiers qui donnent les meilleurs fruits. Il faut greffer aussi les jeunes arbres qui ont de la sève sous l'écorce. Un arbre assez grand sera greffé de préférence autour de la racine, là où l'écorce et le bois sont humides grâce à la terre qui y adhère. **25**. Il faut cueillir les coings quand ils sont mûrs. Les procédés de conservation sont les suivants : ou bien on les met entre deux tuiles dont on unit les bords au moyen d'argile, ou bien on les fait bouillir dans du vin cuit ou du vin de raisins secs[37]. D'autres conservent les coings assez gros en les enveloppant dans des feuilles de figuier. D'autres les posent tout simplement en lieu sec à l'abri du vent. D'autres, après les avoir coupés en quartiers au moyen d'un roseau ou d'un couteau en ivoire et leur avoir ôté le cœur, les recouvrent de miel dans un pot de terre. **26**. D'autres les mettent dans du miel sans les couper, mais ce procédé de conservation ne vaut que pour des coings suffisamment mûrs. D'autres les recouvrent de millet ou les enfoncent séparément dans de la paille. D'autres les mettent dans des pots emplis d'excellent vin ou préparent, pour conserver les coings, un mélange de vin et de vin cuit D'autres les plongent dans des jarres de moût et celles-ci sont fermées[38], ce qui donne également du bouquet au vin. D'autres les mettent séparément dans un plat neuf et les recouvrent de gypse sec.

liquidae mixta trunco arboris adlini, uel ablaqueatae arbori circa radices inparis numeri poma cydonea pro magnitudine eius ponenda et obruenda firmantur ; quod annis singulis factum custodiet a uitiis, sed arboris longae derogabit aetati. **24** Mense Februario cydonea inseruntur, melius in trunco quam in cortice. Recipiunt in se surculos prope omnis generis, Punici, sorbi, omnium malorum quae meliora producunt. Inserantur autem nouellae arbores quibus sucus in cortice est. Si maior est, circa radicem melius inseretur, ubi cortex et lignum beneficio soli adhaerentis umescit. **25**. Legenda sunt matura cydonea, quae hoc more seruantur : uel inter binas tegulas posita, si luto ex omni parte claudantur, uel si defrito incoquantur aut passo. Alii quae maiora sunt fici foliis inuoluta custodiunt. Alii tantum locis siccis reponunt, a quibus uentus excluditur. Alii, canna uel ebore in quattuor partes diuisa, sublatis omnibus quae in medio sunt, in uase fictili melle obruunt. **26**. Alii in melle sic integra demittunt, in quo genere condiendi satis matura diliguntur. Alii milio obruunt uel paleis separata demergunt. Alii plenis uino optimo uasculis mittunt uel uini et defriti ad seruanda cydonea aequum corpus efficiunt. Alii doliis musti mergunt atque i*s*ta clauduntur, quod odoratum reddit et uinum. Alii in patina noua sicco gypso obruunt separata cydonea.

cydonea *codd.* : -nia *edd.* || singulis *om. P* || factum *RLPQVGS NM* : facta *K* || derogabit *Schmitt Rodg.* : -uit *RLKPQVN* derouit *M* || **24**. cydonea *codd.* : -nia *edd.* || more *RLKP²QVGSNM* : mense *P¹* || defrito *RLKQGM* : defruto *VS²* defrita *P* defructo *S¹* || sunt *om. P* || fici foliis *SM* : ficufoliis *RLKPQVN* ficus foliis *G* || **26**. demittunt *M* : dim- *RLKPVGNS* || condiendi *RLQVGSNM* : concedendi *K* || milio *RLKPQ VSNM* : milo *G* || alii *RLQVGSNM* : aliis *K* || optimo *om. S¹* || defriti *RLKPQGM* : defruti *VS* || cydonea *codd.* : -nia *edd.* || mergunt *codd.* : immergunt *Schn.* || ista *Martin* : ita *codd. cett. edd.* || clauduntur *RL KPQVGSN Rodg.* : -dunt *M edd. Schmitt* || separata *RKPVGSNM* : -rat *L* -rato *Q* || cydonea *codd.* : -nia *edd.*

27. LE CAROUBIER. Il se met en terre en février et en novembre, que ce soit en semence ou en pied. Il aime les zones maritimes, les pays chauds, secs et plats ; l'expérience m'a pourtant appris que, dans les régions chaudes, il produit davantage si on lui donne de l'eau. Il peut également être planté en boutures. Il lui faut une fosse assez large. Il y a des gens qui considérent qu'on peut le greffer en février, sur le prunier ou sur l'amandier. Les caroubes se conservent très longtemps si on les étale sur des claies[39].

28. LE MÛRIER. Le mûrier et la vigne sont des amis[40]. Les mûriers peuvent venir de semence, mais alors leurs fruits comme leurs pousses dégénèrent. C'est en boutures ou en rameaux de cime qu'il faut les planter, mais le meilleur procédé est celui des boutures longues d'un pied et demi, polies des deux côtés et enduites des fumiers. Après avoir fait un trou avec un pieu, nous les y enfonçons et nous les couvrons de cendre mêlée de terre, sans dépasser l'épaisseur de quatre doigts. Nous les planterons à partir de la mi-février et durant tout le mois de mars, mais en pays chaud fin octobre ou début novembre ou encore, et de préférence, au printemps, le neuvième jour avant les calendes d'avril. **29**. Ils aiment les pays chauds, au terrain sablonneux et en général proche de la mer. Ils ont du mal à prendre dans le tuf ou l'argile. On estime qu'une humidité constante ne leur vaut rien. Ils aiment à être bêchés et fumés[41]. Ce qu'ils présentent de pourri et de sec doit être taillé au bout de trois ans. La transplantation se fait, si le pied est fort, en octobre et en novembre ; s'il est tendre, en février et en mars. Il lui faut des fosses assez profondes et d'assez grands intervalles, pour qu'ils ne se nuisent pas réciproquement par

27. SILIQVA. Siliqua Februario mense seritur et Nouembri et semine et plantis. Amat loca maritima, calida, sicca, campestria ; tamen, ut ego expertus sum, in locis calidis fecundior fiet, si adiuuetur umore. Potest et taleis poni. Scrobem desiderat largiorem. Inseri eam posse mense Februario credunt aliqui in pruno uel amygdalo. Siliquae seruantur diutissime, si expanduntur in cratibus.

28. MORVS. Amica est morus et uitis. Mori nascuntur ex semine, sed et poma et uirgulta degenerant. Serenda est taleis uel cacuminibus, melius autem taleis sesquipedalibus ex utraque parte leuigatis ac fimo oblitis. Cum locum palo ante fecerimus, inmergimus ac tegemus cinere terrae admixto. Non amplius quam quattuor digitis operimus. Seremus a medio Februario et toto Martio, locis uero calidioribus Octobri postremo uel Nouembris initio, sed uerno maxime die nono Kalendarum Aprilium. **29**. Amant loca calida, sabulosa et plerumque maritima. In tufo uel argilla uix conprehendunt. Vmor adsiduus moris prodesse non creditur. Fossionibus laetantur et stercore. Putria in his et arida post triennium sunt putanda. Plantam, si robustam, transferes mense Octobri et Nouembri, si teneram, Februario et Martio. Scrobes desiderat altiores, interualla maiora, ne umbris alterius

27. *In tit.* siliqua *RLPQSNM* : de siliqua *KVG* ‖ fiet *RLP²QVSNM* : fiat *KP¹* ‖ potest… poni *om. M* ‖ desiderat *RLKPQGSNM* : -ret *V* ‖ eam *codd.* : etiam *edd.* ‖ amygdalo *RPQGN* : -la *M* amigdalo *LKVS* ‖ seruantur *RLPQVGS²NM* : seruuntur *K* seruntur *S¹* ‖ expanduntur *PR KQGSN* : -dantur *LVM* ‖ **28**. mori *edd. Schmitt.* : mora *codd. Rodg.* ‖ utraque *RLKP²QVGSNM* : utroque *P¹* ‖ terrae *edd. Schmitt* : terris *codd. Rodg.* ‖ quam *om. K* ‖ nono *RLKPQVSNM* : nouo *G* ‖ **29**. tufo *RLKQVN* : tofa *G* tofo *SM* ‖ prodesse *LKPQVGSNM* : prode esse *R* ‖ laetantur *M (fort. recte, add. Rodgers in apparatu)* : -tatur *RLKP QVGSN edd. omnes* ‖ putria *RLKGSNM* : patria *Q* putrida *V* ‖ triennium *RLQVGSNM* : -ni *K* ‖ transferes *RLKPQVGS¹NM* : -ras *S²* ‖ mense *RKPQVGSNM* : mensi *L* ‖ desiderat *RLKPQGSNM* : -ret *V* -rant *edd.*

leur ombre. **30**. Selon certains auteurs, cet arbre est productif et se développe davantage si l'on perce son tronc de part en part et que l'on y enfonce deux coins, un de térébinthe d'un côté, un de lentisque de l'autre. Le mûrier doit être déchaussé vers les calendes d'octobre et ses racines arrosées de lie très récente d'un vin vieux. Il se greffe sur le figuier[42] et sur lui-même, uniquement sous l'écorce. La greffe réalisée sur l'orme prend, mais cela entraîne une croissance tout à fait mauvaise.[43].

31. LE NOISETIEr[44]. Il faut mettre en terre leurs propres noisettes et les recouvrir d'une couche de terre ne dépassant pas deux doigts[45]. Néanmoins l'expérience m'a appris qu'ils viennent mieux de plants et de rejetons. C'est en février qu'on les met en terre, soit en plant soit en semence. Ils aiment un terrain maigre, humide, froid, éventuellement sablonneux. La noisette est mûre en juillet, aux alentours des nones.

32. LE SÉBESTIER[46]. C'est le moment de mettre en terre les noyaux de sébeste, placés dans un pot où on les laisse jusqu'à ce que les pousses aient acquis de la robustesse, cela sous un climat tempéré, dans une terre meuble et moyennement humide. La greffe se pratique en mars, sur cormiers ou prunellier.

AUTRES ARBRES FRUITIERS QUI SE PLANTENT EN D'AUTRES MOIS. C'est maintenant aussi qu'on plante et qu'on greffe les azeroliers[47] ; On met en terre aussi les noyaux de duracine[48] ou les plants de la même espèce, qu'on transplante des arbres et qu'on peut greffer. On greffera aussi le néflier et <on mettra en terre> les noyaux de

prematur. **30**. Feracem laetioremque mori arborem fieri aliqui tradiderunt, si perforato hinc inde trunco singulos cuneos inseramus terebinthi, hinc inde lentisci. Circa Octobres Kalendas morus ablaqueanda est et radicibus eius uini ueteris recentissimae faeces infundendae. Inseritur in fico et in se tantum sub cortice. Vlmo insita conprehendit, sed parturit magnae infelicitatis augmenta.

31. ABELLANA. Abellanae ponendae sunt nucibus suis. Non amplius supra terra ducenda est quam crassitudine digitum duorum. Plantis tamen et subole expertus sum melius prouenire. Mense Februario seu planta seu semen exponitur. Gaudent loco macro, umido, frigido, etiam sabuloso. Mense Iulio circa nonas abellana matura est.

32. MYXA. Nunc seruntur myxa ex nucleis in aliquo uase positis, donec plantae induant firmitatem, caelo tepido, terra soluta, umore moderato. Inseruntur mense Martio sorbis uel spinis.

DE POMIS ALIIS ALIORVM MENSVM. Etiam nunc tuberes seruntur et inseruntur et ossa duracinorum uel plantae eiusdem generis ponuntur et transferuntur et inseri possunt. Et mespilus inseritur et <ponentur> ossa prunorum.

30. laetioremque *codd.* : altioremque *edd.* ‖ mori *RKPQVGSNM* : morem *L* ‖ hinc inde *om. S* ‖ singulos *RLPQVGSNM* : -lis *K* ‖ lentisci *RLKP²QVGSNM* : laetisci *P¹* hinc inde lentisci *om. Schn.* ‖ octobres *RLKQGSNM* : -bris *PV* ‖ inseritur *RKPQVGSNM* : -to *L* ‖ fico *RL KPQVGNM* : -cu *S* ‖ augmenta *codd.* : argumenta *Schn.* ‖ **31**. supra *RKPQVGSNM* : super *L* ‖ terra *M Rodg.* : -ram *RLKPVGS edd. Schmitt* ‖ ducenda est *RLKPQVGNM* : ducendae sunt *S* ‖ duorum *RKQVGSNM* : tuorum *L* ‖ subole *S¹M* : subule *RLKPQV* sabule *G* sabole *S²* ‖ macro *om. L* ‖ frigido *om. L¹* ‖ sabuloso *RKPQVGSN* : -lo *LM* ‖ **32**. ex *RLKPQGSN* : et *VM* ‖ nucleis *PVGS Schmitt* : nuculeis *RLKM Rodg.* ‖ mensum *RLPVM Rodg.* : mensuum *K* mensium *Schmitt* mens *G* ‖ inseritur *QVSM Schmitt* : inseretur *RLKPG edd. Rodg.* ‖ ponentur *add. Schmitt.*

prunes. **33**. Le figuier peut lui aussi être planté maintenant dans les pays tempérés. Le sorbier peut être mis en terre également ce mois-ci ; les semences d'amandier peuvent être enterrées sur des planches et les amandiers greffés dans les pays tempérés, en ce moment, au début du mois et à la fin dans les pays froids, à condition cependant de prendre les greffons avant qu'ils ne bourgeonnent. On peut aussi mettre en terre du plant de pistachier[49] ou bien greffer cet arbre et aussi semer des châtaignes[50]. Les noix pourront aussi être mises à présent dans des pépinières et le noyer lui-même être greffé ; enfin dans les pays froids ou humides, on pourra constituer des pinèdes.

XXVI. L'ÉLEVAGE DES PORCS

C'est maintenant surtout que les verrats devront couvrir les truies[1]. Il faut les choisir grands et forts, ayant le corps arrondi plutôt qu'allongé, le ventre et les fesses larges, le groin court, la nuque riche en glandes, lascifs et âgés d'un an ; ils peuvent couvrir les truies jusqu'à l'âge de quatre ans. Quant à celles-ci, nous devons en choisir qui aient les flancs allongés et un large ventre apte à soutenir le poids de leur portée, pour le reste semblables aux verrats. **2**. Dans les pays froids, ces animaux doivent avoir des soies épaisses et noires, alors que, dans les pays tièdes, cela importe peu. En ce qui concerne la procréation, la truie sera jusqu'à l'âge de sept ans capable de produire une portée ; elle doit concevoir à partir d'un an. Elles mettent bas à l'issue du quatrième mois, lorsque commence le cinquième[2]. Elles commencent la conception, comme je l'ai dit, au mois de février, de sorte que leurs petits peuvent se nourrir d'herbes déjà solides et de la paille qui vient ensuite. Quand on a la possibilité de

33. Ficus etiam locis temperatis nunc poni potest et sorbus hoc etiam mense seri et amygdali semina in areis obrui et locis temperatis nunc inseri mense inchoante, frigidis uero exeunte, conditis tamen surculis antequam germinent, et pistaciae planta uel nunc statui aut inseri potest et castanearum semen aspargi. Nuces quoque iuglandes etiam nunc seminariis recondi et ipsum genus inseri et frigidis uel umectis locis nunc poterunt pineta seminari.

XXVI. DE EDVCATIONE PORCORVM

Nunc uerres maxime feminas inire debebunt. Legendi sunt uasti et ampli corporis sed rotundi potius quam longi, uentre et clunibus magnis, rostro breui, ceruice glandulis spissa, libidinosi, anniculi qui usque ad quadrimos inire feminas possunt. Scrofas uero longi lateris debemus eligere et quibus ad sustinendum feturae onus magnus se uenter effundat, cetera uerribus similes. **2.** Sed in regionibus frigidis densi et nigri pili, in tepidis qualescumque prouenerint. Femina ad creandum usque in annos septem partus onera gestare sufficiet ; ad concipiendum annicula debet incipere. Quarto exempto mense pariunt, ubi quintus incipit. Incipient autem, sicut dixi, mense Februario, ut solidioribus herbis nati et stipula

33. temperatis *RKPQVGSNM* : -randis *L* ‖ potest *codd.* : possunt *Pol.* ‖ amygdali *RLKPQVSNM* : amigdala *G* ‖ areis *RPQVGSNM* : arei *L* ‖ exeunte *RLK²PQVGSNM* : exeu *K¹* ‖ germinent *codd.* : generent *Pol.* ‖ semen *V²M* : semina *S edd., om. RLKPQV¹G* ‖ aspargi *RNM* : aspergi *LPKQ* aspergi *VG* spargi *S* ‖ pineta *RKPQVGSNM* : pinneta *L* ‖ seminari *RLKQVGSN* : -re *M.*

XXVI. et… ceruice *om. L¹* ‖ clunibus *codd.* : cruribus *Iens.* ‖ feturae *RLKQVG²SNM* : futurae *G¹* ‖ **2.** qualescumque *RPQVGSNM* : qualiscumque *L* qualecumque *K* ‖ ad creandum *incl. Schn.* ‖ exempto *RLKPQVSNM* : -pte *G* ‖ incipit *Schmitt* : incipiet *codd. edd. Rodg.* ‖ mense *om. S¹.*

s'en défaire[3] on vend <les porcelets> immédiatement après leur naissance, et les mères sont plus rapidement en état d'avoir une nouvelle portée. **3**. On peut avoir en tous lieux cette espèce de bétail, mais les campagnes marécageuses lui conviennent mieux que les sèches, surtout celles où il y a des bois riches en arbres productifs, dont les fruits, en mûrissant les uns après les autres, lui fourniront de quoi manger tout au long de l'année. Ce sont surtout les terrains herbeux et les racines de roseaux ou de joncs qui les nourrissent. Mais, lorsque pendant l'hiver la pâture vient à leur manquer, il faut leur donner de temps en temps du gland, de la châtaigne ou les déchets sans valeur des autres produits de la terre ; et c'est plus vrai encore au printemps, époque où est pleine de sève la verdure nouvelle, qui est ordinairement mauvaise pour les porcs. **4**. Il ne faut pas enfermer les truies toutes ensemble, comme on le fait pour les autres bêtes, mais nous leur ferons sous un appentis des loges individuelles, permettant à chaque mère de protéger elle-même du froid le groupe de ses nourrissons. Ces loges doivent être dépourvues de toit, afin que le gardien[4] puisse sans être gêné vérifier le nombre des petits et porter fréquemment secours, en les retirant de dessous leur mère, à ceux qui sont écrasés par elle. Mais il aura soin de bien enfermer chaque portée avec sa mère. Une truie, à ce que dit Columelle, ne doit pas nourrir plus de huit porcelets. **5**. A mes yeux – j'en ai fait l'expérience – une truie ayant une nourriture abondante doit en nourrir au maximum six, parce que, même si elle peut en élever davantage, elle s'épuisera à être tétée par un plus grand nombre[5]. En ce qui concerne les porcs, on a intérêt également à les envoyer dans les vignes avant qu'elles ne bourgeonnent ou une fois la vendange terminée, car ils font la guerre aux herbes aussi efficacement qu'un piocheur[6].

succedente pascantur. Vbi facultas est transigendi, ueditis qui subinde nati sunt, celerior matribus fetura reparatur. **3**. Genus hoc omnibus locis haberi potest, melius tamen agris palustribus quam siccis, praecipue ubi arborum fructuosarum silua subpetit, quae subinde maturis fructibus alterna per annum mutatione succurrat. Maxime locis graminosis et cannarum uel iunci radice nutriuntur. Sed deficientibus alimentis per hiemen nonnumquam praebenda sunt pabula glandis, castaneae uel frugum uilia excrementa ceterarum ; uerno magis, cum lactent nouella uirentia, quae porcis solent nocere **4**. Neque gregatim claudendae sunt porcae more aliarum pecudum, sed haras sub porticibus faciemus, quibus mater unaquaeque claudatur et alumnum gregem tutior ipsa defendat a frigore. Quae harae a superiori parte detectae sint, ut libere numerum pastor exploret et oppressis a matre fetibus saepe subueniat subtrahendo. Curabit autem ut fetus proprios cum unaquaque procludat. Plus uero quam octo, sicut Columella dicit, nutrire non debet. **5**. Mihi uero utilius probatur expertum porcam cui pabula subpetunt ut plurimum sex nutrire debere, quia, licet plures possit educare, tamen frequentiore numero sucta deficiet. In porcis etiam illud est commodum, quod inmissi uineis necdum turgentibus uel exacta uindemia gramine persecuto diligentiam fossoris imitantur.

transigendi *VGSNM* : transiendi *RLKPQ* transeundi *Iens*. || matribus *om*. *S*[1] || **3**. sed *RLPQVGSNM* : et *K* || cum lactent *RKPQVGSNM* : conlactet *L* || **4**. gregatim *RLPVGSNM* : -tum *K* -ti *Q* || haras *Schmitt Rodg*. : aras *codd*. || unaquaeque *RLQVGSNM* : unaquaque *K* || harae *S*[1] : arae *RLKPQVS*[2]*M* a re *G* || detectae *RLPQVGSNM* : -ta *K* || a matre *om*. *G* || subtrahendo *RLKPQVSNM* : subtrahando *G* || proprios *RKQVGSNM* : proprius *L* || unaquaque *RLPQVSNM* : unaquaeque *KG* || procludat *RLKPQVGSN* : producat *M Iens*. || **5**. educare *RLKP QVSNM* : -cere *G* || frequentiore numero *V*[2]*SM* : frequenter enumero *RLKPQG* frequenti enumero *V*[1] || illud *om*. *Iens*.

XXVII. AUTRE RECETTE DU VIN DE MYRTE[1]

Au début de ce mois on fera du vin de myrte selon cette autre recette : on mettra dans une cruche[2] dix setiers de vin vieux et on ajoutera cinq livres de baies de myrte[3]. Lorsqu'ils auront séjourné ensemble durant vingt-deux jours, pendant lesquels il faut secouer la cruche quotidiennement, on passera-le tout dans une passoire de palme et on mêlera aux dix setiers en question cinq livres d'excellent miel fortement broyé.

XXVIII. LA VIGNE ANTI-MORSURES[1]

Voici le moyen d'obtenir une vigne anti-morsures, qui présente cet avantage que son vin, son vinaigre, son raisin ou la cendre de ses sarments sont un antidote contre les morsures de tous les animaux[2]. On l'obtient de la façon suivante : on fait dans la partie inférieure du sarment que l'on veut planter une fente longue de trois doigts et on retire la moelle que l'on remplace par un médicament antivenimeux. Après avoir fait une ligature bien serrée, on confie le sarment à la terre. **2**. Il y a des gens qui, après avoir introduit le médicament dans les sarments, les enfoncent dans un oignon de scille et les mettent en terre de la sorte. D'autres arrosent les racines de la vigne en y versant de cet antidote. A vrai dire, si l'on prend aux fins de transplantation un sarment d'une vigne possédant cette propriété, lui-même ne la conservera pas. D'autre part, il sera nécessaire de renouveler la vertu médicinale, qui s'affaiblit avec le temps, par des arrosages fréquents d'antidote.

XXVII. DE VINO MYRTITE ALITER

In huius mensis initio aliter myrtite sic facies : mittes uini ueteris decem sextarios in laguna et bacarum myrtae libras quinque miscebis. Cum uiginti et duorum dierum spatium confusa transegerint, per quos uas cotidie conuenit agitari, tunc palmea sporta colabis et praedictis decem sextariis mellis optimi fortiter triti pondo quinque miscebis.

XXVIII. DE VITE THERIACA

Theriacam uitem sic faciemus, cuius iste profectus est ut uinum eius uel acetum uel uua uel sarmentorum cinis proficiat contra morsus omnium bestiarum. Fit autem sic : sarmentum quod pangendum est trium digitorum spatio in ima parte findatur et sublata medulla ad eius uicem theriacae medicamen addatur. Tunc terrae mandetur uinculo diligenter adstrictum **2**. Aliqui eadem sarmenta iam medicamine satiata intra squillae bulbum recondunt et terris hac ratione committunt. Aliqui antidoti eius adfusione radices uitis infundunt. Sane sarmentum, si de hac uite sumatur ad transferendum, potentiam materni medicaminis non tenebit. Oportebit autem theriacae infusione adsidua uim suci senescentis iterare.

XXVII. myrtite (*post* aliter) *RKPQVGSNM* : myrticae *L* mirtitem *Schn* || mittes *V Iuc. Schmitt* : mittis *RLKPQGNM Pol. Rodg.* || laguna *RLPQ* : laguenam *G* lagenam *S* lacuna *M* || confusa *om. G* || palmea sporta *RLPQVGSN* : palmeas posta *KM*.

XXVIII. faciemus *codd.* : facies *edd.* || sarmentum *RKPQVGSNM* : sacramentum *L* || uicem *RLKVS²M* : uitem *QS¹ Iens.* || **2**. iam *RL KPQVGSN* : in *M* || medicamine *RLKPVGSNM* : mecamine *Q* || bulbum *RLKPQGSNM* : uuluam *V* || hac ratione *RKPQVNM* : acratione *L* praedicta ratione *S edd.* || oportebit *RLKPQVGS²M* : -tet *S¹* || theriacae *RLKPQVGSNM* : tiriacae *E Iens.* || uim *RLPQVGSNM* : uini *K*.

XXIX. LE RAISIN SANS PÉPINS

Il existe une belle variété de raisin, à l'intérieur duquel il n'y a pas de pépins. Cette propriété permet d'en avaler avec le plus grand plaisir et sans la moindre gêne une grappe entière comme si elle formait un seul corps. On l'obtient, d'après les auteurs grecs, par le procédé suivant, qui apporte à la nature l'adjuvant de la technique : il faudra pratiquer dans le sarment que l'on veut planter une fente d'une longueur égale à celle du bois qui sera en terre, en enlever toute la moelle, puis, après avoir bien creusé, assembler à nouveau les membres de la partie ouverte et les mettre en terre après les avoir ligaturés[1]. **2.** Les mêmes auteurs précisent toutefois que le lien doit être de papyrus et que la plantation doit se faire dans une terre humide. Il y a des gens qui, après avoir très soigneusement ligaturé le sarment sur toute la longueur de l'incision, l'enfoncent dans un oignon de scille, grâce auquel, selon eux, toutes les plantes prennent plus aisément. **3.** D'autres, à l'époque de la taille, creusent sur la vigne même, sans l'en séparer et le plus profondément possible, un sarment à fruit d'un cep venant d'être taillé, en retire la moelle et le lie à un roseau fixé au sarment, pour l'empêcher de se retourner. Après quoi ils versent dans la partie creusée de l'*opos Cyrenaikos*[2], comme on dit en grec, étendu d'eau jusqu'à obtenir la consistance du vin cuit et recommencent cette opération tous les huit jours, jusqu'à apparition des nouveaux bourgeons de la vigne. Les Grecs affirment que le procédé vaut également pour les grenades et les cerises. La vérification est à faire.

XXVIIII. DE VVA SINE SEMINIBVS

Est pulchra species uuae quae granis interioribus caret. Hinc efficitur ut summa iocunditate sine inpedimento sorberi possit uelut unum omnium corpus uuarum. Fit autem Graecis auctoribus hac ratione, per artem succedente natura : sarmentum quod obruendum est, quantum latebit in terra, tantum findere debebimus et, medulla omni sublata ac diligenter exculpta, membra iterum diuisae partis adunare et uinculo constricta deponere. **2**. Vinculum tamen papyro adserunt esse faciendum et sic in umida terra esse ponendum. Diligentius quidam sarmentum reuinctum, quantum excisum est, intra squillae bulbum demergunt, cuius beneficio adserunt sata omnia conprehendere posse facilius. **3**. Alii tempore quo uites putant sarmentum frugiferum putatae uitis in ipsa uite, quam possunt de alto sublata medulla, excauant non diuisum et calamo adfixo adligant, ne possit inuerti. Tunc opon Quirenaicon, quod Graeci sic appellant, in excauata parte suffundunt ex aqua prius ad sapae pinguedinem resolutum et hoc transactis octonis diebus semper renouant, donec uitis germina nouella procedant. Et in granatis malis fieri hoc posse firmatur a Graecis et in cerasiis. Opus est experiri.

XXVIIII. uuae *RLKQVNM* : uua *P* uitae *G* || interioribus *KVGS NM* : interris *L* interribus *RP* || summa *RLKPQGSN* : suma *V* supima *M* || iocunditate *RLKPQGSNM* : iuc- *V* || omnium *om. K* || quantum *om.* S^1 || et *SM* : ut *RLPQVG om. K* || exculpta *RLPVGSNM* : exculta *K* ex culpa *Q* exscalpta *edd.* || constricta *codd.* : -to *Iens.* || **2**. reuinctum *RVSN* : reiunctum *LKP* reluctum *M* || **3**. frugiferum *codd.* : fructiferum *edd.* || possunt *RLKPQGSNM* : ponunt *V* || sublata *RKPQVG SNM* : -tae *L* || quirenaicon RLK^1QS^1NM : quirinaicon K^2S^2 quireniacon *G* quiranaison *P om. V* cyrenaicon *edd., fort. recte* || aqua *RLPQ VGSNM* : qua *K* || sapae *LKQSNM* : saepe *RG* sepe *V* || octonis *codd.* : octo *Pol.* || cerasiis *RLKPQG Rodg.* : cerasis *VSM Schmitt.*

XXX. LA VIGNE TROP LARMOYANTE

Les vignes qui pourrissent par un excès de larmes et qui, à force de pleurer privent le fruit de la force que renferme leur bois, il faut, selon les Grecs, lacérer leur tronc pour y faire une poche[1] ; Si cela reste inopérant, ils recommandent d'ouvrir le bois épais des racines pour que la blessure ainsi infligée remédie au mal. Après quoi il est nécessaire d'enduire la plaie avec de l'amurque dessalée cuite jusqu'à réduction de moitié et refroidie et de verser dans le fond du vinaigre fort.

XXXI. AUTRE RECETTE DE VIN DE MYRTE FOURNIE PAR LES GRECS

Les Grecs indiquent une autre recette du vin de myrte qui est la suivante[1] : mettre dans un linge huit onces de baies de myrte mûres, séchées à l'ombre et ensuite broyées et les suspendre dans du vin, puis fermer et incliner[2] le récipient ; et lorsqu'elles auront macéré plusieurs jours, les retirer et les utiliser. **2.** Certains foulent ou pressent des baies de myrte cueillies mûres et en lieu sec et les mettent dans le vin à raison de huit cotyles par amphore de vin. Ce vin aura également un usage médicinal si l'on a besoin d'astringents : il fortifie les estomacs fragiles, empêche les crachements de sang, arrête les

XXX. DE VITE NIMIS LACRIMOSA

Vites quae lacrimarum nimietate tabescunt et deplorando uim roboris sui auertunt a fructu, trunco earum lacerato Graeci sinum fieri iubent ; si hoc minus proderit, radicum robur pingue rescindi, ut adferat medicinam uulnus inpressum. Tunc insulsa amurca ad medietatem decocta et refrigerata plagae excisio perlinatur et sub hac acetum acre fundatur.

XXXI. MYRTITIS ALIA CONFECTIO APVD GRAECOS

Graeci item myrtite sic praecipiunt temperari : myrti bacas maturas in umbra siccatas et postea tusas, uncias octo mittes in linteo et suspendes in uino et uas cooperies ac <inc>linabis ; et cum plurimis diebus sic fuerit, auferes et uteris. **2.** Aliqui myrtae bacas sine pluuia collectas maturas et locis siccioribus calcant uel exprimunt et uino miscent octo cotularum mensuram per amforam uini. Quod uinum medicinae quoque proderit, ubi stypticis est utendum : stomachum <solet> solidare titubantem, reiectiones sanguinis inhibere, fluorem uentris

XXX. quae *GSM* : qui *RLKPQV* || uim *RLKPQVGNM* : ui *S* || robur *RKQVGSNM* : rubor *L* robor *P* || excisio *VGSM* : exscisio *RLPQ* exciso *K* || perlinatur *Schmitt* : perlinetur *RLKPQVGNM Rodg.* perlinietur S^1 perlinitur S^2 || acetum *RLKQVGSNM* : accetum *P*.

XXXI. myrtite *RKPQVGSN* : myrticae *L* myrtitem *Schn., om. M* || siccatas *RLPQVGSNM* : -tis *K* || mittes *Schmitt* : mittis *codd. Rodg.* || suspendes *Schmitt* : -dis *codd. Rodg.* || inclinabis *Martin (cf. supra, 3, 25, 8 :* [uas] operculo tegitur et deorsum os eius inclinatur*)* : linabis *RLKPQVGNM Rodg. inter cruces Guiraud* lines *S* linibis *edd.* oblines *Schmitt* || **2.** aliqui *RKPQVGSNM* : -quid *L* || myrtae *RLKPVGN* : mirti *S* myste *M* myrti *edd.* || pluuia *RLPQVGSNM* : pluera *K* || et *edd. Rodg.* : ex *codd. Schmitt* || siccioribus *RKPQVGSNM* : sitioribus *L* || stypticis *RKPVGSM* : styppicis *L* stipicis *Q* || solet *ante* solidare *add. Martin* || uentris *RLKQVGSNM* : uentis *P*.

diarrhées et guérit la dysenterie en durcissant les matières fécales.

XXXII. COMMENT OBTENIR UNE PRODUCTION SPONTANÉE D'APÉRITIF[1]

Les vignes donnent, dit-on, spontanément du vin aromatisé ayant le goût soit d'absinthe, soit de rose, soit de violette (la nature fournissant ainsi ce que d'ordinaire procure le travail), si l'on garde des sarments dans un récipient à moitié plein des liqueurs susdites et si l'on y dissout en même temps de la terre végétale comme de la <cendre de> lessive[2], jusqu'à ce que les yeux des sarments commencent à sortir. Après quoi on l'on disposera ces sarments bourgeonnants où l'on voudra, comme on le fait pour toutes les autres vignes.

XXXIII. COMMENT OBTENIR DES GRAPPES DE RAISIN DE COULEURS DIFFÉRENTES

Pour qu'une vigne puisse produire à la fois du raisin blanc et du noir, les Grecs ont prescrit le procédé suivant : si un cep de blanc et un cep de noir sont voisins, attachez ensemble au moment de la taille, après les avoir fendus, des sarments de l'un et de l'autre, de manière que leur ajustement donne l'impression que les yeux de la partie médiane, qui sont des deux espèces, appartiennent à une seule. Après quoi vous les lierez, en serrant bien, avec du papyrus souple, et vous aurez soin de les enduire de terre mouillée et de les arroser tous les trois jours, jusqu'à ce que sorte le germe de la feuille nouvelle. C'est à la fin de ce mois que, si on le juge bon, on réalisera cette opération sur plusieurs sarments.

adstringere, limum dysintericae passionis medicabiliter asperare.

XXXII. VT PROPOMATA SPONTE NASCANTVR

Conditum uel absinthiatum uel rosatum uel uiolacium procedere sponte fertur ex uitibus, ut natura suscipiat quod procurare sueuit industria, si sarmenta in uas aliquod semiplenum supradictis potionibus mersa seruentur et uiuam terram simul resoluas ad lexiui modum, donec oculi sarmentorum nitantur exire. Tunc eadem sarmenta gemmantia in quo uolueris loco uitium ceterarum more desponas.

XXXIII. VT VITIS BOTRYONES VARII NASCANTUR

Vt uitis botryones et albos adferre possit et nigros, Graeci sic fieri debere iusserunt : si uicinae sint uites nigra et alba, cum putantur, sarmenta utriusque inter se diuisa sic iunge, ut medios utriusque generis oculos aequando reddere possis unitati. Tunc papyro ligabis stricto et molli atque umida terra curabis adlinere et interiectis ternis diebus adaquare, donec germen nouae frondis erumpat. Hinc exempto tempore, si libuerit, genus efficies per plura sarmenta.

dysintericae *RLPVNM* : disintericae *KS* dysentericae *G*.

XXXII. absinthiatum *Schmitt* : absinthium *VG* absintium *S* absentium *RLPQN Rodg*. abscynthiatum *Iuc*. *om*. *M* || uiolacium *RQ* : -tium *LKPVGSNM* || suscipiat *RLKPQSNM* : -piet *V* || et *edd. Schmitt Rodg*. : ut *codd.*

XXXIII. uitis *in tit. om. KVG Rodg*. || botryones *in tit. RGNM* : botrio- *LKPQSV* || botryones *in cap*. RL^1PGM : botrio- L^2KQVS || et *ante* albos *om*. *R* || sint *RKPQVGNM Schmitt Rodg. Martin* : sunt *LS edd. Guraud* || nigra et alba *RKQGSNM* : nigra etaba *L* nigrae et albae *V* || oculos *RLPQVGSNM* : -lus *K* || stricto *RLKPQVGSN* : asticto *M* || adlinere $RLPQV^2$: -nire KV^1GM || interiectis *RLKPQVGSN* : inter eiectis *M* || genus *RLKPQVGSN* : genu *M*.

XXXIV. LES HEURES

En ce qui concerne la durée des heures, ce mois s'accorde avec celui de novembre. Leur calcul s'effectue de la façon suivante :

Première heure	27 pieds <d'ombre>
Deuxième heure	17 pieds
Troisième heure	13 pieds
Quatrième heure	10 pieds
Cinquième heure	8 pieds
Sixième heure	7 pieds
Septième heure	8 pieds
Huitième heure	10 pieds
Neuvième heure	13 pieds
Dixième heure	17 pieds
Onzième heure	27 pieds.

XXXIIII. DE HORIS

Hic mensis in horarum mensura cum Nouembri mense concordat, quas hac numeri ratione colligimus :

Hora I	pedes XXVII
Hora II	pedes XVII
Hora III	pedes XIII
Hora IIII	pedes X
Hora V	pedes VIII
Hora VI	pedes VII
Hora VII	pedes VIII
Hora VIII	pedes X
Hora VIIII	pedes XIII
Hora X	pedes XVII
Hora XI	pedes XXVII.

XXXIIII. numeri ratione *KPQVGSNM* : numerari ratione *R* numeratione *L*.

LIVRE IV

MOIS DE MARS

I. Taille, greffe et plantation des vignes.

II. Nettoyage des prés dans les régions froides et premier labour des champs.

III. Semailles du panic et du millet ; soins à leur donner.

IV. Semailles du pois chiche ; prescriptions le concernant.

V. Le chanvre.

VI. La gesse.

VII. Émottage et bêchage des nouveaux vignobles ; échalassage et ligature des vignes ; renouvellement des vieilles vignes, des vignes malades et abîmées.

VIII. Engraissement des oliviers au moyen d'amurque et autres soins à leur donner ; également manière de constituer ou de cultiver les pépinières et les roseraies ; sarclage du blé.

IX. Les jardins : à ce sujet les cardons avec les soins les concernant ; l'ail à grosse tête ; l'ail et la ciboule ; la sarriette (*cunila*) l'aneth, la moutarde, les choux, les mauves, la ravenelle ; l'origan. La laitue, la bette, le poireau, le câprier, les colocases, la sarriette (*satureia*)[1], le cresson alénois, les chicorées, les raiforts ; les melons et le concombre avec les soins les concer-

LIBRO IV CONTINETVR

MENSIS MARTIVS

I. uitibus *RLKPQVSNM* : uineris *G*
II. proscindendis *RLKPQVGSN* : prositendis *M* || agris *om. M*
III. panico *RLKPQVGNM* : panitio *S Ges. Schn.*
IV. cicere *RLKQVSNM* : cicero *P* cinere *G*
V. cannabo *R²PQVSNM* : cannaba *R¹* canabo *KG*
VII. ac *RLPQVGSNM* : et *K* || et laesis *om. M*
VIII. item… frumentis *om. K* || et rosariis *om. M*
IX. et *om. M* || cepulla *RLKPQVGSN* : -lle *M* || porro *om. M* || cepulla *RLKPQVSNM* : -cio *G* || rafanis *codd* : raphanis *Iuc.* || de *RL KPQVGSNM* : et *E Ges. Schn.*

nant ; également les asperges et leurs racines ; de même la rue et la coriandre[2] avec les soins les concernant et la courge ; pareillement aussi la blette ; également l'anis[3] et le cumin.

X. Les arbres fruitiers : à ce sujet la grenade avec les soins la concernant et l'élaboration de son vin, le cédrat, pareillement le néflier et le figuier avec les soins les concernant et les autres arbres fruitiers dont les soins se trouvent contenus dans les mois correspondant à chacun.

XI. L'acquisition des bœufs, des taureaux et des vaches.

XII. Le dressage des bœufs.

XIII. Les chevaux, juments et poulains. Problèmes d'âge.

XIV. La race des mulets et les ânes.

XV. Les abeilles

XVI. Les heures.

de asparagis et sfongeis eorum, similiter et ruta et coriandro cum disciplina sua et cucurbita ; similiter et blito ; item de aneso et cymino.

X. De pomis : in eo de melo punico cum disciplina et uini sui confectione, de citreo, similiter de mespilo et de fico cum disciplinis suis et aliis pomis, quorum disciplina suis mensibus continetur.

XI. De conparandis bubus, tauris, uaccis.

XII. De domandis bubus.

XIII. De equis, equabus et pullis et aetate eorum.

XIV. De mulino genere et asinis.

XV. De apibus.

XVI. De horis.

---

sfongeis *KQVN* : ffongeis *M* spongiis *RLPGS* || sua *om. Q* || similiter *RKPQVGSNM* : -ta *L* || coriandro *Schmitt* : coliandro *codd. Rodg.* || et blito *codd. Rodg.* : de blito *Schmitt* || aneso *S Schmitt* : anesso *Rodgers e 3, 24, 14* anessae *RLPG* anefe *Q* anese *V* amiso *M* || cymino *RLKVGSNM* : cimino *Iens. Iuc.*

X melo *RLPGNM²* : malo *SM¹edd.* || fico *RLKPQVGNM* : ficu *S*

XI. uaccis *RLKPQVGN* : et uaccis *SM* ac uaccis *Iuc.*

XIII. et aetate eorum *om. K*

XIV. mulino genere *SM* : mulino gene *RLPGN* mulis *K*.

LIVRE QUATRIÈME

MOIS DE MARS

I. TAILLE, GREFFE ET PLANTATION DES VIGNES

C'est ce mois que, dans les régions froides, on procédera à la taille des vignes, dont nous avons abondamment parlé au mois de février[1] et qui se pratique jusqu'au moment où les bourgeons commencent à se montrer. C'est maintenant qu'il convient de greffer les ceps, lorsque les vignes verseront des larmes non point aqueuses, mais épaisses. Nous veillerons donc à ce que le tronc destiné à recevoir la greffe soit solide et riche en sève nourrissante et que ni la vieillesse ni d'éventuels mauvais traitements ne l'aient fait se dessécher. Nous veillerons alors à ce que le rejetons destinés à être insérés dans le cep une fois coupés soient solides, ronds et pourvus d'yeux nombreux et serrés **2**. Néanmoins, dans le cas de la greffe, trois yeux suffiront. Il faut donc racler le sarment sur une longueur de deux doigts, en ne laissant l'écorce que sur un côté. Certains viticulteurs refusent de mettre la moelle à nu et ne raclent que légèrement, de

LIBER QVARTVS

SIVE

MENSIS MARTIVS

I. DE PVTANDIS VINEIS ET INSERENDIS ET PANGENDIS VITIBVS

Hoc mense locis frigidis putatio uinearum celebrabitur, de qua abunde Februario mense locuti sumus, usque quo incipit gemma esse suspecta. Nunc uineas oportet inserere, cum uites non aquato sed spisso umore lacrimabunt. Seruabimus ergo ut truncus qui inseritur solidus sit et alimento umoris exuberet neque ulla uetustate aut iniuria laceratus arescat. Tunc decisae uiti surculi qui inserendi sunt sint solidi, rotundi, gemmis spissis et pluribus oculati. **2.** Tres tamen oculi in insitione sufficient. Radendum est ergo sarmentum ad mensuram digitorum duorum, ut ab una parte sit cortex. Aliqui non patiuntur nudam medullam, sed leuiter radunt, ut incisura sensim possit in

I. locis *RLKQVGSNM* : loci *P* || celebrabitur *RLKPQVSNM* : celebratur *G edd.* || incipit *RLKPQVSNM* : -tur *G* || inserere *R*[2]*LKP QVSNM* : insere *R*[1] || uestustate *RLKPQVGSN* : uastitate *M* || arescat *RLKPQGSNM* : acrescat *V* || pluribus *RLKPQVGS*[2]*NM* : plurimis *S*[1] || **2.** nudam *codd.* : nudare *edd.* || sed *RKPQVGSNM* : uel *L* || leuiter *codd* : uites *Pol.* || incisura *RLKPQVGSN* : -ram *M*.

façon que la partie travaillée se termine en pointe douce et que la partie écorcée s'adapte à l'écorce de la nouvelle mère. L'œil le plus bas doit être enfoncé dans le tronc, de telle sorte qu'il y adhère exactement ; cet œil doit regarder vers l'extérieur et être assujetti par une ligature de saule recouverte de boue mêlée de paille ; il doit également être protégé des vents et du soleil par un système de couverture, afin de n'être ni secoué par ceux-là ni brûlé par celui-ci **3**. Lorsque la chaleur de la saison commence à se faire sentir, il faut, vers le soir et à des fréquentes reprises, humecter au moyen d'un pinceau trempé dans l'eau la ligature elle-même ; cet apport d'humidité le maintiendra en vie, malgré la violence que lui fait subir la température brûlante. Quand le bourgeon sera éclos[2] et aura pris quelque accroissement, il devra recevoir le secours d'un roseau auquel on l'attachera, pour éviter que quelque mouvement ne vienne ébranler l'âge encore tendre du sarment qui grandit. Lorsqu'il aura un peu grandi et sera devenu plus solide, il faudra couper les liens, afin que l'adolescence du germe très flexible ne soit pas comprimée par un nœud fortement serré. **4**. Certains viticulteurs déchaussent le cep à un demi-pied de profondeur y insérant les rejetons et les recouvrent d'un amas de terre, afin que les éléments fournis par celle-ci s'ajustent à ceux du cep nourricier. Quelques-uns uns soutiennent qu'il est préférable de greffer près de la surface du sol, parce que, selon eux, les greffes trop profondes ont du mal à prendre. Dans les régions froides, les vignes doivent être plantées jusqu'à la mi-mars ou jusqu'à l'équinoxe, que ce soit dans un terrain façonné à la houe, dans des tranchées ou dans des fosses, ainsi que nous l'avons indiqué.[3]

acumen exire et corticata pars cortici nouae matris aptetur. Infimus oculus ita infigendus est, ut trunco iunctus adhaereat ; qui oculus exteriorem partem debet aspicere, uinculo salicis infuso et paleato luto desuper alligari, tegumento quoque aliquo a uentis et a sole defendi, ne hi quatiant, hic adurat. **3.** Vbi calor temporis coeperit, ligaturae ipsi penicillo circa uesperam tenuis debet frequenter umor adfundi, ut hoc alimento contra uim caeli torrentis animetur. Cum uero germen eruperit et aliquod ceperit incrementum, calami adiutorio debet adnecti, ne motus aliqui fragilem procedentis sarmenti quasset aetatem. Vbi solidius quantumcumque processerit, uincula oportet abscidi, ne adolescentia mollissimi germinis nodo durae constrictionis angatur. **4**. Aliqui infra terram semipedis spatio effossae uiti surculos inserunt et beneficio congestionis adcumulant, ut hoc quoque nouis sarmentis praeter nutricis alimenta subueniat. Nonnulli circa terras melius adserunt inserendum, quia in altiori difficilius conprehendunt. Vsque ad Idus uel aequinoctium uites locis frigidis pangendae sunt seu pastino seu sulco seu scrobibus more quo dictum est.

acumen *RLKPVGSNM* : cacumen *Q* || iunctus *RLKPQVSNM* : uinctus *G* || oculus *RKPQVGSN* : oculi *M*[2] oculis *LM*[1] || hi *codd. Rodg.* : illi *Schmitt* || **3**. calor *RLKPQVSNM* : color *G* || ipsi *RKPQVGSNM* : enim *L* || penicello *G Schmitt* : pinicillo *RPQV*[1]*SM Rodgers* punicillo *K* pinnicillo *LV*[2] penicillo *edd.* || frequenter *RLKPQVSNM* : freter *G* || uero *RLKPVGSNM* : ergo *Q edd.* || eruperit *GM Rodg.* ruperit *RLKPSN Schmitt* || ceperit *RLPVSM* : coep- *KG* || incrementum *RLKPQVGSN* : incretum *M* || procedentis *RLKQGSNM* : procid- *V* || sarmenti *om. M* || quasset *RKQVGSNM* : quas et *LP* || quantumcumque *RKPQVGSNM* : quantumque *L* || abscidi *RLKPQVGS*[2]*NM* : abscindi *S*[1]*E edd.* || nodo *LKPQVGSNM* : modo *R* || constrictionis *RLKPQVSNM* : contritionis *G* || **4**. semipedis *V*[2]*SM* : semis *RLKPQ* semi *V*[1]*G* || nouis *QVGSNM* : nobis *RLKP* || subueniat *RLKPQVSNM* : -uenit *G* || altiori *RKQVGSNM* : -rio *L* || conprehendunt *P*[1]*S* : -dant *RLKP*[2]*QVGNM* || pastino *codd.* : pastinato *Iens.* || more *om. L* || quo *RKPQVGSN* : quod *LM*.

II. NETTOYAGE DES PRÉS DANS LES RÉGIONS FROIDES ET PREMIER LABOUR DES CHAMPS

C'est maintenant que, dans les régions froides, les prés doivent être nettoyés et conservés en état. Dans les régions soumises aux gelées, il conviendra de donner le premier labour aux collines grasses et aux champs marécageux, en les fouillant en profondeur ; il faudra aussi donner le second labour aux terrains en jachère[1] qui auront reçu le premier en janvier.

III. SEMAILLES DU PANIC1 ET DU MILLET[2] ; SOINS À LEUR DONNER

Dans les régions chaudes et sèches nous sèmerons panic et millet. Il leur faut une terre légère et meuble et ils poussent non seulement dans le gros sable mais dans le sable ordinaire[3], a condition qu'on les sème sous un climat humide et dans un sol arrosé, car ils redoutent un terrain sec et argileux. Il faut les délivrer assidûment des mauvaises herbes. Cinq setiers permettront d'ensemencer un arpent.

IV. SEMAILLES DU POIS CHICHE ; PRESCRIPTIONS LE CONCERNANT

C'est maintenant qu'on doit semer les deux espèces de pois chiche[1] dans un sol très riche et sous un climat humide. Il faut les faire tremper la veille dans l'eau, afin qu'ils lèvent plus tôt. Dans un arpent on sèmera trois boisseaux. Selon les Grecs, les pois deviennent plus gros si, la veille des semailles, on les arrose d'eau chaude ; ils aiment aussi les terrains voisins de la mer ; ils viennent plus tôt si on les sème en automne.

II. DE PRATIS PVRGANDIS IN LOCIS FRIGIDIS ET PROSCINDENDIS AGRIS

Nunc locis frigidis prata purganda atque seruanda sunt. Locis gelidis colles pingues et agros uliginosos proscindere atque exarare conueniet, ueruacta etiam quae Ianuario mense sunt facta repetere.

III. DE PANICO ET MILIO SERENDO CVM DISCIPLINA

Calidis et siccis regionibus panicum seremus et milium. Leuem et solutam terram desiderant nec in sabulone solum, sed in harena quoque proueniunt, dummodo caelo umido et solo serantur inriguo, quia siccum et argillosum agrum reformidant. Herbis liberentur adsidue. Quinque sextariis spatium iugerale conplebitur.

IV. DE CICERE SERENDO CVM ORDINE SVO

Nunc cicer utrumque serere debemus loco laetissimo, caelo umido. Macerandum est pridie, ut possit citius nasci. Iugerum tribus modiis conseretur. Cicer grande nasci Graeci dicunt, si infundatur aqua tepida pridie ; amare etiam loca maritima ; temperius prouenire, si seratur autumno.

II. proscindendis *RLKPQVSNM* : prosindendis *G* || purganda *RLKPVGSNM* : -gata *Q* || seruanda *LKPQVGSNM* : serenda *R* || ueruacta *edd. omnes* : beruacta *RLKPGN* euri acta *S* ueru acta *M om. V*.

III. panicum *RLKPQVGNM* : -itium *S* || seremus *RLKPVGSNM* : serenemus *Q* || reformidant *RLKPQVGSN* : -dent *M* || iugerale V^2*SM* : iugere *RLKP*V^1 iugeri *G* || conplebitur *RKPQVGSNM* : -buntur *L* impletur *Pol*.

IV. cicere *RLKPQVSNM* : -ro *G* || infundatur *RLKPQVGSN* : -dantur *M* || pridie *RKPQVGSNM* : pridriae *L* || maritima *RLKPGSNM* : oritima *QV* || serimus *RLKPQVSNM* : seremus *G* || disputatum *RLKPQVGSN* : -tandum *M*.

V. LE CHANVRE

C'est également ce mois-ci qu'on sème le chanvre, jusqu'à l'équinoxe de printemps, de la manière qui a été indiquée au mois de février[1].

VI. LA GESSE

C'est maintenant qu'on sème la gesse, qui ne diffère de la gesse blanche[1] que par sa couleur sombre et tirant sur le noir, dans un sol riche ayant reçu le premier ou le second labour. Dans un arpent on sèmera quatre boisseaux, mais trois, voire deux pourront suffire.

VII. ÉMOTTAGE ET BÊCHAGE DES NOUVEAUX VIGNOBLES ; ÉCHALASSAGE ET LIGATURE DES VIGNES

C'est ce mois-ci qu'un vignoble nouveau doit commencer à être émotté, opération qui s'accomplit à présent et se renouvelle à chaque début de mois jusqu'en octobre, non seulement pour enlever les mauvaises herbes, mais aussi pour éviter que la terre solidifiée ne comprime les plants encore tendres. Il faut extirper les racines des herbes, qui sont extrêmement nuisibles aux vignes. **2.** C'est maintenant qu'il faut, dans les régions froides, procéder au bêchage des vignobles, ainsi qu'à l'échalassage et à la ligature des vignes. Pour une jeune vigne il faut utiliser des liens flexibles, car tant qu'elle est tendre des liens trop durs risquent de la couper. Les vignes de grande taille doivent prendre appui sur un pieu fort, les plus petites sur un mince. Pour que son ombre ne gêne pas le cep, il faut le placer du côté d'où viennent l'Aquilon et le froid, à une distance du cep de quatre doigts ou d'un demi-pied, permettant de bêcher tout autour de celui-ci.

3. Renouvellement d'une vieille vigne. Certains viticulteurs tronquent dans cette période les vieilles

V. DE CANNABO

Hoc etiam mense cannabum serimus usque in aequinoctium uernum hac ratione qua in Februrario disputatum est.

VI. DE CICERA

Nunc cicera seritur, quae distat a cicercula colore quo sordet et nigrior est, primo sulco uel secundo, solo laeto. Iugerum quattuor uel tribus uel etiam duobus modiis inplebimus.

VII. DE NOVELLIS PVLVERANDIS ET FODIENDIS, VITIBVS PALANDIS AC LIGANDIS

Hoc mense nouella uinea incipiat puluerari, quod nunc ac deinceps per omnes kalendas usque ad Octobres faciendum est, non solum propter herbas, sed ne tenera adhuc semina solidata terra constringat. Graminum radices, quae plurimum uitibus nocent, extirpandae sunt. **2**. Nunc locis frigidis uinearum fossio celebranda est, et palandae ac ligandae sunt uites. Sed nouellam mollibus uinculis alligemus, quia eam teneram uincula duriora praecidunt. Palus maioribus uitibus solidus, minoribus ponatur exilis. Propter umbrae molestiam statuatur ab Aquilone et plaga frigida spatio quattuor digitorum uel semipedis remotus a uite, ut possit ex omni parte circumfodi.

3. VT VETUS VINEA REPARETUR. Vineas ueteres nunc aliqui a terra altius truncant studentes reparationi, sed

VI. cicercula *RLKPQVSNM* : circ- *G* || nigrior *RKPQVGSNM* : niger *L*

VII. octobres *RKQVGSNM* : -bris *LP* || ne *RKPQVGSN* : nec *M*, *om. L* || **2**. celebranda *RLKPQVGNM* : approbanda *S* || praecidunt *QV*[2]*M* : procidunt *RLKPV*[1]*G* proscindunt *SN* || uitibus *om. RLKPQG Pol.*

vignes un peu au-dessus du sol, en vue de les renouveler ; mais c'est un tort, car le plus souvent la plaie trop large pourrit, sous l'action du soleil et des pluies. Il faut par conséquent procéder de la façon suivante : on commencera par un déchaussage en profondeur, jusqu'à faire apparaître la tête des racines ; on coupe ensuite le cep au dessus de celle-ci et en dessous du niveau du sol, de manière que, une fois recouvert de terre, il n'ait rien à craindre du froid ni du soleil. Cela n'est valable que pour une vigne d'excellente espèce et profondément enracinée ; dans les autres cas, il vaudra mieux greffer avec de bons sarments. Tout cela se fera au début du mois dans les régions chaudes et dans la deuxième quinzaine dans les régions froides.

4. SOIGNER LES VIGNES MALADES. On bêchera les vignes malades ou celles dont le fruit se dessèche et on les arrosera de vieille urine. On mettra aussi de la cendre de sarment ou de chêne mêlée de vinaigre ; ou bien on les coupera au ras du sol, on les réchauffera avec du fumier et on laissera croître les pousses les plus robustes.

5. SOINS À DONNER AUX VIGNES ENDOMMAGÉES PAR LA HOUE. Lorsqu'un cep est endommagé par la houe ou par un outil de fer, si la plaie est près du sol, enduisez-la de crotte de brebis ou de chèvre ; puis prenez soin de lier en y mettant de la terre prise à son pied. Si la blessure a été faite à la racine, recouvrez la plaie en mêlant du fumier liquide.

VIII. ENGRAISSEMENT DES OLIVIERS AU MOYEN D'AMURQUE ET AUTRES SOINS À LEUR DONNER

C'est alors qu'il faut verser autour des racines des oliviers malades de l'amurque non salée. Pour les arbres les plus grands, au dire de Columelle[1], six conges suffisent,

uitiosum est. Nam plerumque uastior plaga sole putrescit et roribus. Quare hoc genere reparetur : prius ablaqueabitur altius, donec eius nodus adpareat ; deinde infra terram supra nodum reciditur, ut operta de frigore et sole nihil timeat. Hoc faciendum est, si optimi generis uitis est et alte posita ; alioquin generosis melius erit inserenda sarmentis. Omnia supra dicta locis calidis primo mense, frigidis uero post Idus ipsius exequemur.

4. Aegras vites refovere. Aegras uites uel quibus fructus arescit circumfodies et urinam ueterem suffundes. Item cinerem sarmenti uel querci aceto mixtum subice, aut incisas circa terram laetamine refoueto, et quae germinant fortiora dimitte.

5. Laesas bidente curare. Cum uitis bidente laedatur aut ferro, plagam, si terrae iuncta est, adline stercore ouillo uel caprino ; tunc terra mixta et circumfossa ligare curato. Si in radice laesa est, operiens liquidum laetamen admisce.

VIII. DE OLEIS AMVRCA SAGINANDIS ET CETERA EARVM CVRA

Nunc oleis laborantibus circum radices insulsa amurca fundetur. Maximis arboribus, quod Columella dicit, sex

3. reparetur *RLKQVGSNM* : raper- *P* || uineas *RKPQVGSNM* : uinea *L* || reparationi *RLKPVGSNM* : -nis *Q* || roribus *R*[2]*LKPQVG SNM* : rotibus *R*[1] || reparetur *codd.* : paretur *Pol.* || infra *RKPQVG SNM* : super *L* || reciditur *RLKPV*[1]*GSN* : -detur *M* -datur *QV*[2] *edd.* || nihil *RLKPQVGSN* : nil *M Iens.* || optimi *RLKQVGSN* : -mum *M* || **4**. uites *RKVGNM* : uitas *LQ* uiles *PS* || suffundes *S edd. pler. Schmitt* :-dis *RLPQVGNM Iens. Rodg.* infundes *Pol.* || cinerem *RL KPVGSNM* : -re *Q* || querci *codd.* : quernu *Pol.* querneum *Schn.* || **5**. laesas *RLKPVGSNM* : saesalas *Q* || bidente *RK*[2]*PQVGSN* : bidendae *L* bibente *K*[1] indente *M* || laedatur *RLPVGS*[2]*NM Rodg.* : -ditur *S*[1] *Schmitt* || ferro *RLKPVGSNM* : ferri *Q* || plagam *RLKPVGSNM* : plaga *Q* || operiens *KPQVGSNM* : oriens *R* operies *L*

VIII. circum *RLPQVGSNM* : circa *K* || amurca *RLKQVGSNM* : amurga *P*.

quatre pour les moyens et, pour les autres, en proportion de leur taille. D'autres y mettent de la paille de fève en raison de deux corbeilles pour un grand arbre, d'autres répandent sur le tronc la quantité d'urine humaine qu'ils jugent suffisante et font aussitôt au pied de l'arbre une excavation en forme de mortier, surtout dans les lieux secs, après avoir préalablement couvert le tronc. **2**. On percera avec une tarière gauloise un olivier stérile. Alors, après avoir prélevé du côté du midi [2] deux branches de même grosseur sur un arbre productif, on les renforcera de manière jointive de chaque côté du trou[3], on coupera ce qui dépasse et aura soin de recouvrir avec de la boue mêlée de paille. Mais si des oliviers prospèrent sans produire de fruits, enfoncez dans leurs racines un pieu d'olivier sauvage ou une pierre ou des pieux de pin ou de chêne. C'est maintenant aussi que doit se faire le second sarclage des champs de blé, pour ceux dont c'est la coutume. Il faut faire maintenant, dans les régions froides, les semis de baies et autres semences dont il a été question en février et donner, au début du mois, les derniers soins aux roseraies.

IX. LES JARDINS

C'est la meilleure période pour entamer la culture du jardin. Le cardon se sème en mars. Il aime une terre fumée et meuble, bien qu'il lui arrive de mieux pousser dans une terre grasse. Et on lui assure une protection contre les taupes, si on le sème en sol compact, afin que ces animaux nuisibles ne puissent creuser trop facilement la terre. **2**. Les cardons doivent être semés en période de croissance lunaire, sur une planche préparée par avance, en laissant un demi-pied d'intervalle entre chaque graine.

congii ; mediocribus quattuor, ceteris pro aestimatione sufficiunt. Alii paleas fabae binos per maiorem arborem qualos, alii ueteris urinae humanae trunco quantum satis uidetur adfundunt et arbori mortarium statim faciunt, maxime locis siccis trunco ante cooperto. **2.** Oleam sterilem terebra Gallica perforabis. Tunc duos frugiferae arboris ab australi parte ramos eiusdem magnitudinis tolles et stricte in foramen utrimque conicies, et absciso eo quod superabit luto paleato curabis occulere. Sed si sine fruge luxuriant, oleastri palum uel lapidem uel pini uel querci palos radicibus eius infige. Nunc etiam quibus moris est frumento iterum sarire conueniet. Nunc locis frigidis seminaria, quae Februario dicta sunt, bacarum et seminum fiant, et rosaria in mensis initio percolantur.

IX. DE HORTIS

Nunc horti optime sumunt initia cultionis. Mense Martio carduus seritur. Terram stercoratam et solutam diligit, quamuis in pingui possit melius prouenire. Et hoc illi contra talpas prodest, si pangatur in solido, ne terra ab inimicis animalibus facilius perforetur. **2.** Serendi sunt cardui luna crescente in area iam parata ; semina spatio semipedis sint discreta. Cauendum est ne semina inuersa

2. terebra *RLKPQVGSN* : -brato *M* || ab *om. M* || tolles *G Schmitt* : -lis *RLKPQVSNM edd. Rodg.* || utrimque *edd. Rodg.* : utrumque *codd. Schmitt* || conicies *RKPQVSNM* : conities *LG* || absciso *RLKPQSNM* : -cisso *VG edd.* || luto *RLKPVGSNM* : lutu *Q* || sarire *RLKQVSNM* : satiare *G* || seminaria *RLPQVGSNM* : -rio *K* || mense *post* februario *inser. G edd.* || bacarum et seminarum *RLKPQVGNM* : bacarum seminarum *S*.

IX. terram *RPQVGSNM* : tamquam *L* et *K* || in *codd.* : non *Pol.* || prodest *LKPVNM* : prode est *RG* prodesse *QS* || pangatur *RKPQVG SNM* : -gantur *L* || solido ne terra *codd* : solidiore terra *Pol.* || **2.** in *RLK²PQVGSNM* : et *K¹* || iam parata *RLKPQVSNM* : imperata *G* || sint *om. codd. praeter G* || ne *codd.* : nam *Pol.* || semina *om. M*.

Il faut veiller à ne pas poser les graines à l'envers, car elles donneraient des plants grêles, tordus et durs. Il ne faut pas les enterrer profondément, mais, en les tenant entre trois doigts, les enfoncer jusqu'à ce que la terre parvienne à la première articulation. Il faut alors les recouvrir légèrement, les délivrer assidument des mauvaises herbes, jusqu'à ce que les jeunes plants se soient fortifiés, et les arroser s'il se met à faire chaud. **3**. Si l'on brise la pointe des graines, les cardons seront dépourvus d'épines. Autre procédé : si pendant trois jours on fait tremper leurs graines dans de l'huile de laurier, du nard, du baume, de l'eau de rose ou de lentisque, et si on les met en terre après les avoir fait sécher, leur goût sera identique à celui du produit dont les graines se seront imprégnées. Il faut chaque année enlever des pousses à la tige, afin d'éviter que la plante mère ne se fatigue et aussi pour en faire des plants dans d'autres planches ; mais il faut les arracher avec une partie de la racine. Ceux que l'on réservera pour en obtenir des graines devront être débarrassés de toutes leurs pousses, puis recouverts d'un vase de terre ou d'une écorce, car le soleil ou les pluies font généralement périr les graines. **4**. Contre les taupes il est bon d'avoir en grand nombre des chats dans les plants de cardons. La plupart des gens utilisent des belettes apprivoisées. Il y a des gens qui mettent dans les galeries des taupes de la terre rouge et du jus de concombre sauvage. Quelques-uns creusent de nombreux trous auprès des taupinières, pour que les taupes s'enfuient terrorisées par l'arrivée du soleil. La plupart mettent à l'orifice des pièges suspendus avec des fils de soie [2]. **5**. En ce mois également on fera bien de semer l'ail à grosse tête, l'ail, les ciboules[3], la sarriette (*cunila*) dans les régions froides,

ponantur, nam debiles, incuruos et duros creabunt. Non alte inprimenda sunt, sed tribus digitis conprehensa mergantur, donec ad primos articulos terra perueniat. Tunc leuiter operiantur et herbis liberentur adsidue, donec plantaria solidentur, et rigentur, si aestus interuenit. **3**. Si acumina seminum confringas, spinis carebunt. Item si semina eorum madefeceris per triduum laurino oleo uel nardo uel opobalsamo uel suco rosae uel masticino et postea siccata depresseris, eiusdem saporis orientur cuius unguentum semina conbiberunt. Singulis sane annis a codice auferendae sunt plantae, ut nec matres fatigentur et suboles per alia digeratur ; cum aliqua tamen radicis parte uellendae sunt. Quos reseruabis ad semina colligenda liberatos omnibus pullis testa supertegere debebis aut cortice. Nam solent semina sole uel imbribus interire. **4**. Contra talpas prodest cattos frequenter habere in mediis carduetis. Mustelas habent plerique mansuetas. Aliqui foramina earum rubrica et suco agrestis cucumeris impleuerunt. Nonnulli iuxta cubilia talparum plures cauernas aperiunt, ut illae territae fugiant solis admissu. Plerique laqueos in aditu earum setis pendentibus ponunt. **5**. Hoc etiam mense ulpicum bene et alium seremus et cepullas et cunelam locis frigidis et anethum. Nunc et

solidentur *RLPQVGSNM* : -dent *K* || **3** acumina *RLPQVGSN* : cacumina *M* || madefeceris *RLKPVGSNM* : malefeceris *Q* || nardo *codd.* : nardino *edd.* || unguentum *LKQGSNM* : ungentum *RPV* || a codice *RLKPQGSNM* : cortice *V* || suboles *RLKPQGSNM* : sob- *V* || digeratur *RLKPQVGSN* : -rantur *M* || radicis *codd.* : -ces *Iuc.* || quos *RLKPVGSNM* : quo *Q* quas *Schn.* || liberatos *RKPQVGSNM* : -tus *L* -tas *Schn.* || **4**. prodest *KPVSNM* : prode est *RLG* prodesse *Q* || mustelas *RKPQVGSNM* : mult- *L* || earum *edd. omnes* : eorum *codd. (om. K)* || cubilia *RLKPQVG²SNM* : cubicula *G¹* || fugiant *RLK²PQVGSN* : fugiunt *K¹* fugianat *M* || laqueos *RLKPQVGSN* : laqueosi *M* || aditu *RKQVGSNM* : auditu L || earum *edd. omnes* : eorum *codd.* || **5**. bene et *RKPQVGSNM* : et bene *L* || cunelam *LKPQGVNM* : cunellam *R* cumelam *S* cunilam *edd.* || anethum *Schmitt* : anetum *codd. Rodg.*

ainsi que l'aneth[4]. C'est en cette période que la moutarde[5] et les choux se sèment ou se plantent le mieux ; on sème également la mauve[6]. On transplante la ravenelle[7] et l'origan. La laitue, la bette[8], le poireau[9] et le câprier peuvent être semés, ainsi que la colocase[10] ou la sarriette (*satureia*) et le cresson alénois[13], afin de les consommer en été. **6**. C'est maintenant qu'il faut, sans les serrer trop, semer les melons[14]. Les graines doivent être mises à deux pieds d'intervalle, dans un terrain bêché ou défoncé à la houe, sablonneux de préférence. Leurs graines doivent être mises à tremper pendant trois jours dans de l'hydromel additionné de lait et mises en terre une fois sèches. Ce procédé leur donnera une saveur sucrée ; ils seront en outre parfumés, si les graines une fois sèches sont enveloppées durant plusieurs jours dans des pétales de roses. **7**. Il faut aussi semer maintenant les concombres dans des sillons écartés les uns des autres, d'une profondeur d'un pied et demi et d'une largeur de trois pieds. On laissera entre les sillons un espace non travaillé de huit pieds, permettant aux concombres de s'étendre. Les herbes leur font du bien : ils n'ont pas besoin, par conséquent, d'être sarclés et désherbés. Si l'on fait tremper leurs graines dans du lait de brebis et de l'hydromel, ils naîtront doux et blancs[15]. Ils deviendront longs et tendres, si on leur met de l'eau à deux paumes en dessous dans un récipient ouvert, car ils s'allongent en cherchant à atteindre l'eau. **8**. Ils naîtront sans graines, si leurs graines, avant d'être semées, sont enduites d'huile de sabine et frottés avec l'herbe appelée *culex*[16], broyée. Il y a des gens qui introduisent dans un roseau, après en avoir percé tous les nœuds, une fleur de concombre avec la tête de sa tige ; il y pousse un concombre extraordinairement

senapi et caules optime seruntur uel plantantur ; et malua seritur. Armoracea et origani planta tranfertur. Lactuca et beta et porrus et cappar seri possunt et colocasia uel satureia et nasturtium. Intiba etiam et rafanos nunc aliqui serunt, quibus utantur aestate. **6**. Nunc melones serendi rarius. Distent inter se semina pedibus duobus locis subactis uel pastinatis, maxime harenis. Semina eius mulsa et lacte per triduum maceranda sunt et tunc iam siccata ponenda. Hinc suaues efficientur ; odorati autem, si eorum semina multis diebus inter rosae folia sicca mergantur **7**. Nunc et cucumeres seminantur rare sulcis factis altitudine sesquipedali, latitudine pedum trium. Inter sulcos octo pedum spatium crudum relinquis, ubi possint uagari. Herbis iuuantur : ideo sarculo et runcatione non indigent. Semina si ouillo lacte et mulsa maceres, dulces nascentur et candidi. Longi ac teneri fiunt, si aquam in patenti uasculo sub eis ponas duobus palmis inferiorem, ad quam festinando tales efficientur. **8**. Sine semine nascentur, si prius eorum semina oleo sabino perungantur et herba ea, quae culex dicitur, trita confricentur. Aliqui florem cucumeris cum uiticulae suae capite cannae inserunt, cui prius omnes nodos perforaverint ; ibi cucumis nasci-

senapi *RLKPQGNM* : synapi *V* sinapis *S edd.* || uel *RLKPQV GNM* : et *S* || malua *RLPQVGSNM* : -uas *K* || armoracea *codd.* : et armoracea *edd.* || cappar *RLKPQVGNM* : capar *S* caparus *E* capparis *edd.* || uel *codd* : et *edd.* || intiba *RLPVGSNM* : -tuba *Q* -tyba *Schmitt* || **6**. se *om. G* || mulsa *S* : mulso *RLKPGNM* || iam *om.* K^1 *Pol.* || siccata *RLPQVGNM* : satis *K* sicca *S Pol.* || ponenda *codd.* : ponantur *Pol.* || efficientur *RKPQVGSNM* : -ciuntur *L* || sicca *RLKPQVSNM* : siccata *G* || 7. rare *RLKPQVSNM* : raro *G* || teneri *RLPQVGSNM* : -ris *K* || aquam *RKPQVGSNM* : aqua *L* || patenti *RLPQVGSNM* : pet- *K* || efficientur *RLPQVGSNM* : -ciantur *K* || **8**. semine *RLPQVGSNM* : -na *K* || sabino *RKPQVGSNM* : -na *L* sapino *Pol.* sesamino *Pont.* || perungantur *RLPQVGSNM* : -guantur *K* || culex dicitur *RLKPQVGSN* : cul excidur *M* || capite *RLKPQVSNM* : canine *G* || ibi *RLKPQVG*S^2*N* : ubi S^1*M*

allongé. Le concombre craint tellement l'huile que si l'on en place auprès de lui, il se recourbe comme un hameçon. Chaque fois qu'il tonne, il se retourne comme s'il avait peur. **9**. Si l'on enferme sa fleur, telle qu'elle est sur la tige, dans un moule en terre cuite bien ficelé, le concombre prendra la forme de l'homme ou de l'animal que représente le moule. Tout cela, c'est Gargilius Martialis qui le dit. Selon Columelle, si l'on a dans un lieu ensoleillé et fumé des ronces et des férules, et qu'après les avoir coupées au ras du sol une fois passé l'équinoxe d'automne, on les creuse avec un poinçon en bois, on met du fumier dans leur moelle et on y ajoute une graine de concombre, il en naîtra des fruits qui, même pendant les froids, ne pourront être détruits [17].**10**. On sèmera les asperges en ce mois vers les calendes d'avril[18], dans un terrain gras, humide et bien travaillé, en plaçant dans des fosses assez petites et alignées au cordeau deux ou trois graines espacées d'un demi-pied. Il faut couvrir ensuite le sol de fumier et le désherber de temps en temps, ou bien les étendre pendant l'hiver sur de la paille qu'on enlèvera au début du printemps. Puis il y poussera des asperges au bout de trois ans. Mais une méthode plus rapide consiste à mettre en terre des pattes d'asperges qui seront vite de rapport. **11**. Le moyen de les obtenir est le suivant : dans la deuxième quinzaine de février, on mettra dans des fosses creusées en un terrain gras et fumé ce que trois

tur in nimiam longitudinem tensus. Oleum sic metuit ut, si iuxta posueris, uelut hamus plicetur. Quotiens tonat, uelut timore convertitur. **9**. Si eius florem, sicut in uite sua est, in forma fictili clauseris ac ligaris, qualem cultum forma uel hominis uel animalis habuerit, talem cucumeris figura praestabit. Haec omnia Gargilius Martialis adseruit. Columella dicit, loco aprico et stercoroso si rubos habeamus aut ferulas, post autumni aequinoctium his iuxta terram recisis et excauatis ligneo stilo inter medullas laetamen inmittamus et cucumeris semen addamus ; hinc nasci fructus qui possint et inter frigora non necari. **10**. Hoc mense asparagos seremus circa Apriles Kalendas pingui loco, umido, subacto ita ut minoribus fossulis ad lineam directis bina aut terna grana semipedis spatio discreta ponantur. Dehinc stercore solum tegatur et herbae subinde uellantur uel per hiemem supra stramina iaciantur primo uere tollenda. Hinc post triennium nascentur asparagi. Sed expeditior ratio est si aspargorum sfongeas ponas quae cito fructum ministrent. **11**. Hae sic fiunt : semina asparagi, quanta tribus digitis conprehendere possis, post Idus Februarias pingui et stercorato loco in sin-

nascitur *codd.* : -cetur *edd.* || uelut *om.* S^1 || conuertitur *RLKP QVGSN* : -uestitur *M* perterritus *Iuc. Schn.* || **9**. fictili… forma *om. K* || ligaris *RLKPQVSNM* : ligaueris *GE edd.* || cucumeris *codd.* : cucumis *edd.* || figura *RLKPQVGSN* : -am *M* || martialis *KPQVSNM* : -cialis *RL* -ciales *G* || autumni *RLKPQVGSN* : -num *M* || terram *om. G* || et *RLKPQVGSN* : ut *M* || hinc *RKPQVGSNM* : hunc *L* || fructus *om.* S^1 || possint *codd.* : possunt *Iens.* || necari *GM edd. Schmitt* : negari *RLKP QVS Rodg.* || **10**. asparagos *RLKPQVGSN* : spar- *M* || ita ut *RLPQVG SNM* : itut *K* || minoribus *RLKQVGSN* : immoribus *M* in minoribus *Pol.* || dehinc *RLKPQVSN* : dehin *G* deinhinc *M* || uel *om. M* || per *om.* K^1G || hiemen *RLKPQVSNM* : hieme *G* || iaciantur *RLPQVGSN* : iacientur *K* paciantur *M* || uere *RLKQVSNM* : uero *G* || expeditior *RLK QVGSNM* : -tio *P* || ratio *RLKPQVGSN* : ratior *M* || asparagorum *om. L* || **11**. sfongeas $RKPGS^2$: si fongias *L* fongeas *M* spongeas *V* fungeas S^1 spongias *edd.* || asparagi *RLKPQVGSN* : spargi *M* || possis *codd.* : poteris *Pol.* || februarias *KPQVGSNM* : februaras *RL.*

doigts pourront pincer de graines d'asperges, et on les couvrira légèrement de terre. Ces graines, en se réunissant, formeront la racine complexe à laquelle on donne le nom de « patte ». Cependant elle croît elle-même en retard, car pendant deux ans il faut l'entretenir dans sa pépinière en la fumant et en pratiquant un sarclage assidu. Puis on la transplantera après l'équinoxe d'automne, et au printemps elle donnera de l'asperge. Il sera préférable de les acheter plutôt que de les cultiver en attendant longtemps le résultat [19]. Cependant on les placera dans les sillons, au milieu de ceux-ci en terrain sec, sur le sommet en terrain humide. L'eau doit arroser les pattes d'asperges en passant sur elles, mais sans s'y arrêter. **12**. Les asperges produites la première année doivent être rompues et non pas arrachées, afin de ne pas ébranler les pattes encore faibles ; il faudra en revanche les arracher les années suivantes, pour découvrir les yeux qui en produiront de nouvelles. Si, en effet, on continue de les rompre, les racines d'asperges restées en place frappent de stérilité un terrain ordinairement fertile. On les servira à table au printemps et vous réserverez pour l'automne celles dont vous aurez l'intention de recueillir les graines. Ensuite vous brûlerez les fanes et, à l'arrivée de l'hiver, vous couvrirez les pattes de fumier et de cendre. **13**. On sème ce mois-ci la rue dans des terrains ensoleillés ; il lui suffit d'avoir de la cendre répandue sur

gulis fossis pones et leuiter obrues. His coeuntibus radix conexa nascetur, quae adpellatur sfongea. Sed et haec moras habet, nam per biennium in seminario suo est stercore et adsidua runcatione nutrienda. Deinde post aequinoctium autumni transferetur et uere asparagum dabit. Has erit utilius conparare quam longa expectatione nutrire. Eas tamen in sulcis disponemus, si loca sicca sunt inter medios sulcos, si umida in summitate sulcorum. Vmor sfongeas asparagorum transitu suo debet tantum rigare, non sistere. **12**. Asparagum quem primo protulerint confringere debemus, non auellere, ne adhuc inualidam moueamus sfongeam ; ceteris annis auellendus est, ut aculos ipsius germinationis aperiat, quia, si deinceps refringas, loca quae fecunda esse consuerunt remanente asparagi radice claudentur. Ministrabunt autem uere et autumno reseruabis eum de quo sumpturus es semina. Postea scopas eius incendes, tunc circa hiemem sfongeis adicies stercus et cinerem. **13**. Hoc mense ruta seritur locis apricis, solius cineris inspersione contenta. Loca

fossis *RLKPQVGNM* : locis *S* || pones *LG edd. Schmitt* : -nis *RPQVSNM Rodg.* || radix *RLKPVGSNM* : radis *Q* || sfongea *RLKPQVGN* : fongea *M* spongias *edd.* || runcatione *RKPQVSNM* : summitatione *L* truncatione *G* || nutrienda *edd. pler.* : nutrita *codd. Rodg.* || deinde *RLKPVGSM* : denique *Q Iens.* || uere asparagum *RLKPQVGSN* : uetera sparagum *M* || has *RLKPVGSNM* : haec *Q* || sicca *om. M* || medios *RLKQVGSNM* : medio *P* || summitate *RKPQVGSNM* : -tatione *L* || umor *om. G* || sfongeas *RLK²PQVN* : sfongias *K¹* fongeas *M* fongea *G* spongias *edd.* || rigare *om. Q* || **12**. protulerint *RLPQVSNM* : -rit *G* || sfongeam *RLKQVGSN* : fongeam *M* spongias *edd.* || auellendus *RLPQVGSNM* : eue- *K* || est *om.* G || oculos *RPQVGSNM* : -lus *LK* || quia *RLQVGS²N* : qua *S¹M* || deinceps *RLKPQVSNM* : denceps *G* || refringas *RLKPQVGNM* : restringas *S* || consuerunt *RLKPQVS²NM* : -euerunt *GS¹ edd.* || claudentur *codd.* : -duntur *Iens.* || reseruabis *RLKPQVSNM* : seruabis *G* || incendes *GE² Schmitt* : -dis *RLPQVSE¹ Iens. Rodg.* || hiemem *RLKPVGSNM* : -men *Q* || sfongeis *RLKPQGSN* : spongeis *V* fongeis *M* spongiis *edd.* || **13**. apricis *R²KQVGSNM* : apris *R¹LP* || inspersione *RLPQVGSNM* : inpressione *K*.

elle. Elle demande des terrains assez élevés d'où l'eau s'écoulera. Si l'on met les graines en terre sans les avoir dépouillées de leur enveloppe, il faudra les placer à la main une par une. Si elles sont déjà dépouillées, il faudra les jeter par-ci par-là et on les recouvrira en y faisant passer le râteau. Les tiges venant des graines semées avec leur enveloppe seront plus robustes, mais elles viendront plus tard. Les pousses arrachées au printemps avec une partie de l'écorce serviront de plant ; en revanche, la tige mourra si on la transplante tout entière. **14**. Certains insèrent ces pousses dans une fève percée ou dans un bulbe et les mettent ainsi en terre afin qu'elles s'y conservent grâce à la vigueur d'une plante étrangère. On les on les couvre également d'injures[21] et on les met surtout dans un terreau fait de brique pilée, ce qui leur est certainement très bénéfique. Mais, à ce que l'on assure, elle viendra mieux si elle a été volée. C'est à l'ombre d'un figuier qu'elle se repose le mieux. Elle souhaite qu'on ne déracine pas les mauvaises herbes, mais qu'on les arrache. Elle redoute le contact d'une femme dans sa période impure[22]. **15**. La coriandre [23] se sème depuis ce mois jusqu'à fin octobre. Elle aime une terre grasse, mais elle pousse aussi en terrain maigre. Plus sa graine est vieille, croit-on, meilleure elle est. Elle aime l'eau. Une fois semée, elle poussera bien en compagnie de n'importe quelle légumineuse. **16**. C'est ce mois-ci qu'il faut semer la courge[24]. Elle aime un sol gras, humide, fumé et meuble. Il y a ceci de remarquable dans les courges que les graines tirées de leur col donnent des fruits longs et grêles, tandis que celles qui étaient dans leur ventre en donnent de plus gros, et de larges celles qui étaient dans leur base, à condition qu'on les mette en terre la pointe en bas. Lorsqu'elles ont commencé à grandir, il faut les aider au moyen d'appuis. Celles que l'on conserve en vue

desiderat altiora, unde umor elabitur. Si ponas semina eius adhuc clausa folliculis, singulatim manu debebis adfigere. Si iam minuta sunt, sparsa iactabis et rastro obducta cooperies. Caules eius qui inclusis seminibus nati fuerint fortiores erunt, sed sero nascentur. Ramuli eius cum aliqua corticis parte conuulsi uerno tempore pro plantis tenebunt ; tota uero translata morietur. **14**. Nonnulli ramulos eius pertusae fabae inserunt uel bulbo atque ita obruunt alieno uigore servandos. Prosequuntur etiam maledictis et maxime in terra soluti lateris ponunt, quod prodesse certissimum est. Sed, ut adserunt, melius furtiua proueniet. Sub fici arboris umbra libertius adquiescit. Non effodi herbas, sed optat auelli. Immundae mulieris formidat adtactum. **15**. Ab hoc mense usque in Octobrem totum coriandrum seritur. Amat terram pinguem, sed et macro solo nascitur. Semen melius putatur quod uestustius fuerit. Delectatur umore. Satum bene cum olere quocumque nascetur. **16**. Hoc mense cucurbita serenda est. Amat solum pingue, umidum, stercoratum, solutum. Hoc in cucurbitis insigne est, quod longas pariunt et exiles semina quae in earum ceruice nascuntur ; quae in uentre fuerant, cucurbitas faciunt crassiores ; quae in fundo, latas, si inuersis cacuminibus obruantur. Vbi adolescere

umor *om. L* || umor elabitur *RLKPQVGSN* : humore labitur *M* || eius *om. L* || singulatim *RLKPVGSNM* : singillatim *Q* || adfigere *S*[2]*M* : adficere *RLKPQGS*[1] || minuta *RLKPQGSNM* : munita *V* || cooperies *RLKVGM* : operies *S Pol.* || uerno *codd.* : uere *Pol.* || **14**. ramulos *RKPQVSNM* : ramulus *L* ramos *G* || inserunt *LKPQVGSNM* : -esunt *R* || uigore *RLKPQVGSN* : uigo *M* || maledictis *RKPQVGSNM* : -tus *L* || prodesse *LKQVGSNM* : prode esse *RP* || furtiua *RKQVGSN* : fructiua *L* furtiue *M* || proueniet *RLPVGSNM* : -nerint *K* -niunt *Q Iens.* || adquiescit *codd* : -cunt *Pol.* || herbas *RLKPGSNM* : -ba *Q Iuc.* -bam *Iens.* || optat auelli *GSM* : aptata uelli *RLKQPV* optat *om. Pol.* || **15**. coriandrum *codd. Schmitt* : coli- *Rodg.* || olere *RLKVGSNM* : molere *Q* || **16**. pingue *RLKPQVSNM* : -guem *G* || et *om. Q* || fuerant *RLPQVGSNM* : -rint *K.*

de la graine doivent rester accrochées à la plante jusqu'à l'hiver, puis on les enlève et on les expose au soleil ou à la fumée, sans quoi les graines pourrissent et meurent. **17**. C'est en ce mois qu'on sème la bette[25], sur un terrain quelconque mais cultivé. Ce légume en ce mois ne doit être ni désherbé ni sarclé. Une fois venu, il se renouvellera tout seul durant plusieurs siècles, en répandant à terre sa propre semence ; aussi la bette n'est-elle pas facile à détruire, même si on le souhaite. C'est encore le moment de mettre en terre le serpolet, tant en plant qu'en graine, celle-ci étant meilleure lorsqu'elle est vieille[26]. Il aura davantage de feuilles si on le sème près d'une mare ou d'un étang ou sur les bords d'un puits. L'anis et le cumin se sèment aussi fort bien dans cette période. Ils viennent mieux dans des terrains fertiles, mais réussissent également dans les autres, à condition qu'on les arrose et qu'on les fume.

X. LES ARBRES FRUITIERS

LA GRENADE[1]. Dans les endroits trempés, on sèmera la grenade au mois de mars ou d'avril, et au mois de novembre dans les endroits chauds et secs. Cet arbre aime un sol argileux et maigre, mais il vient aussi en terrain gras. Une régions chaude lui est favorable. On met en terre des boutures provenant de la racine d'un arbre adulte. Il y a pour cela plusieurs méthodes, mais la meilleure consiste à couper une branche longue d'une coudée et grosse comme le manche d'un outil et à la coucher obliquement dans une fosse, après l'avoir amincie aux deux bouts au moyen d'une serpette bien aiguisée. Mais il faut au préalable l'enduire en haut et en bas de

coeperint, adminiculis adiuuentur. Quae seruantur ad semina, usque ad hiemem in sua uite dependeant, deinde sublatae in sole ponantur aut fumo. Aliter semina putrefacta depereunt **17**. Hoc mense blitus seritur solo qualicumque sed culto. Olus hoc neque runcandum est neque sarculandum. Cum semel natum fuerit, ipsum se per multa saecula seminis sui deiectione reparabit, ut, etiamsi uelis, uix possit aboleri. Nunc etiam serpyllum seritur plantis et semine, sed uetustate meliori. Laetius frondebit, si iuxta piscinam uel lacum uel putei margines conseratur. Anesum quoque et cyminum nunc bene seritur. Locis laetioribus melius prouenit itemque ceteris, si umore iuuetur et stercore.

X. DE POMIS

MALVM PUNICVM. Locis temperatis mense Martio uel Aprili mala Punica seremus, calidis uero et siccis Nouembri. Amat haec arbor solum cretosum, macilentum, sed in pingui etiam prouenit. Regio illi est apta quae calida est. Seritur plantis de matrum radice diuulsis. Sed quamuis multis generibus seratur, melius tamen ramus eius cubitalis incisus manubrii crassitudine et capite utroque acuta falce leuigatus scrobi uelut obliquus inmergitur. Prius tamen porcino stercore et in capite et in parte

adiuuentur : -etur *P*[1] || hiemem *RLKPVGSNM* : -men *Q* || sua uite *RLPVSN* : suauitate *KQGM* || **17**. qualicumque *RLKPVGSNM* : quacumque *Q* || se per *RLKPQGSNM* : semper *V* || multa *LKPQVGSNM* : multum *R* || saecula *RLPQVGSNM* : specula *K* || deiectione *RLKP QVGSN* : delec- *M* || plantis *RLKPGVSNM* : -ti *Q* || uestustate *P*[2]*SM* : -ti *RLKP*[1]*QG* || meliori *RLKQVNM* : melior *S om. Pol.* || margines *RLKPQVSNM* : magnas *G* || anesum *GS Schmitt* : anessum *RLPQV Rodg.* anisum *ME edd.* || ceteris *GSM* : -ri *RLKPQ* || iuuetur *RKVG SNM* : iubetur *LPQ*.

X. macilentum *RLKQVGSN* : marci lentum *M* || diuulsis *codd. Rodg.* : deu- *edd. Schmitt* || manubrii *GSM* : -bri *RLKPQ*.

fiente de porc, ou bien l'enfoncer profondément, au moyen d'un maillet, dans un terrain non travaillé. **2**. Le résultat sera meilleur si le rameau à mettre en terre a été pris sur un arbre déjà bourgeonnant. Si celui qui la place dans la fosse met trois petites pierres sur la racine, il pourvoira à ce que les fruits ne se fendent pas. Il faut veiller à ne pas placer la bouture la tête en bas. On pense qu'ils deviennent acides si on les arrose trop ; en effet la sécheresse les rend à la fois sucrés et abondants. Pour éviter la surabondance, il faut cependant les arroser quelque peu. **3**. Il faut bêcher le sol autour d'eux à l'automne et au printemps. Si les fruits sont acides, le remède consiste à verser sur la cime de l'arbre un peu de laser broyé dans du vin, ou bien à enfoncer un coin de bois résineux dans les racines, après les avoir déchaussées. D'autres enterrent de l'algue de mer auprès des racines et quelques-uns y ajoutent de la fiente d'âne et de porc. Si un arbre ne garde pas sa fleur, on mêlera de la vieille urine avec une égale quantité d'eau, et l'on versera trois par an ce mélange sur les racines. Le contenu d'une amphore suffira pour un arbre. On peut y mettre aussi de l'amurque non salée ou entourer d'algue les racines et l'arroser deux fois par mois, ou encore entourer l'arbre d'un anneau de plomb pendant la floraison, ou bien l'envelopper d'une peau de serpent. **4**. Si les fruits se craquèlent, on met une pierre au milieu de la racine de l'arbre ou bien on sème de la scille autour de l'arbre. Et si, pendant que les fruits pendent à l'arbre, on les tord par la queue dans la position où il se trouvent, les fruits se conservent toute l'année sans se gâter. S'ils sont attaqués par les vers, on frotte les racines de fiel de bœuf et les vers meurent aussitôt ; si on enlève les vers avec un clou de cuivre, ils ont du mal à se reproduire ; de l'urine d'âne mêlée à de la fiente de porc empêchera également les vers de s'y mettre. De la cendre répandue fréquemment

quae ima est oblinatur, uel in crudo solo malleo cogatur ad inferiora defigi. **2**. Melius proueniet, si ponendus ramus gemmante iam matre sumatur. Sed qui in scrobe deponit, si tres lapillos in ipsa radice constituat, prouiderit ne poma findantur. Curandum ne uirgulta inuersa deponas. Creduntur acida fieri, si rigentur adsidue ; nam siccitas in his et suauitatem praestat et copiam. Cuius tamen nimietati aliquid debet umoris obponi. **3**. Circumfodi autumno debet et uerno. Si acida nascuntur, modicum laseris cum uino tritum per summa arboris cacumina oportet infundi uel ablaqueatis radicibus taedae clauus infigi. Alii algam marinam obruunt ad radices, cui nonnulli stercus miscent asininum atque porcinum. Si florem non continet, urinam ueterem cum pari mensura aquae temperabis et ter per annum in radicibus fundes. Vni arbori amfora ingesta sufficient. Vel amurcam mittes insulsam uel algam radicibus iunges et bis rigabis in mense uel arboris florentis truncum plumbeo circulo debebis includere uel corio anguis inuoluere **4**. Si crepant poma, lapidem in media arboris radice subponis uel squillam circa arborem seris. Et si, dum pendent poma, tenacibus sicut in arbore habentur intorseris, in totum annum sine corruptione seruantur. Si uermibus laborant, tangis radices felle bubulo et continuo moriuntur ; aut clauo aeneo si uermes eosdem purges, difficile nascentur ; uel asini urina stercori admixta porcino uermibus

2. ponendus *RLKQVGSNM* : pondus *P* ‖ ramus *RLKPQVGSN* : ramamus *M* ‖ gemmante *GSM* : -matae *RLKPQ* -mata *edd.* ‖ findantur *RKP*[2]*QVGSNM* : fund- *L* -datur *P*[1] ‖ nimietati aliquid *RLKPQVGSN* : nimiet alciali quid *M* ‖ **3**. nascuntur *R*[2]*LKPGM* : -cantur *R*[1]*QSN edd.* ‖ cum pari *RKPQVGSNM* : compari *L* ‖ aquae *RKPQVGSN* : atque *LM* ‖ fundes *codd.* : infundes *edd.* ‖ uel *RLPQVGSNM* : et *K* ‖ amurcam *RLKQVGSNM* : -rgam *P* ‖ mittes *Schn. Schmitt* : mittis *codd. Iens. Iuc. Rodg.* ‖ florentis *RLKPVGSNM* : -tibus Q ‖ **4**. crepant *RL KPQVGSN* : inc- *M* ‖ servantur *codd.* : seruabis *edd.* ‖ nascentur *RLKPQVGSN* : ren- *M* ‖ asini *RLPQVGSNM* : anni *K*.

autour d'un tronc de grenadier avec de l'eau de lessive[2] rendra l'arbre plus beau et productif. **5**. Martialis affirme que les grains seront blancs si l'on fait un mélange d'un quart de gypse contre trois quart d'argile et de craie, et si pendant trois ans on met sur les racines cette espèce de terre. Selon le même auteur, on obtiendra des fruits d'une taille extraordinaire si l'on enterre à proximité d'un grenadier une marmite de terre contenant une de ses branches pourvue de sa fleur et attachée à un pieu pour qu'elle ne retourne pas vers l'arbre. Il faut aussi mettre un couvercle à la marmite, afin qu'elle ne s'emplisse pas d'eau. Lorsqu'on l'ouvrira à l'automne, elle présentera des fruits ayant le même volume qu'elle-même. **6**. Il affirme également que le grenadier produit des fruits en abondance si l'on enduit son tronc, avant germination, d'un mélange d'une égale quantité de jus d'euphorbe et de pourpier. On assure que la greffe peut se faire par jonction des branches, de telle sorte que les deux moelles s'unissent après avoir été mises à nu. Cet arbre ne peut se greffer que sur lui-même, autour des calendes d'avril, à la fin du mois de mars. Après section du tronc, on doit tout de suite y insérer un rejeton très récent, pour éviter qu'un retard ne fasse disparaître le peu d'humidité qu'il contient **7**. Les grenades se conservent suspendues en files par leurs queues enduites de poix. Autre méthode : quand on les a cueillies sans les endommager, on les plonge dans de l'eau de mer ou de la saumure bouillante, afin qu'elles s'en imbibent. Au bout de trois jours il faut les mettre à sécher au soleil, en évitant de les laisser dehors pendant la nuit, puis les suspendre dans un lieu frais. On les fait tremper dans de l'eau douce la veille du jour où on veut les consommer. **8**. On dit que les gre-

obuiabit. Cinis cum lexiuo circa Punici truncum frequenter infusus laeta et fructuosa reddet arbusta. **5**. Adserit Martialis candida in his grana fieri, si argillae et cretae quartam partem gypsi misceas et toto triennio hoc genus terrae radicibus eius adiungas. Idem dicit mirae magnitudinis fieri, si olla fictilis obruatur circa arborem Punici et in ea ramus cum flore claudatur, ne resiliat ligatus ad palum. Tunc coopta olla contra aquae muniatur incursus. Autumno patefacta suae magnitudinis poma redhibebit. **6**. Multa in Punico ipse adserit poma procedere, si tithymalli et portulacae sucus aequaliter mixtus, antequam germinet, trunco arboris adlinatur. Inseri posse firmatur de ramorum conexione, ut medulla utrimque diuisa se iungat. In se tantum inseri potest circa Apriles Kalendas mense Martio ultimo. Sed secto trunco surculus recentissimus statim debet inseri, ne mora exiguum, qui est, siccet umorem. **7**. Punica mala seruantur, si picatis pediculis ordinata suspendas. Aliter lecta integra in aqua marina uel muria feruente mergantur, ut conbibant. Post triduum sole siccentur, ut sub diuo nocte non maneant ; post in loco frigido suspendantur. Cum uolueris uti, aqua dulci pridie macerabis. **8**. Feruntur haec pomis recentibus

obuiabit *RLKPVGSNM* : -uit *Q* ‖ lexiuo *RLKPQVGSNM* : -uio *E edd.* ‖ punici *RKPQVGSNM* : -ca *L* ‖ reddet *RLKPQVGSNM* : -dit *E edd.* ‖ **5**. martialis *RLKPQVSNM* : marcialis G^1 marciales G^2 ‖ argillae *RLKPQVSNM* : -lla *G* ‖ fieri *codd.* : poma fieri *Schn.* ‖ triennio *RKPQ VGSNM* : -no *L* ‖ resiliat R^2*LQVGSNM* : -leat R^1*KP* ‖ cooperta *RLK QVGSN* : operta *PM* ‖ muniatur *RLKPQVGNM* : -nitur *S* ‖ patefacta *RLPQVGSNM* : -te *K* ‖ **6**. adlinatur *RLK*P^2*QVGN* : adliniatur P^1*S* allinantur *M* ‖ firmatur *RLKPQVGSNM* : -mat *E* affirmat *edd.* ‖ utrimque *RLPQVGSNM* : utrumque *K* ‖ potest *RKPQVGSNM* : posset *L* ‖ apriles *RLKPQGSNM* : -lis *V* ‖ surculus *RLKQVGSN* : surculis *M* ‖ est *codd.* : exsiccet *Pol.* ‖ umorem *GSM* : -re *RLKP* humore *QV* ‖ **7**. picatis *RLKPQVGSN* : capitis *M* ‖ in aqua *RKQVGSNM* : et inqua *L* ‖ muria *RLPQVGSNM* : moria *K* ‖ conbibant *RLKQVGSN* : conibibant *M* ‖ diuo *codd.* : dio *edd.* ‖ uti *om. L* ‖ pridie *om. M* ‖ **8**. haec *RLKP QVSNM* : hae *G*.

nades conservées de la sorte sont aussi bonnes que les fraiches. Il en est de même si on les étale sous la paille sans qu'elles se touchent. On creuse également un long fossé, on prépare une écorce d'égale dimension et on y fixe les fruits par la pointe de leur queue. Puis on place l'écorce à l'envers sur le fossé, afin qu'elles protège de l'humidité les fruits qui pendent sous elle, sans contaminer la terre. On peut aussi les enduire d'argile et les suspendre, une fois sèches, dans un lieu froid. **9**. Ou bien on enterre en plein air une petite jarre remplie de sable jusqu'à moitié, et on enfonce dans le sable, séparément les uns des autres, les fruits qu'on aura préalablement fichés par la queue chacun dans un roseau ou dans une baguette de sureau, en les faisant dépasser de quatre doigts au-dessus du sable. Cela peut se faire aussi sous couvert, dans une fosse profonde de trois pieds[3] ; pour les conserver, il est préférable de les cueillir avec une branche assez longue. **10**. Un autre procédé consiste à les suspendre dans une jarre à moitié remplie d'eau, sans qu'elles touchent l'eau et à fermer la jarre, pour que l'air n'y pénètre pas. On peut aussi les ranger dans une jarre pleine d'orge, sans qu'elles se touchent ; puis on couvre le dessus de la jarre. On fera du vin de grenade[4] de la façon suivante : on met dans une corbeille en palme des grains mûrs soigneusement nettoyés, on les presse dans un pressoir à vis et on fait cuire doucement jusqu'à reduction de moitié[5]. Après refroidissement, on met le jus dans des pots enduits de poix et de gypse. D'autres personnes, au lieu de faire cuire le jus, mêlent à chaque setier une livre de miel et le gardent dans les mêmes pots.

aemulari Item, si a tactu inuicem separata paleis obruantur. Item fossa fit longa et cortex eiusdem latitudinis paratur, cui mala acutis surculis suis adfigantur. Tunc inuersus cortex supra fossam ponitur, ut mala sine terrae tactu subterpendentia ab umore defendat. Item si induantur argilla et ea siccata loco frigido pendeant. **9**. Item si seriola sub diuo obruatur, quae habeat harenas usque ad medium et mala cum tenacibus lecta inprimantur cannis singulis uel sambuci uirgulis et ita separata in harenis figantur, ut ipsa quattuor digitis emineant ab harena. Hoc et sub tecto in scrobe tripedanea fieri potest ; et utilius est ad seruandum, si cum ramo longiore tollantur. **10**. Aliter in seriola cui ad medium aqua mittatur suspenduntur mala, ne umorem tangant, et seria clauditur, ne uentus inrumpat. Item in dolio intra hordeum sic ordinantur, ne se inuicem tangant ; dolium desuper operitur. Vinum de malis granatis conficies hoc modo : grana matura purgata diligenter in palmea fiscella mittes et in coclea exprimes et leniter coques usque ad medietatem. Cum refrixerit, picatis et gypsatis musculis claudes. Alii sucum non excoquunt, sed singulis sextariis libras mellis singula miscent et in praedictis uasis custodiunt.

si *om. Iens.* || latitudinis *codd.* : magnit- *edd.* || cui mala *RLKP QVSNM* : cui ea mala *G* || suis *om.* G || adfiguntur *RLKVGSNM* : adfing- *Q* || subterpendentia *codd.* : superpen- *Iens.* || induantur *codd. Schmitt* : inducantur *Rodg.* || argilla *GSM* : -llae *RLKPQV* || **9**. obruatur *RLKPQVSNM* : oriatur G || tripedanea *Rodg.* : bip- V^2 *om. cett. codd.* || ad *RLKQVSNM* : si ad *G* || si cum *V^{2}SM* : sinum *RLKPV^{1}G* || **10**. clauditur *RLKQVGNM* : -duntur *PS* || dolium *RLKPVSNM* : et dolium *QG* || in *RKQVGSNM* : ut *L* || palmea fiscella *RLKQVS NM* : palmeam fiscellam *G* || mittes *G Schmitt* : mittis *RLKPQVSNM Rodg.* || et in *GSM* : in *RLKP* || coclea *RKQVGSNM* : cloclea *LP* cochlea *edd.* || exprimes *G Schmitt* : -mis *RLKPQVSNM Rodg.* || leniter *RLKPQVSNM* : lente *G* || usque *RLKPQVGSN* : ioque *M* || claudes *G edd. Schmitt* : -dis *RLKPQVSNM Rodg.* || alii *codd.* : aliqui *edd.* || sucum *RLKPQVGSNM^2* : scutum *M^1* || praedictis uasis *M* : praedicta uasa *RLKPQVSN* praedicto uase *G Iens.* praedictis uasculis *edd.*

11. LE CÉDRAT. C'est en mars que le cédratier se met en terre, et cela de quatre façons : en graine, en scion, en bouture, en branche. Il aime une terre légère, un climat chaud et de l'eau sans interruption. Si l'on choisit le semis en graines, on procédera ainsi : on bêchera la terre à deux pieds de profondeur, on y mêlera de la cendre et on formera de petites planches, de façon que de chaque côté l'eau puisse courir dans des rigoles. Sur ces planches on creusera à la main un trou profond d'une paume et l'on y mettra trois pépins joints ensemble, la pointe en bas, que l'on arrosera tous les jours après les avoir enterrés. Ils germeront plus vite s'ils profitent d'un arrosage d'eau tiède. **12**. Lorsqu'ils auront levé, il faudra assidûment arracher l'herbe autour d'eux. La transplantation peut s'opérer au bout de trois ans. Si l'on choisit la plantation en scion, il ne faut pas enfoncer celui-ci à plus d'un pied et demi, si l'on ne veut pas qu'il pourrisse. Mais la meilleure méthode est celle qui consiste à planter une branche qui soit[6] de la grosseur d'un manche d'outil et longue d'une coudée, amincie aux deux bouts et débarrassée de ses nœuds et de ses piquants, mais sans toucher aux germes de la partie supérieure, afin de permettre l'éclosion des bourgeons à venir. **13**. Les cultivateurs particulièrement soigneux enduisent aussi de bouse de vache le haut de la branche des deux côtés, ou bien couvrent d'algue marine ou d'argile pétrie les deux pointes et plantent ainsi la branche dans un terrain défoncé à la houe. La bouture peut être plus mince et plus courte. Elle se plante de la même manière que la branche tout entière. En ce qui concerne l'espace, le cédratier ne demande pas de grands intervalles. Il ne faut pas l'associer à d'autres arbres. **14**. Il aime essentiellement les régions chaudes, mais arrosées et proches de la mer, où il y a beaucoup d'humidité. Mais si l'on contraint cette espèce à venir dans une région froide, il faudra la mettre dans un lieu clos de murs ou exposé au midi. Pendant les mois d'hiver il faudra la couvrir[7] de grosse paille ; lorsque resplendira l'été,

11. De citreo. Mense Martio citri arbor multis modis seritur : semine, ramo, talea, claua. Amat terram rarioris naturae, caelum calidum umorenque continuum. Si granis uelis serere, ita facies : terram in duos pedes fodies, cinerem miscebis, breues areas facies, ut utrimque per canales aqua discurrat. In his areis palmarem scrobem manibus aperies et tria grana deorsum uerso acumine iuncta constitues et obruta cotidie rigabis. Citius procedent, si beneficio aquae tepentis utaris. **12**. Natis germinibus semper proxima herba runcetur. Potest hinc trima planta transferri. Si ramum uelis ponere, non amplius sesquipedem debebis inmergere, ne putrescat. Claua seri commodius est, quae *s*it manubrii crassitudine, longitudine cubitali, ex utraque parte leuigata, nodis et aculeis recisis, sed integra summitate gemmarum, per quas spes futuri germinis intumescat. **13**. Diligentiores et fimo bubulo adlinunt utrimque quod summum est, uel marina alga uestiunt uel argilla subacta partis utriusque extrema cooperiunt atque ita in pastinato solo deponunt. Talea et gracilior et breuior esse potest. Quae similiter ut claua mergetur, sed talea palmis duobus supersit, claua omnis obruitur. In spatio non desiderat interualla maiora. Aliis arboribus non debet adnecti. **14**. Calidis locis, sed inriguis et maritimis maxime gaudet, quibus umor exundat. Sed si quis hoc genus, ut in regione frigida nutriatur, extorquet, loco uel parietibus munito uel in meridianam partem uerso disponat hanc arborem. Sed hibernis mensibus tectam stramine uelet agresti ; ubi aestas refulserit,

11. talea claua *om. Pol.* || claua *RLKGSNM* : claba *PQV Iens. et sic semper* || si granis *RKPQVGSN* : sagranis *L* que si granis *M* || duos *RKPQVGSNM* : duobus *L* || utrimque *RLPQVGSNM* : utramque *K* || palmarem *om. Pol.* || grana *RLK²QVGSNM* : gana *K¹P* genera *Pol.* || **12**. sit *Iuc.* : fit *codd.* || leuigata *KQGSNM* : leuiga *RPL* || germinis *GSM* : term- *RPQKLN* || **14**. tectam *G* : -tum *cett.*

on remettra l'arbre à l'air, découvert en toute sécurité. **15**. Boutures et branches se mettent également en terre à l'automne dans les régions très chaudes ; j'en ai personnellement planté en juillet et en août dans des régions très froides et, en les maintenant en vie par des arrosages quotidiens, je suis parvenu à en faire de grands arbres produisant des fruits. Le cédratier, à ce que l'on croit, pousse mieux si l'on sème des courges dans son voisinage, et, si l'on brûle leurs fanes, la cendre ainsi obtenue est également utile à ces arbres. **16**. Ils aiment à être bêchés fréquemment. Cela leur fait donner de plus gros fruits. On ne doit les tailler que très rarement, et uniquement pour enlever les branches sèches. La greffe se pratique en avril dans les régions chaudes, en mai dans les froides, non pas sous l'écorce, mais en fendant le tronc dans le voisinage de ses racines. On le greffe et sur le poirier, comme certains, et sur le mûrier, mais, en tout état de cause, il est indispensable de couvrir les greffons d'un panier ou d'un pot de terre[8]. Selon Martialis[9], en Assyrie cet arbre n'est jamais sans produire de fruits. Pour ma part, ce que j'ai remarqué dans la propriété que je possède en Sardaigne, sur le territoire de Néapolis[10], où le sol et le climat sont tièdes et où l'eau abonde, c'est que les fruits de cet arbre succèdent constamment les uns aux autres comme par degrés, les fruits verts se substituant aux mûrs et étant à leur tour remplacés par des fleurs, car la nature de cet arbre s'offre en quelque sorte un cycle de fécondité continue. **17**. A ce qu'on dit, la pulpe acide de ces fruits devient douce, si on a fait tremper pendant trois jours les pépins destinés à être mis en terre dans de l'hydromel ou, mieux encore, dans du lait de brebis. Il y a des gens qui, en février, font au moyen d'une tarière un trou oblique de

aeri arbor nuda et secura reddatur. **15**. Talea siue claua eius calidissimis regionibus et per autumnum ponitur ; frigidissimis Iulio et Augusto positas et cotidianis rigationibus animatas ipse usque ad poma et magna incrementa perduxi. Citreum iuuari creditur, si cucurbitae uicinis locis serantur, quarum uites etiam combustae utilem citri arboribus cinerem praebent. **16**. Gaudent adsidua fossione : hinc proueniunt poma maiora. Nisi quae arida sunt, rarissime debemus abscidere. Inseritur mense Aprili locis calidis, Maio frigidis, non sub cortice, sed fisso trunco circa ipsas radices. Inseritur et piro, ut quidam, et moro, sed insiti surculi qualo desuper omni modo muniendi sunt uel fictili uasculo. Adserit Martialis apud Asssyrios pomis hanc arborem non carere. Quod ego in Sardinia, territorio Neapolitano, in fundis meis conperi, quibus solum et caelum tepidum est, umor exundans, per gradus quosdam sibi semper poma succedere, cum maturis se acerba substituant, acerborum uero aetatem florentia consequantur, orbem quendam continuae fecunditatis sibi ministrante natura. **17**. Feruntur acres medullas mutare dulcibus, si per triduum mulsa aqua semina ponenda macerentur uel ouillo lacte, quod praestat. Aliqui mense Februario truncum obliquo foramine ab imo

15. conbustae… praebent *om. M* || arboribus *RLKPQVSNM* : -ri *G* || **16**. abscidere *codd.* : -cindere *Schn.* || maio *RKPQVGSNM* : maiore *L* || non *RLPQVGSNM* : nam *K* || fisso *RKPQVGSNM* : fisco *L* || et moro *om. G* || qualo… sunt *om.* *RLKPV*[1]*G* || omni modo *codd. Rodg.* : omnino *edd. Schmitt* || clauduntur *post* uasculo *add. G* || martialis *RLKPQVSNM* : -ciales *G* || assyrios *RKPS*[2]*NM* : adsyrios *LQV* sirios *GS*[1] || et in *ante* territorio *add. edd.* || et *ante* umor *add. S* || est *post* exundans *add. Pol.* || gradus *GSM* : grados *R* grandos *LKPV* || semper poma *RLKPQVGNM* : poma semper *S* || substituant *RKPQVGSNM* : constituant *L* || quendam *RLPQVGSNM* : quandam *K* || ministrante *RKPQVGSNM* : -trare *L* || **17**. feruntur *RKQVGSNM* : fertur *L* || mulsa aqua *R*[2]*LKPQVGSNM* : mensa aqua *R*[1] aqua mulsa *edd.* || praestat *RLK*[2]*PQVGSN* : -tet *K*[1].

bas en haut dans le tronc, sans percer celui-ci de part en part. Ils laissent la sève s'écouler par ce trou jusqu'à maturation des fruits, puis ils le referment avec de la boue. Ils affirment qu'ainsi ce qui est au milieu devient doux. **18**. Le cédrat peut aussi se conserver sur l'arbre presque toute l'année. Mais il se conserve mieux enfermé dans quelque récipient que ce soit. La meilleure solution pour la cueillette et la conservation, c'est de prendre les fruits par une nuit sans lune en même temps que les rameaux feuillus et de les ranger séparés. Certains les enferment chacun dans un pot, ou les couvrent de gypse et les conservent rangés dans une pièces obscure. La plupart des gens ont coutume de les garder dans la sciure de cèdre ou de la litière hachée menu ou de la paille.

19. LA NÈFLE[11]. Les néfliers aiment avant tout les zones chaudes, mais arrosées ; ils viennent néanmoins aussi dans les pays froids, surtout dans du gros sable gras ou dans de la terre pleine de gravier et mêlée de sable ou dans de l'argile caillouteuse. Il faut les planter en bouture au mois de mars ou de novembre, en tout cas dans un sol fumé et labouré, en enduisant de fumier les deux extrémités de la bouture. Leur croissance est extrêmement lente. <Cet arbre> aime à être taillé et bêché autour de son pied, ainsi qu'à être légèrement, mais fréquemment arrosé durant les périodes de sécheresse. On peut aussi le semer en graines, mais sa croissance est encore plus lente. **20**. Si un arbre est envahi par des vers, il faut les enlever avec une pointe en bronze et les asperger d'amurque, de vieille urine humaine ou de chaux vive, mais avec modération pour ne pas nuire à l'arbre ; on peut utiliser aussi du bouillon de lupin, mais on considère que cela entraîne la stérilité de l'arbre. Si l'on verse sur ses racines du fumier mêlé de cendre de vigne, il retrouvera sa fertilité. **21**. S'il vient à souffrir des fourmis, de la terre rouge mêlée de vinaigre et de cendre les fera périr. Si ses fruits tombent, il faut couper un morceau de sa

terebrant, ita ut altera parte non exeat. Ex hoc umorem fluere permittunt, donec poma formentur ; tunc foramen luto replent. Sic quod est medium fieri dulce confirmant. **18**. Citreum et in arbore potest per totum annum propemodum custodiri. Melius, si uasculis quibuscumque claudatur. Si uelis legere atque seruare, nocte luna latente debebis cum ramis foliatis carpere et secreta disponere. Alii singula uasis singulis claudunt uel gypso adlinunt et opaco loco ordinata custodiunt. Plerique in cedri scobe uel straminibus minutis uel in paleis tecta seruarunt.

19. MESPILVM. Mespila locis calidis maxime gaudent, sed inriguis ; tamen frigidis quoque proueniunt, magis sabulone pingui aut glareosa terra cui harena permixta est, uel argilla cum saxis. Serenda est taleis mense Martio uel Nouembri, sed solo stercorato et subacto, ita ut utrumque caput taleae stercus obducat. Sunt eius incrementa tardissima. Amat putari atque circumfodi et parco umore inter siccitates saepe refoueri. Seritur et semine, sed in longiorem speratur aetatem. **20**. Si uermibus occupatur, stilo aereo purgandi sunt et amurca uel humana uetere urina uel uiua calce perfundendi, sed parcius propter arboris noxam, uel aqua decocti lupini, sed putatur hinc arbor sterilis fieri. Fimus et cinis uitium simul, si radicibus infundantur, fertilem reddunt. **21**. Si formicae molestae sunt, rubrica cum aceto et cinere temperata

sic *RKPQVGS²NM* : si *LS¹ Iens.* ‖ **18**. uasculis *RLKPQVGSN* : -lus *M.* ‖ adlinunt *RLKPVGNM* : -niunt *QS* ‖ cedri *RLKPQVSNM* : cedris *G* ‖ scobe *RLKPQVS²NM* : scrobe *GS¹* ‖ seruarunt *RLKPQVGSNM Rodg. Martin* : -uant *E edd. Schmitt Guiraud* ‖ **19**. mespila *RLKP QVGSNM* : -li *E Schn.* ‖ aut *codd.* : atque *edd.* ‖ harena *RLPQVGS NM* : harenda *K* ‖ permixta *RLPQVGSNM* : mixta *K* ‖ taleis *om. Pol.* ‖ ita ut *GSM* : ita *RLKPV* ‖ taleae *RLKPQVSNM* : tale *G* ‖ parco *RLKQVSNM* : porco *G* ‖ siccitates *RLKPQGSNM* : radices *V* ‖ speratur *RLPQVGSNM* : seruatur *K* ‖ **20**. uermibus *RKPQVGSNM* : uermis *L* ‖ aereo *RLKPQVGNM* : aeneo *S* ‖ aqua *RLKQVGSNM* : aliqua *P.*

racine et l'enfoncer au milieu de son tronc. On le greffe en février sur lui-même, sur le poirier et sur le pommier. Mais le greffon doit être pris au milieu de l'arbre, car ceux du sommet ne valent rien. La greffe se pratique en fente dans le tronc, car l'écorce est trop maigre pour avoir la moindre valeur nutritive. **22**. Les nèfles destinées à la conservation se cueillent avant d'être parvenues à maturité ; sur l'arbre aussi elles se conserveront longtemps, ou bien dans de petites cruches enduites de poix ou suspendues par rangées, ou encore confites dans de l'oxycrat, recette appliquée par certains. Il faut les cueillir un jour serein, à midi, et les recouvrir de paille après les avoir séparées, pour éviter qu'elles ne se gâtent en se touchant ; ou bien, après les avoir cueillies à demi-mûres avec leur queue, il faut les faire tremper cinq jours durant dans de l'eau salée, puis les verser dans du vin cuit pour qu'elles y flottent. On les conserve aussi dans du miel, mais seulement si on les a cueillies trop mûres.

23. LA FIGUE[12]. Dans les lieux chauds il faut mettre en terre des plants de figuier pourvus de racines au mois de novembre, dans les tempérés en février, et dans les froids de préférence en mars ou en avril. Si l'on met en terre une bouture ou une branche sommitale, il faut attendre fin avril, date à laquelle une nouvelle sève s'y est répandue[13]. Lorsqu'on place le plant dans la fosse, il faut mettre des pierres par en-dessous ; autour de la racine il faut mélanger de la terre avec du fumier. Si le pays est froid, la cime des plants doit être protégée des basses températures par des morceaux de roseaux pris entre deux nœuds et coupés en deux. **24**. Si l'on choisit de mettre en terre une branche de la cime, on coupera, du côté de l'arbre exposé au midi, un rameau de deux ou trois ans garni de trois pointes et on l'enterrera de façon que ces pointes soient séparées par la terre entassée entre elles et qu'elles donnent l'impression qu'il y a trois rejetons. Pour une bouture, on procédera comme dans le cas des autres arbres, sauf qu'on pratiquera une petite inci-

necabuntur. Si poma labuntur, frustum de eius radice praecisum in media trunci parte figatur. Inseritur mense Februario in se et in piro et in melo. Surculus tamen eius ex arbore media debet adsumi, nam de summitate uitiosus est. In trunco fisso inserenda est, nam corticis macies ieiuna nil nutriet **22**. Mespila ad seruandum legantur necdum mitia, quae et in arbore diu durabunt uel in urceolis picatis uel in ordinem suspensa uel, ut quidam, posca condita. Die serena legantur ac media et paleis obruantur discreta, ne ea uicissim tactus adficiat. Vel cum pediculis lecta semimatura et salsa aqua per dies quinque macerata postea sapae infundantur, ut enatent. Seruantur et melle, sed si nimis matura collegeris.

23. DE FICV. Calidis locis planta radicata Nouembri mense, temperatis Februario, frigidis melius Martio uel Aprili ponenda est. Si taleam uel cacumen ponas, ultimo Aprili, cum ei se uiridior sucus infuderit. Plantae in scrobe depositae lapides substituendi sunt ; ad radicem fimo terra miscenda est. Si loca frigida sunt, plantarum cacumina diuisis cannae internodiis defendantur a frigore. **24**. Si cacumen uelis ponere, trisulcum ramum bimum uel trimum ab australi parte decides et sic obrues, ut diuisa cacumina terra interiacente uelut tres surculos reddant. Taleam sic ponemus ut cetera, cui leuiter ab infima parte diuisae lapidem mergemus in fisso. Ego

21. figatur *codd.* : figimus *Pol.* || melo *RLKPQVGSNME*[1] : malo *E*[2] *edd.* || debet *om. G* || summitate *RLKPQVGSN* : -tibus *M* || **22** posca *RLPVS*[1]*NM* : pusca *KQGS*[2] || serena *RLKPQVGNM* : serenda *S* || legantur *RKPQVGSNM* : lig- *L* || adficiat *RLKPQVGSN* : affigat *M* || sapae *PS* : saepe *RLM* sape *QG* || infundantur *RLPQVGSNM* : -datur *K* || enatent *codd.* : innatent *Schn.* || nimis *codd.* : minus *edd.* **23**. ultimo *RKPQVGSNM* : -mi *L* || ei se *RLKPQVGSN* : esse *M* || scrobe *RLKPQVSNM* : -bem *G* || **24**. ab *om. G* || decides *codd.* : -das *edd.* || terra *om. M* || interiacente *LKPQVGSNM* : iacente *R* || surculos *RLKPQVGS*[2]*NM* : sulcos *S*[1] || et *ante* cetera *add. V* || infima *codd.* : fima *Pol.*

sion à sa base pour y insérer une pierre. Pour ma part, j'ai planté en Italie fin février ou en mars des pieds de figuier déjà grands, que j'ai mis dans un terrain façonné à la houe[14] et qui, non seulement ont eu la chance de prendre, mais encore ont produit des fruits dans l'année même, comme s'ils payaient un tribut. **25**. Il faut choisir des plants qui présentent beaucoup de noeuds. On considère comme stériles ceux qui sont brillants et dont les yeux sont séparés les uns des autres par de longs entre-noeuds. Si l'on commence par élever le plant de figuier dans une pépinière et qu'on le transplante en fosse une fois développé, il produira des fruits de meilleure qualité. Certains estiment très bénéfique d'insérer le plant de figuier dans un oignon de scille prélablement fendu, en l'y attachant bien serré. Le figuier aime des fosses profondes, des espacements assez importants et une terre dure, maigre et sèche, qui donne bon goût <à ses fruits>. **26**. Il vient aussi dans des terrains caillouteux et raboteux ; en fait on peut le planter à peu près en tout terrain. Les figues qui viennent en pays montagneux et froid, comme elles ont moins de lait, ne peuvent pas se conserver jusqu'à l'état des figues sèches. Elles se consomment donc fraîches, au moment où elles ont la plus belle taille et le goût le plus fin. Celles qui viennent dans des plaines et dans des pays chauds sont à la fois plus charnues et de bonne conservation une fois sèches. **27**.Vouloir compter toutes les espèces de figues serait un travail infini ; il suffit de dire qu'elles se cultivent toutes de la même façon. La seule différence c'est que, parmi les figues sèches, ce sont les blanches qui se conservent le mieux. Dans les régions très froides il faut cultiver des figues précoces pour qu'elles viennent de bonne heure, afin qu'elles puissent

mense Februario ultimo uel Martio in Italia plantas grandes ficorum per pastinatum solum disposui et eo anno poma pepererunt supra conprehendendi felicitatem uelut tributa reddentes. **25**. Legendae sunt plantae in quibus frequens nodus extuberat. Steriles creduntur quae nitidae sunt et oculos suos per longa internodia distulerunt. Si plantam fici prius nutrias in seminario et maturam transferas in scrobem, poma generosiora producet. Aliqui multum prodesse confirmant, si plantam fici diuiso squillae bulbo intersitam strictamque uinculis conlocemus. Scrobes amat altas, interualla maiora, terrae genus durum et gracile et siccum pro utili sapore pomorum. **26** Prouenit et petrosis atque asperis ; tamen potest locis prope omnibus seri. Quae in montanis et frigidis locis nascuntur, quia minus lactis habent, ad siccitatem durare non possunt. Vsus illis in uiridi est, melioris magnitudinis et saporis arguti. Quae nascuntur in campis et locis calidis et pinguiores sunt et in siccitate durabiles. **27**. Si genera numerare uelimus, inmensum est ; sufficit quod omnibus aequa cultura est. Illa distantia est, quod in caricis melius alba seruatur. In locis nimie frigidis praecoquas ficos seramus quae cito ueniant, ut ante imbres genus hoc possit occurrere ; calidis uero et aestuosis eam quae sera maturat. Gaudet adsidua fossione. Per autum-

pepererunt *RLKPQVSNM* : pepere *G edd.* || **25**. extuberat *RLKPQVSNM* : exuberat *GE Schn.* || plantam *RKPQVGSNM* : planta tam *L* || fici *om. G* || scrobem *RLKPQVGSN* : scrorem *M* || prodesse *LKPQVGSNM* : prode esse *R* || diuiso *R*[2]*LKPQVGSNM* : -sio *R*[1] || bulbo *RLKPQGSNM* : bol- *V* || **26**. potest locis *RLPQVGNM* : locis potest *S* || ad *om. Iens.* || usus *RLPQVSNM* : usu *G* || in *ante* locis *add. L* || sunt *RLKPQVSNM* : fiunt *G* || **27**. omnibus *om. S*[1] || cultura *RLPQVGSNM* : cultiora *K* || seruatur *RLKPQVGNM* : seruantur *S* || nimie *RLKPQGSNM* : nimium *V* || ficos *RLKPQVSNM* : ficus *G edd.* || occurrere *LKPQVGSNM* : occurre *R* || uero *om. Q* || eam *RLKPQGSNM* : ea *V* eas *edd.* || sera *RLKPQGSNM* : sero *V edd.* || maturat *RLKPQVGSNM* : -rant *E edd.*

devancer la saison des pluies ; en revanche, dans les régions chaudes, voire brûlantes, il faut choisir une espèce à maturation lente. Le figuier apprécie des bêchages fréquents. Il sera bon de le fumer en automne, surtout avec du fumier de poulailler. Il faut couper celles de ses branches que l'on constatera être pourries ou mal venues et procéder à la taille de telle façon qu'ayant été rabattu il puisse s'étendre sur les côtés. **28**. Dans les endroits humides la figue n'n'est pas très goûteuse ; on remédie à cela en taillant les racines et en y versant un peu de cendre. Il y a des gens qui plantent au milieu de leurs figuiers un figuier sauvage pour éviter d'avoir à en suspendre les fruits, à titre de remède, à chacun des arbres. C'est au mois de juin, aux alentours du solstice, qu'il faut procéder à la caprification des figuiers ; elle consiste à suspendre aux arbres des figues vertes issues d'un figuier sauvage, enfilées sur du lin à la manière d'une guirlande. Si cela fait défaut, on suspend une branche d'aurone[15] ou les verrues que l'on trouve sur les feuilles des ormes ou bien on enterre des cornes de bélier autour des racines de l'arbre ; on peut aussi scarifier le tronc du figuier là où il présente un renflement, pour que la sève puisse s'en écouler[16]. **29**. Pour qu'il n'ait pas à souffrir des vers, on plante la tête en bas, en même temps que le plant de figuier, une branche de térébinthe ou une bouture de lentisque. Les vers doivent être enlevés du figuier avec des crochets de bronze. Certains <cultivateurs>, après avoir déchaussé ses racines, y versent de l'amurque, d'autres de la vieille urine. D'autres enduisent les endroits où se cachent les vers de bitume et d'huile ou simplement de chaux vive. S'il vient à souffrir des fourmis, il faut enduire son tronc d'un mélange de terre rouge, de beurre et de poix liquide. D'autres affirment que contre les four-

num proderit si stercus admoueas, praecipue de auiariis. Recidenda sunt in ea quae aut putria aut male nata reppereris, et ea ratione putanda est, ut inclinata per latera possit expandi. **28**. In locis umectis ficus saporis obtusi est ; cui circumcisis contra hoc radicibus aliquantus cinis debet adfundi. Aliqui inter ficarias caprifici arborem serunt, ut non sit necesse per singulas arbores pro remedio eadem poma suspendi. Mense Iunio circa solstitium caprificandae sunt arbores fici, id est suspendi grossi ex caprifico, lino uelut serta pertusi. Si hoc desit, abrotani uirga suspenditur, aut callum quod in foliis inuenitur, aut arietina cornua circa radices arboris obruuntur ; uel truncus arboris, quo loco turget, scarifandus est, ut possit umor effluere. **29**. Ne uermes patiatur, ramum terebinthi uel lentisci taleam cum plantis fici cacumine ponemus inuerso. Vncinis aereis tollendi sunt uermes ex fico. Alii amurcam, alii ueterem urinam ablaqueatis radicibus miscent. Alii bitumen et oleum aut solam calcem uiuam latebris uermium linunt. Si formicae molestae sunt, rubrica butyro et pice liquida mixta circa truncum debet induci.

recidenda *RLKPQVGSN* : recitanda *M* || in *om. VGM* || putria *RLPQGSNM* : putrida *KV* || reppereris *M Martin (recte, ut uid., suadente J. C. Dumont)* : repperis *RLPQ Rodg. Guiraud* repperies *VG* reperis *S* repereris *Schmitt* || ea *om. M* || expandi *RLKPQVSNM* : incidi *G* || **28**. obtusi *RLPQVGNE* : obtunsi *K* optunsi *SM* || cinis *RLKPGESNM* : onus *Q* || ficarias *RLKPQVGSN* : -ria *M* || caprifici *RLKPQVSNM* : caprici *G* || ex *RLKPQGNM* : et *V* et ex *S* || abrotani *GR*[2] : aprotani *R*[1]*LKPQSNM Rodg.* abrotoni *Schmitt* || in ulmeis *om S*[1] || inuenitur *RLPQVGSNM* : -niatur *K* || aut… abruuntur *om. G* || in *ante* arietina *add. L* || truncus arboris *RKPQVGSN* : truncos arboris *L* arboris truncus *M* || scarifandus *RLPM Rodg. Martin* : scarificandus *K*[2] *Schmitt Guiraud* sacrificandus *K*[1]*GS* || **29**. cacumine *GSM* : -na *RLKPQV* || aereis *RKPQVGSNM* : aeris *L* || uermes *om. G* || fico *RLKPQVGNM* : ficu *S* || ablaqueatis *RLKPQVSNM* : allaqueatis *G* || bitumen *KSM* : uitimen *RLPQG* || linunt *RLKQVGNM* : liniunt *S* allinunt *Schn.* || butyro *RLPQVGNM* : butino *S* || pice liquida *RLKPQVGSN* : pici liquide *M* || induci *codd.* : includi *Iens.*

mis il faut suspendre à l'arbre le poisson appelé *coracinus*[17]. **30**. Si un figuier perd ses fruits comme s'il était malade, les uns enduisent l'arbre de terre rouge ou d'amurque sans sel mélangée à de l'eau ; d'autres suspendent à ses branches soit une écrevisse avec une branche de rue, soit de l'algue marine, soit une botte de lupin, ou bien percent sa racine avec une tarière et y enfoncent un coin ou encore entaillent à plusieurs reprises l'écorce de l'arbre avec une hache. Quand les figuiers commencent à se garnir de feuilles, si l'on veut qu'ils donnent des fruits abondants et charnus, on coupe le haut des branches dès l'apparition des premiers bourgeons ou bien simplement le haut de la branche qui pousse au milieu de l'arbre. **31**. Si l'on veut transformer un figuier normal en figuier tardif, il faut arracher les premières figues vertes lorsqu'elles auront la taille d'une fève[18]. Pour obtenir au contraire une maturation rapide, il faut enduire les figues vertes avec du jus d'oignon long mêlé d'huile et de poivre, au moment où elles commencent tout juste à rougir. C'est au mois d'avril qu'il faut greffer les figuiers, soit sous l'écorce, soit, s'il s'agit de jeunes arbres, en fente, à condition de recouvrir et de ligaturer aussitôt la greffe, pour empêcher la pénétration de l'air. **32**. Les greffes prennent mieux si, avant l'opération, les jeunes arbres sont coupés près du sol. Certains greffent aussi en juin. Il faut choisir un rejeton d'un an ; en effet, plus ou moins vieux, on considère qu'il ne vaudrait rien. La greffe en écusson du figuier pourra se pratiquer en avril dans les endroits secs, à la mi-juillet dans les endroits humides[19], en octobre dans les endroits chauds. Le figuier peut aussi se reproduire avec ses branches. Il se greffe sur le figuier sauvage, le mûrier et le platane, en employant aussi bien des yeux que des rejetons. **33**. Les figues vertes peuvent se conserver soit ran-

Alii coracinum piscem contra formicas in arbore suspendendum esse confirmant. **30**. Si fructus suos uelut aegra proiciet, alii rubrica aut amurca insulsa mixta aqua arborem linunt uel cancrum fluuialem cum ramo rutae suspendunt, uel algam marinam uel fascem lupinorum, uel radici terebratae cuneum figunt uel securi arboris corium saepe proscindunt. Cum folia producere incipiunt fici, ut multum fructum et pinguem ferant, in principio germinis cacumina summa decutimus, uel hoc tantum cacumen quod ex arboris medietate procedit. **31**. Si maturam ficum uis serotinam facere, incipientes grossos decute, cum illis fabae fuerit magnitudo. Vt ficus cito maturet, suco cepae longioris cum oleo et pipere mixto unge poma, quando grossi incipiunt subrubere Aprili mense ficum debemus inserere inter corticem, uel, si nouellae arbores sunt, fisso ligno, quod statim operiendum est et ligandum, ne ventus introeat. **32**. Melius conprehendunt, si circa terram recisa inserantur arbusta. Aliqui et Iunio mense inserunt. Surculus legendus est anniculus ; inutilis enim creditur maioris uel minoris aetatis. Inoculari ficus locis siccis Aprili, umidis Iulio mediante poterit, Octobri mense locis tepidis. Propagari ficus ramis potest. Inseritur autem in caprifico, in moro, in platano, et oculis et surculis. **33**. Ficus

esse *RKPQVGSNM* : est *L* ‖ **30**. aegra *RLKPQVGSN* : erga *M* ‖ alii *RKPQVGSNM* : aut *L* ‖ linunt *RLKPQVGNM* : liniunt *S edd.* ‖ marinam *RKPQVGSNM* : -mam *L* ‖ securi *RLKPQVGSN* : -ris *M* ‖ saepe *RLK²PQVSN* : sae *K¹* sapae *G* sicepe *M* ‖ multum fructum *RLKPQVSNM* : fructum multum *G edd.* ‖ hoc *codd.* : illud *edd.* ‖ **31**. cepae *RLKPQGSNM* : coepe *V* ‖ poma *RLPQVGSNM* : pomam *K* ‖ grossi *om. M* ‖ nouellae *RLKPQVGSN* : -lla *M* ‖ operiendum *RKPQVGSNM* : ap- *L* ‖ et ligandum *om. Pol.* ‖ uentus *RLKPQVGSN* : uetus *M* ‖ **32**. si *RLPQVGSNM* : sic si *K* ‖ inutilis enim *RLKPQVGSN* : inutili semem *M* ‖ et *ante* enim *ins. K* ‖ inoculari *LKPQVGSNM* : inorc- *R* ‖ in *ante* umidis *ins. M* ‖ umidis *V² in marg.* : melius *RLKPV¹GSN* in umidis *M* umidis melius *edd.* ‖ iulio *codd.* : iunio *edd.* ‖ ramis *RLKPQVGSN* : -mi *M* ‖ autem *om. M* ‖ et (surculis) *RLPQVGSNM* : uel *K*.

gées dans du miel de façon qu'elles ne se touchent pas, soit enfermées chacune dans une courge verte, creusée à cet effet et rebouchée avec le morceau que l'on aura coupé ; on suspend cette courge en un lieu où il n'y ait ni feu ni fumée. D'autres mettent dans un récipient neuf en terre cuite, en le séparant les unes des autres, des figues fraîches à peine mûres cueillies avec leur queue et, après avoir fermé ce récipient, le laissent flotter dans une jarre pleine de vin. **34**. Martialis indique plusieurs façons de faire sécher les figues, alors qu'une seule méthode suffit. Voici donc la manière dont il faut s'y prendre, usitée dans toute la Campanie : on étend les figues sur des claies jusqu'à midi et on les met dans un panier quand elles sont encore molles. On chauffe alors le four à la température de cuisson du pain, on y enferme le panier en le posant sur trois pierres afin qu'il ne brûle pas et, après avoir fermé le four, une fois les figues bien cuites, on les enferme toutes chaudes en plaçant entre elles des feuilles de figuier dans un récipient de terre dûment enduit de poix et on les comprime assez fortement, après quoi on ferme le récipient avec un couvercle bien ajusté. **35**. Si l'on ne peut étendre les claies en plein air en raison de pluies abondantes, on les place dans un lieu couvert à un demi-pied au-dessus du sol, afin de répandre sous elles de la cendre chaude dont la chaleur remplacera celle du soleil. Il faut retourner les figues de temps en temps, suivant leur séparation par le milieu, pour faire sécher la peau et pour que les pulpes alors réunies par deux se conservent dans des corbeilles ou des coffrets. D'autres étendent sur des claies des figues moyennement mûres et ouvertes en deux pour les faire sécher en plein soleil ; la

uirides seruari possunt uel in melle ordinatae, ne se inuicem tangant, uel singulae intra uiridem cucurbitam clausae locis unicuique cauatis et item tessera quae secatur inclusis, suspensa ea cucurbita ubi non sit ignis aut fumus. Alii missas ficus recentes minus maturas in nouo uase fictili lectas cum pediculis et a se separatas recludunt et in dolio uini pleno uas natare permittunt. **34**. Martialis dicit caricas per genera multa seruari, cum ratio una sufficiat. Ergo hoc genere, quo Campania tota custodit, seruare debemus : in cratibus ficus expanditur usque ad meridiem et adhuc mollis in qualum refunditur. Tunc calefacto furno ad panis coquendi modum, subpositis tribus lapidibus ne ardeat qualus includitur, et, clauso furno ubi discocta ficus fuerit, sicut est calida, interpositis foliis suis in uas fictile conditur bene picatum densius pressa, et operculo diligenter obducitur. **35**. Si pluuiis abundantibus crates non possis expandere, sub tecto eas ita ponis ut semipede erigantur a terra, et eas ad uicem solis cinis subiectus uaporet et subinde ficus, sicut est diuisa, uertatur, ut ficorum coria siccentur et pulpae tunc duplicat*e* in cistellis serue*n*tur aut loculis. Alii maturas mediocriter ficus et diuisas in cratibus expandunt toto sole siccan-

33. se *om. Q* || tangant *codd.* : -gant *Pol.* || cucurbitam *RLKQVG SNM* : -tem *P* || cauatis *GSNM* : -batis *K* cauabatis *RLPQ* || secatur *RLKPQVGSNM* : sequatur *Iens.* || suspensa ea cucurbita *RKV* : supensus acucurbita *L* suspensae acurbita *P*[1] suspensae acucurbita *P*[2]*QSM* || aut *codd.* : uel *edd.* || ficus *S* : -cos *RLKPQVGNM* || uase *RKPQVG SNM* : fassae *L* || natare *RLKPQVGSN* : rare *M* || **34**. martialis *RKQ VSNM* : marcialis *L* martiales *G* || qualus *RKPVGSNM* : qualis *Q om. L* || interpositis *R*[2]*LKPQVSNM* : -tas *R*[1] -ta *G* || picatum *RLKP*[2]*QVG SNM* : pecca- *P*[1] || pressa *RLKPQVGSN* : processit *M* || **35**. pluuiis *RLKQVGSN* : pluuis *PM*[2] puluis *M*[1] || erigantur *SM* : -gatur *RLKP QVG* || subiectus *RKPQVGSNM* : -tos *L* || tunc *om. L* || duplicatae *edd.* : -ta *codd. Rodg., qui punctum ponit inter* pulpae *et* tunc || seruentur *edd.* : -uetur *codd. Rodg.* || ficus *om.* L.

nuit venue, ils les rentrent sous abri. **36**. C'est la bonne période pour mettre en terre des cimes de figuier commençant à bourgeonner, afin d'en faire des plants si l'on n'en a pas suffisamment. Si l'on veut qu'un seul figuier produise des fruits de couleurs différentes, on attache et on tord ensemble une branche de figuier noir et une de figuier blanc, afin de les contraindre à mêler leurs bourgeons. Une fois les branches ainsi mises en terre, fumées et arrosées, lorsqu'elles commencent à pousser, on réunit les en collant entre eux les bourgeons qui apparaissent. Le germe unique résultant de ce collage produira alors un fruit bicolore, réalisant à la fois la diversité dans l'unité et l'unité dans la diversité.

37. LES ARBRES FRUITIERS DES AUTRES MOIS. On peut aussi greffer et planter maintenant le poirier ou le pommier, greffer le cognassier et le prunier, mettre en terre les sorbes et les mûres. Le neuvième jour avant les calendes d'avril, greffer les pistachiers et, dans les régions froides, semer la graine de pin.

XI. L'ACQUISITION DE BŒUFS, DE TAUREAUX ET DE VACHES

C'est ce mois-ci qu'il faut se procurer des bœufs. En tout cas, qu'ils proviennent de nos propres troupeaux ou que nous les achetions, cette saison est la plus appropriée parce que, n'étant pas encore aussi gras qu'en pleine saison, ils ne peuvent pas dissimuler les fraudes du vendeur et leurs propres défauts, ni utiliser pour résister au dressage la confiance qu'ils tireront de la plénitude de leur

das ; recipiunt nocte sub tecta. **36**. Nunc ficulnea cacumina obruuntur utiliter, cum tumescunt, ut plantas faciant, si earum copia non abundat. Vt etiam uarios fructus una ficus exhibeat, ramos duos nigrae et albae arborum ita inter se uinculo stringis ac torques ut germina miscere cogantur. Sic obruti et stercorati et umoribus iuti, ubi prodire coeperint, germinantes oculos aliqua sibi adnexione conglutina. Tunc germen adunatum parturiet duos colores, quos unitate diuidat, diuisione coniungat.

37. De pomis aliorvm mensvm. Nunc et pirus uel malus inseri ac seri potest et cydonea et prunus inseritur et sorba ponuntur et morus nono Kalendarum Aprilium die et inseruntur pistacia et locis frigidis pini semen aspargitur.

XI. DE CONPARANDIS BVBVS, TAVRIS, VACCIS

Hoc mense conparandi sunt boues. Qui tamen, siue de nostris capiantur armentis siue emantur, idcirco nunc parabuntur utilius, quia necdum sagina temporis pleni aut celare possunt fallaciam uenditoris et uitia sua aut ad repugnandum domiturae contumacem pleni roboris exercere fiduciam.

36. ficulnea *RLKPVGSNM* : -neae *Q* || cum tumescunt *RKPQVG SNM* : contu- *L* || si *RKPQVGSNM* : sic *L* || earum *RLKPQVGSN* : orarum *M* || arborum *RLKPQVSNM* : ambarum *G* || ita *om. S* || iuti *RLKPQGSN* : luti *M* adiuti *V* || oculos *GSM* : -lo *RLKPQVN* || quos *om. M* || conglutina *RLKPQVSNM* : -nata *G* || **37**. mensum *Rodg.* : mensuum *RLKPQVG* mensium *S Schmitt.* || et pirus *om* S^1 || ac seri *om. M* || kalendarum aprilium *codd.* : kalendas apriles *Iens.* calendas apriles *Schn.* || die *om. Pol.* || aspargitur *RKPQVNM* : adsp- *L* asper- *GSE edd.*

XI. capiantur *RLPQVGSNM* : -piuntur *K* || emantur *RLPQVG SNM* : ementur *K* || parabuntur *codd.* : compar- *edd.* || quia *RLPQVG SNM* : qui *K* || celare *RLKQVGSNM* : celerare *P* || ad *om.* KPV^1G *edd.* || repugnandum *RLKPQVNM* : -do *G edd.* -dam *S.*

force. **2**. Quant aux qualités qu'il faut rechercher pour avoir des bœufs, qu'ils viennent de notre propre troupeau ou d'un autre, ce sont les suivantes : ils doivent être jeunes, avoir des membres carrés et forts, le corps robuste, les muscles et les tendons saillant sur tout le corps, de grandes oreilles, un front large et crépu, les babines et les yeux noirs, les cornes fortes et formant un croissant d'une courbure parfaite, les naseaux bien ouverts et camus, la nuque musculeuse et épaisse, les fanons larges, le ventre assez grand, les flancs allongés, les reins larges, le dos droit et plat, les jambes solides, nerveuses et courtes, les sabots grands, la queue longue et poilue, le corps entièrement couvert de poils drus et courts et d'une couleur de préférence rousse[1] ou brune. **3**. Le mieux sera de les acquérir dans le voisinage, afin qu'ils n'aient pas à souffrir du changement de sol ou de climat. Si la chose es impossible, il faut les faire venir de régions présentant des caractères semblables à la nôtre. Il faut d'abord et avant tout veiller à ce que leurs forces de traction soient égales, pour éviter que la robustesse du plus fort n'entraîne la perte de l'autre. En ce qui concerne leur caractère, voici ce qu'il faut examiner : ils doivent être fins et doux, craindre les cris et les coups de leur conducteur et avoir de l'appétit. Si la nature du pays s'y prête, la nourriture qui leur convient le mieux est le fourrage vert. Lorsqu'on en manque, on leur en donne en fonction de la quantité dont on dispose et de ce qu'imposera le surcroît de travail. **4**. C'est maintenant aussi que

2. Haec tamen signa spectanda sunt in bubus, seu de nostro seu de alieno grege fuerint conparandi : ut sint boues nouelli, quadratis et grandibus membris et solidi corporis, musculis ac toris ubique surgentibus, magnis auribus, latae frontis et crispae, labris oculisque nigrantibus, cornibus robustis ac sine curuaturae prauitate lunatis, patulis naribus et resimis, ceruice torosa atque conpacta, palearibus largis et circa genua fluentibus, pectore grandi, armis uastis, uentre non paruo, porrectis lateribus, latis lumbis, dorso recto et plano, cruribus solidis, neruosis et breuibus, ungulis magnis, caudis longis ac setosis, pilo totius corporis denso ac breui, rubei maxime coloris aut fusci. **3**. Melius autem boues de uicinis locis parabimus, qui nulla soli aut aeris uarietate temptentur. Aut si hoc deest, de locis similibus ad similia tranferamus. Illud ante uniuersa curandum est ut uiribus ad trahendum conparentur aequales, ne ualentioris robur alteri procuret exitium. In moribus haec consideranda sunt : sint arguti, mansueti, timentes hortamen clamoris ac uerberis, cibi adpetentes. Sed si regionis ratio patitur, nullus melior cibus est quam uiride pabulum. Vbi uero deest, eo ordine ministretur quo pabuli copia et laborum coget accessio. **4**. Nunc tauros quoque, *c*ui cordi est armenta construere,

2. haec tamen *RLPQVGSNM* : tamen haec *K* || spectanda *RLKPVGSNM* : expec- *Q* || alieno *RLKPQVGSN* : alio *M* || musculis *RLKPQVSNM* : mas- *G* || ac toris *RKPQVSNM* : auctoris *L* acthoris *G* *incl. Schn. om. Pol.* || latae *RLKPQVGSN* : lete *M* lata *Pol.* || crispae *RLKPQVGSNM* : -pa *Pol.* || cornibus *RLKPQVSNM* : -nicibus *G* || lunatis *RKQGSNM* : -ti *LPV* || patulis *RKQGSNM* : spatulis *LPV* || atque *om. M* || porrectis *RLKPQVSNM* : -tus *G* || setosis *RLKPQVGSN* : tosis *M* || rubei *GVSM Schmitt* robei *RLKP Rodg.* || **3**. parabimus *QSNM* : parauimus *RLKPV* compar- *G edd.* || hoc deest *RLKPVGSNM* : hode est *Q* || locis *RLKPQVSNM* : alogis *G* || transferamus *RLKPQVSNM* : -remus *G* || ualentioris *RKSM* : -res *P* -ribus *LG* || robur *QVGSNM* : robor *RLKP* || sint *RLKPQVSNM* : sin *G* || quo *RKPQVGSN* : quod *LM*.

celui qui souhaite constituer des troupeaux, se procurera des taureaux ayant les caractéristiques suivantes (ou alors il en élèvera depuis leur plus jeune âge)[2] : être de haute taille et de forte membrure, d'âge moyen, et plutôt d'un plus jeune âge que déclinant vers la vieillesse, avoir l'air farouche, les cornes petites, la nuque musculeuse et large, le ventre étroit.

5. Les vaches aussi, c'est surtout maintenant que nous en ferons l'acquisition. Notre choix se portera sur des bêtes de très haute taille, ayant le corp allongé, le ventre ample et grand, le front haut, les yeux noirs, les oreilles velues, le fanon et la queue très longs, les sabots courts, les jambes noires et petites ; elles seront de préférence âgées de trois ans, parce que c'est jusqu'à l'âge de dix ans que les vaches vèlent le mieux et qu'il ne faut pas les faire couvrir avant trois ans.[3] **6**. Un propriétaire consciencieux prendra soin de se défaire de ses bêtes les plus âgées pour en acheter de temps en temps de nouvelles, et d'affecter les vaches stériles à la charrue et aux travaux[3]. Les Grecs soutiennent que, si l'on veut obtenir des mâles, il faut durant l'accouplement lier le testicule gauche du taureau, et le droit pour obtenir des femelles ; en tout cas les taureaux doivent avoit été longtemps maintenus dans l'abstinence afin que, le moment venu, le retard apporté à la satisfaction de leur désir accroisse leur ardeur sexuelle. **7**. Il faut avoir pour ce bétail des pacages d'hiver ensoleillés et proches de la mer et des pacages d'été ombragés et frais, de préférence en montagne, parce que les arbrisseaux et l'herbe qui pousse entre ceux-ci lui fournissent la meilleure nourriture. Bien qu'elles paissent fort bien auprès des rivières, dont l'environnement est agréable, les vaches pleines aiment les eaux plus tièdes et il est donc préférable de les garder là où l'eau de pluie forme

conparabit his signis (aut a tenera aetate summittet) : ut sint alti atque ingentibus membris, aetatis mediae et magis quae iuuentute minor est quam quae declinat in senium, torua facie, paruis cornibus, torosa uastaque ceruice, uentre substructo.

5. Vaccas etiam nunc maxime parabimus. Sed eligemus forma altissima, corporis longi, uteri capacis et magni, alta fronte, oculis nigris et grandibus, pulchris cornibus et praecipue nigris, aure setosa, palearibus et caudis maximis, ungulis breuibus et cruribus nigris et paruis, aetatis maxime trimae, quia usque ad decennium fetura ex his procedit utilior nec ante aetatem triman tauros his oportet admitti. **6**. Sed erit studium diligentis, amotis senioribus nouellas subinde conducere et steriles aratro ac laboribus deputare. Graeci adserunt, si mares creare uelis, sinistrum tauri in coitu ligandum esse testiculum, si feminas, dextrum ; tamen tauros diu ante abstinendos, ut, cum tempus est, acrius in causas dilati feruoris incumbant. **7**. Sed his armentis hieme maritima et aprica loca, aestate opaca paremus ac frigida, montana maxime, quia melius frutectis et his herba internascente saturantur. Quamuis circa fluuios recte propter loca amoena pascantur, fetura tamen aquis tepidioris adiuuatur ; unde magis utilius habentur, ubi pluuialis aqua

4. cui ...*(uel fort.* cui <bu>bus : *uide comm.)* conparabit *Martin* : quibus ... conparabit *RLKPGVNM cett. edd.* quibus ... conparabunt *SE* || his signis aut *Martin* : aut his signis *RLPGVNM* et his signis *SE* || declinat *codd.* : -net *edd.* || in *RLPQVGSNM* : ad *K* || senium *RL KPQVGSNM*^{2} : sensum *M*^{1} || **5**. eligemus *RLPQVGSNM* : elegimus *K* || capacis *RLPQVGSNM* : -ces *K* || magni *RLKPQVGSNM* : longi *Pol.* || alta *RLKPQVGSN* : alte *M* || aure setosa *RLKPQVGSN* : aures et ossa *M* || decennium *codd.* : decimum *Iens.* || procedit *codd. Rodg.* : -det *edd. Schmitt* || triman *RLKPVGSNM* : trinam *Q* || oportet *codd.* : debet *Pol.* || **6**. diligentis *codd.* : uetulis *Pol.* || ac *RLKPQVGS*^{2}*NM* : et *S*^{1} || **7**. frigida *RLKQVGSNM* : frida *P* || saturantur *SEM edd. Rodg.* : -rentur *RLKPG Schmitt* || loca amoena *codd* : amoena loca *edd.*

de grandes flaques chaudes. **8**. Il n'en reste pas moins que ce genre de bétail supporte bien le froid et peut aisément passer l'hiver dehors. Il convient en tout cas de leur faire des enclos d'une assez grande superficie, pour éviter aux vaches pleines de se blesser. Quant aux étables, il est bon que leur sol soit dallé ou couvert de gravier ou de sable, et légèrement en pente pour que l'humidité puisse être évacuée ; elles doivent être exposées au midi, afin d'être abritées des vents froids, contre lesquels il faut dresser un obstacle.

XII. LE DRESSAGE DES BŒUFS

C'est à la fin de ce mois-ci qu'il faut dresser les bœufs de trois ans, parce qu'au delà de cinq ans l'âge les a trop endurcis pour qu'ils puissent l'être correctement. Il faut donc les dresser aussitôt après leur capture, à condition de les avoir au préalable apprivoisés en les flattant fréquemment de la main durant leurs jeunes années. Les nouveaux bœufs devront avoir une étable de vastes dimensions, pour que même devant l'étable les lieux ne soit point resserrés, et pour que rien ne risque de les blesser lorsqu'on les fera sortir. **2**. A l'intérieur de l'étable il faut disposer des poutres transversales à une hauteur de sept pieds, auxquelles on puisse attacher les bœufs non encore dressés. On choisit alors un jour où il fasse beau et où l'on n'ait aucune espèce d'empêchement pour conduire à l'étable les boeufs que l'on aura capturés. S'ils se montrent trop rétifs, il faut les adoucir en les gardant attachés et à jeun un jour et une nuit. Après quoi le bouvier[1] doit les flatter en leur parlant avec douceur et en leur offrant à manger pour les appâter, en les approchant non pas de côté mais de face, leur caresser le museau et le dos en y versant de temps en temps du vin pur, mais en veillant à ce qu'ils ne frappent personne d'une ruade ou d'un coup de corne, car ils garderont cette pratique

tepentes format lacunas. **8**. Tolerat tamen frigus hoc armenti genus et potest facile hibernare sub diuo. Quibus tamen septa fieri propter iniuriam grauidarum conuenit laxiora. Stabula uero utilia sunt strata saxo aut glareis aut harenis, deuexa aliquatenus, ut umor possit elabi, parti meridianae obuersa propter flatus glaciales, quibus aliquis resistere debet obiectus.

XII. DE DOMANDIS BVBVS

Hoc mense ultimo domandi sunt trimi boues, quia post quinquennium bene domari non possunt, aetatis repugnante duritia. Capti ergo statim domentur, qui quidem prius, cum teneri fuerint, frequenti manus adtrectatione mansuescant. Sed stabulum noui boues largioribus spatiis habere debebunt, ut et ante stabulum loca nullis concludantur angustiis et producti non aliqua uitientur offensa. **2**. In ipso uero stabulo adseres transuersi a terra septem pedibus alti configantur, ad quos boues ligentur indomiti. Tunc eligis absolutam tempestatibus et inpedimentis omnibus diem, qua capti perducantur ad stabulum. Quorum si nimia fuerit asperitas, uno die ac nocte inter uincula mitigentur atque ieiunia. Tunc appellationibus blandis et inlecebris oblatorum ciborum, non a latere neque a tergo, sed a fronte accedens bubulcus admulceat naresque et terga pertractet mero subinde conspergens,

8. tolerat tamen *RLKPQVSNM* : tamen tolerat *G* || armenti *RLKPQVGSN* : -tis *M* || diuo *codd.* : dio *edd.* || glareis *RKPQVGSNM* : -rearis *L* || deuexa *RLKQVSNM* : diu- *G* || parti *RLKPQGSNM* : -te *V* || obiectus *RLKPQVGSN* : -tis *M*.

XII. domandi *LKPQVGSN* : donandi *R* domandis *M* || sunt *om. M* || quia *RLP²QVGSNM* : qui *KP¹* || capti *RLKPQGSNM* : capiti *V* capite *Pol.* || adtrectatione *RKPQVGNM* : addetractione *L* || mansuescant *RLK²PQVGNM²* : -cunt *K¹SEM¹* || spatiis *RLKPQVGSN* : -tii *M* || nullis *GSNM* : nulli *RLKPQ* || **2**. ad quos : et quo *P¹* || ligentur *codd.* : -gantur *Iens.* || qua *RLKPQVSNM* : quae *G* || asperitas *RLKQVGSNM* : adsp- *P*.

vicieuse s'ils ont le sentiment qu'elle leur a réussi au début. **3**. Lorsqu'ils seront adoucis, frottez-leur la gueule et le palais avec du sel, faites-leur avaler des boulettes de graisse très salées pesant une livre et versez-leur dans le gosier, en utilisant une corne, un setier de vin par tête. Trois jours de ce traitement viendront à bout de leur humeur farouche. Il y a des gens qui les attellent ensemble et leur apprennent à supporter des fardeaux assez légers ; en outre, chose utile si on les destine au labour, ils doivent être exercés sur un terrain déjà labouré, afin que ce travail nouveau pour eux n'ébranle pas leur cou encore fragile. **4**. Mais la méthode de dressage la plus facile consiste à atteler un bœuf rétif avec un congénère apprivoisé et fort, dont l'exemple le contraindra à accomplir toutes ces tâches. Si, après le dressage, un bœuf se couche dans le sillon, il ne faut pas lui appliquer le feu ni les coups, mais plutôt lorsqu'il se couche, lui lier les pattes de telle sorte qu'il ne puisse ni marcher, ni se tenir debout, ni paître. La soif et la faim qu'il endurera ainsi lui feront perdre cette mauvaise habitude.

XIII. LES CHEVAUX, JUMENTS ET POULAINS

C'est ce mois ci qu'il faut faire saillir des cavales de bonne race par des étalons bien engraissés et bien nourris, qu'on ramènera à l'écurie une fois les femelles pleines. Néanmoins il faut pas donner à tous les étalons un nombre égal de femelles, mais évaluer la puissance de chacun d'eux et, en fonction de celle-ci, leur faire accomplir des saillies plus ou moins nombreuses, ce qui assurera aux étalons une durée d'activité assez longue. En tout cas, même à un cheval jeune et gardant une vigueur et un physique intacts, il ne faut pas faire saillir plus de douze ou quinze cavales ; quant aux autres, ce sera selon les forces de chacun. **2**. Dans un étalon quatre points sont à examiner la forme, la couleur, les qualités, la beauté[1]. Pour la forme, voici ce qu'il faut rechercher : un corps grand et solide, une taille proportionnée à la robustesse,

hac tamen cautione ne aliquem calce contingat aut cornu. Quod uitium, si in primordiis effectui sibi cessisse senserit, obtinebit. **3**. Tunc mitigatis os et palatum salibus frica et in gulam dimitte praesulsae adipis librales offas et uini sextarios singulos cornu infundente per fauces. Quae res intra triduum totius saeuitiae iram resoluet. Aliqui eos inter se iungunt ac docent onera temptare leuiora ; et, quod utile est si arationi parantur, subacto prius solo exercendi sunt, ut nouus labor tenera adhuc colla non quasset. **4**. Expeditior autem domandi ratio est ut asperum bouem mansueto et ualido boui coniungas, quo ostendente facile ad omnia cogetur officia. Si post domituram decumbit in sulco, non adficiatur igne nec uerbere, sed potius, cum decumbit, pedes eius ita ligentur uinculis ut non possit progredi aut stare uel pasci. Quo facto, siti ac fame lassatus, carebit hoc uitio.

XIII. DE EQVIS, EQVABVS ET PVLLIS

Hoc mense saginati ac pasti ante admissarii generosis equabus admittendi sunt et repletis feminis item ad stabula colligendi. Neque tamen aequalem numerum omni*bus* debemus adhibere, sed aestimatis uiribus uniuscuiusque admissarii summittenda sunt pauca uel numerosa coniugia, quae res efficient admissarios non parua aetate durare. Iuueni tamen equo et uiribus formaque constanti non amplius quam duodecim uel quindecim debemus admittere, ceteris pro qualitate uirium suarum. **2**. Sed in admissario quattuor spectanda sunt : forma, color, meritum, pulchritudo. In forma haec sequemur : uastum corpus et solidum, robori conueniens altitudo, latus longissimum, maximi ac rotundi clunes, pectus late

XIII. omnibus *Martin* : omnium *codd. cett. edd. Guiraud* || **2**. in admissario *om. M* || color *codd.* : coloris *Schn.* || haec *codd.* : hoc *edd.* || ac *codd.* : et *edd.*

les flancs très allongés, la croupe ample et ronde, la poitrine largement ouverte et l'ensemble du corps noueux par la puissance de la musculature, le pied sec et chaussé assez haut d'un sabot concave. Les caractéristiques de la beauté sont les suivantes : une tête petite et sèche, la peau pratiquement adhérente aux os, les oreilles courtes et pointues, de grands yeux, de larges naseaux, la crinière et la queue bien fournies, la rondeur des sabots solides et bien attachés. **3**. Les couleurs préférables sont les suivantes : bai, doré, blanchâtre, roux, couleur de myrte, poil de cerf, isabelle, pommelé, blanc moucheté, blanc éclatant, noir foncé ; <viennent> en second rang les couleurs agréablement mêlées : le mélange de noir, de blanchâtre et de bai, le blanc mêlé de quelque couleur que ce soit, la couleur d'écume, le tacheté, le gris-souris assez foncé. Mais, chez les étalons, choisissons de préférence les couleurs claires et sans mélange. Les autres sont à proscrire, à moins que l'importance des qualités ne compense une couleur défectueuse[2].

4. Les mêmes points doivent être pris en considération chez les juments, et surtout qu'elles aient un ventre et un corps longs et grands. Mais cela doit être pris en compte chez les bêtes de bonne race. Les autres peuvent être saillies tout au long de l'année par les mâles qu'on lâche avec elles au milieu des pâturages. La nature des juments est de mettre bas au bout de douze mois. En ce qui concerne les étalons, il faut veiller à les tenir à quelque distance les uns des autres, pour éviter qu'ils ne se fassent du mal en raison de leur fureur. Pour ce genre de bétail, choisissons des pâturages très gras, ensoleillés en hiver, frais et ombragés l'été et ayant poussé sur des sols

patens et corpus omne musculorum densitate nodosum, pes siccus et solidus et cornu concauo altius calciatus. Pulchritudinis partes hae sunt : ut sit exiguum caput et siccum, pelle propemodum solis ossibus adhaerente, aures breues et argutae, oculi magni, nares patulae, coma et cauda profusior, ungularum solida et fixa rotunditas. **3**. Colores hi praecipue : badius, aureus, albineus, russeus, murteus, ceruinus, gilbus, scutulatus, albus guttatus, candidissimus, niger pressus ; sequentis meriti uarius cum pulchritudine, nigro uel albineo uel badio mixtus, canus cum quouis colore, spumeus, maculosus, murinus obscurior. Sed in admissariis praecipue legamus clari et unius coloris. Ceteri uero despiciendi, nisi magnitudo meritorum culpam coloris excuset.

4. Eadem in equabus consideranda sunt, maxime ut sint longi et magni uentris et corporis. Sed hoc in generosis seruetur armentis. Ceterae passim toto anno inter pascua dimissis secum maribus inpleantur. Equarum natura est partum spatio duodecimi mensis absoluere. Illud in admissariis seruandum est ut mediis aliquibus spatiis separentur propter noxam furoris alterni. Sed his armentis pascua legamus pinguissima, hieme aprica, frigida et

musculorum *R²LKPQVGSNM* : masc- *R¹* || pes *RLKPQVSNM* : pos *G* || siccus *R²KPQVGSNM* : sicus *R¹L* || solida et *codd.* : soliditatis *Isid.* || **3**. praecipue *RLKPQVSM* : -pui *G* || badius *RLKPSNM* : baidius *G* || albineus *edd. Schmitt* : abi- *codd. Rodgers* || russeus *RLPKGNM* : roseus *VS* || murteus *RLPN* : myrteus *G* mirteus *KS* musteus *M* mureus *Iens.* || gilbus *codd. Schmitt Rodg.* : giluus *Isid.* || guttatus *RKGS* : guttadus *P* guttanus *L* gutatus *M* || candidissimus *LKPQVGSNM* : candissimus *R* || albineo *LGNM Schmitt* : abineo *RKPQS Iens. Rodg.* || badio *S¹* : uadio *RKPVS²NM* ualidio *L* baido *G* || cum quouis *RKQVG SNM* : cocumius *L* cumcouis *P* || meritorum *codd.* : -ti *Pol.* || excuset *RLKQVGSNM* : -sset *P* || **4**. longi *RLKPQVGNM* : longae *S Schn.* || dimissis *RLKPVGSN* : adm- *Q Iens.* dem- *M* // duodecimi *RKPQVG SNM* : duodecim *L* || mensis *codd.* : -ses *Pol.*

qui ne soient pas mous au point que la fermeté de leurs sabots n'y sente aucune aspérité. **5**. Si une jument refuse d'accepter le mâle, on excitera son désir en lui frottant le sexe avec de la scille broyée. Puis, une fois qu'elles seront grosses, il faudra les laisser au repos, ne pas les exposer à la faim et au froid et ne pas les resserrer l'une contre l'autre dans des lieux étroits. Les juments de bonne race et celles qui nourrissent des mâles ne devront être saillies que tous les deux ans, afin qu'elles transmettent à leurs petits la vigueur que donne un lait pur et abondant. Les autres peuvent être saillies en tout temps. **6**. C'est au début de sa cinquième année qu'un étalon peut commencer à remplir son office. Quant à la femelle, elle concevra correctement dès l'âge de deux ans, car, passée sa dixième année, elle donnera des poulains sans ressort et sans énergie. Les poulains, une fois nés, ne doivent pas être touchés de la main, car les attouchements fréquents risquent de les blesser. Il faut dans toute la mesure du possible les mettre à l'abri du froid. Chez les poulains il faut, en tenant compte des qualités de leur âge, observer les mêmes indices d'un bon naturel dont j'ai prescrit l'observation chez les pères ou les mères. Un indice sera également fourni par la gaîté, la vivacité et l'agilité. **7**. C'est maintenant, lorsqu'ils auront dépassé l'âge de deux ans, qu'il faut dresser les poulains. Doivent être pris en considération un corps grand, allongé, musclé et fin, des testicules égaux et, petits, et tout ce qui a été dit au sujet des pères ; leur caractère doit être tel qu'ils se mettent facilement en mouvement au sortir du plus grand repos et qu'ils ne soient pas difficiles à retenir après avoir été lancés au galop. **8**. L'âge se reconnaît aux indices sui-

opaca prouideamus aestate, nec adeo mollibus locis nata ut ungularum firmitas de asperitate nil sentiat. **5**. Si equa marem pati noluerit, trita squilla naturalia eius infecta libidinem concitabunt. Deinde grauidae non urgeantur nec famem frigusque tolerent nec inter se locis conprimantur angustis. Generosas equas et quae masculos nutriunt alternis annis summittere debebimus, ut pullis puri et copiosi lactis robur infundant ; ceterae passim replendae. **6**. Aetas incipientis admissarii quinti anni initio esse debebit. Femina recte et bima concipiet, quia post decennium iners ex ea suboles et tarda nascetur. Pulli equarum nati manu tangendi non sunt, quia eos tactus laedit adsiduus. Quantum ratio patitur, defendantur a frigore. In pullis pro aetatis merito ea sunt consideranda quae signum bonae indolis monstrant quae in patribus uel matribus spectanda praecepi. Dabit et hilaritas, alacritas agilitasque documentum. **7**. Nunc domandi sunt pulli, ubi tempus bimae aetatis excesserint. Consideranda sunt magna, longa, musculosa et arguta corpora, testiculi pares, exigui, et cetera quae in patribus dicta sunt ; mores, ut uel ex summa quiete facile concitentur uel ex incitata festinatione non difficile teneantur. **8**. Aetatis

nata *codd.* : nacta *Pol.* || ut *RLQVGSNM* : et *K* || **5**. libidinem *RLKPQVSNM* : -ne *G* || concitabunt *RLKPQVNM* : concitabit *G* excitabunt *S* || famem *RLKPVGSNM* : -men *Q* || frigusque *RLKPQVG SNM* : uel frigus *E edd.* || tolerent *RLKPVGSNM* : -rant *Q* || locis *codd.* : loci *edd.* || angustis *RLKPQVGSN* : -tus *M* -tiis *edd.* || annis *om.* *S*[1] || debebimus *RLPQVGSNM* : debebunt *K* || robur *QVGSNM* : robor *RLKP* copiam *Pol.* || infundant *RLKPQVGSNM*[2] : -dent *M*[1] || **6**. initio *codd.* : in initio *Iens.* || bima *RLKPQVGS*[2]*NM* : bina *S*[1] || suboles *RLKPQVGSN* : sub soles *M* || equarum *RKPQVGSNM* : earum *L* || tactus *RLKPQGSNM* : -tos *V* || defendantur *RKPQVGSNM* : -datur *L* || bonae *RLPQVGSNM* : boni *K* || alacritas om. *K* || **7**. bimae *RLKPQVGSN* : binae *M* || et *ante* exigui *ins.* *M* || cetera *RLKPVGS NM* : ceteri *Q* caeteri qui *Iens.* || ex incitata *KSNM* : in excitata *LPV*[2]*G* excitata *V*[1] incitate *R*.

vants : à deux ans et demi les dents supérieures du milieu (= les incisives) tombent ; à quatre ans les canines changent ; avant la sixième année les molaires supérieures tombent ; la sixième année,<le cheval> a <par l'usure > donné la taille des premières tombées à celles qui les ont remplacées ; la septième année, toutes ses dents ont achevé leur croissance. A partir de ce moment, les indices de l'âge font défaut, mais chez les sujets assez vieux les tempes commencent à se creuser, les sourcils à blanchir et les dents à devenir la plupart du temps saillantes.C'est ce mois ci que nous devons châtrer tous les quadrupèdes, principalement les chevaux.

XIV. LES MULETS ET LES ÂNES

Si l'on veut créer une race de mulets, on doit choisir une jument de grande taille, aux os solides et de belle allure, en recherchant en elle non la rapidité mais la force. Pour cette saillie elle peut avoir de quatre à dix ans. Si l'âne qu'on lui amène n'apprécie pas une jument, on lui présente d'abord une ânesse, jusqu'à ce que son désir soit éveillé, puis on la lui retire, et alors son désir excité ne dédaignera plus la jument : séduit par les attraits d'une femelle de son espèce, il acceptera de s'accoupler avec celle d'une autre espèce. **2**. S'il se met en fureur et mord les femelles qu'on lui présente, il faut l'adoucir en le faisant un peu travailler. On obtient <aussi> des mulets à partir d'un cheval et d'une ânesse ou d'un onagre et d'une jument, mais la meilleure espèce est celle qui est procréée par un âne, encore que de bons étalons puissent naître d'un onagre et d'une ânesse, dont l'agilité et la force se transmettent à leur postérité. **3**. Cependant, pour

consideratio talis est : bimo et sex mensum dentes medii superiores cadunt ; quadrimo canini mutantur ; infra sextum annum molares superiores cadunt ; sexto anno quos primo mutauit exaequat ; septimo anno omnes dentes eius explentur. Latent abhinc aetatis notae ; sed prouectioribus tempora cauari incipiunt, supercilia canescere, dentes plerumque prominere. Hoc mense omnia quadrupedia, maxime equos, castrare debemus.

XIV. DE MVLIS ET ASINIS

Si quem mulorum genus creare delectat, equam magni corporis, solidis ossibus et forma egregia debet eligere, in qua non uelocitatem, sed robur exquirat. Aetas a quadrima usque in decennem huic admissurae iusta conueniet. Si asinus equam fastidit admissus, ostensam prius asinam, donec coeundi uoluptas sollicitetur, adhibemus ; quo subducta equam libido incitata non spernet, et raptus inlecebris generis sui in permixtionem consentiet alieni. **2**. Si morsu furens laedit obiectas, aliquatenus labore mitescat. Creantur <et> ex equo et asina uel onagro et equa, sed generosius nullum est huiusmodi animal quam quod asino creante nascetur. Vtiles tamen admissarii nascentur ex onagro et asina, qui post in subole secutura

8. mensum *RLK¹PQVNM Rodg.* : mensium *K²GS Schmitt* || superiores *om. Pol.* || quadrimo *RLKPQVGSN* : quadri *M* || mutauit *KSM* : -bit *RLPQVGN* || notae *RKPQVGNS²* : nocte *LS¹* || cauari *RLKPQV GNS²M* : cururari *S¹* || quadrupedia *RLK²PQVGSNM* : quadrupe *K¹* || equos *RLKPQVSN* : eques *G* quod *M*.

XIV. quem *RKPQVSNM* : quidem *LG* || in qua *om R¹* || robur *QVSNM* : robor *RLKP* || huic… conueniet *om. Pol.* || asinus *codd.* : uisam *Pol. Schn.* || qua *RLPQVGSNM* : quanta *K* || incitata *RLPQV GSNM* : -tam *K* || **2**. obiectas *RLKPQVSNM* : -to *G* || et *ante* ex *ins. Schmitt* || ex equo et asina *RLKPQVSNM* : ex equo et asino *Iens.* ex equa et asino *G Iuc. Comm. Ges. Schn.* || qui post *RKPQVGSNM* : quae est *L* || secutura *LKPQVGSNM* : secura *R*.

faire un bon étalon, un âne doit avoir le corps ample, solide et musclé, les membres serrés et robustes, le poil noir ou, de préférence, gris-souris ou roux. Si néanmoins il présente des poils de différentes couleurs aux paupières ou aux oreilles, le plus souvent sa postérité sera de poil mélangé. On ne doit pas le faire saillir avant trois ans ni après dix. **4**. Une mule doit être sevrée à un an et il faut la faire paître dans des montagnes rudes, afin que, rendue robuste dans son âge tendre, elle ne rechigne pas ensuite à la fatigue des trajets. Par ailleurs, un ânon est un auxiliaire indispensable du cultivateur, parce qu'il est endurant au travail et ne souffre presque pas du manque de soins.

XV. LES ABEILLES

Ce mois est par excellence celui où les abeilles tombent malades, car, au sortir de leur jeûne hivernal, elles se précipitent avec une excessive avidité sur les fleurs amères de l'euphorbe et de l'orme, qui viennent avant les autres, ce qui entraîne pour elles la diarrhée et la mort en l'absence de soins rapides. On leur donnera donc des grains de grenade broyés avec du vin Aminée ou de raisins séchés au soleil avec du jus de sumac[1] et du vin aigre ou bien les deux ensemble, réduits en poudre et cuits dans du vin âpre. Ensuite on leur présentera cette mixture, une fois refroidie, dans des canaux de bois. On fait aussi bouillir du romarin dans de l'hydromel et, après refroidissement, on met le jus ainsi obtenu dans une tuile. **2**. Si l'on constate que, hérissées et contractées, elles restent engourdies et silencieuses et sortent souvent de la

agilitatem fortitudinemque restituant. **3**. Admissarius tamen asinus sit huiusmodi : corpore amplo, solido, musculoso, strictis et fortibus membris, nigri uel murini maxime coloris aut robei. Qui tamen, si discolores pilos in palpebris aut auribus geret, colorem subolis plerumque uariabit. Minor trimo, maior decenni non debet admitti. **4**. Annicula mula debet a matre depelli et per montes asperos pasci, ut itineris laborem in tenera aetate solidata comtemnat. Minor uero asellus maxime agro necesssarius est, qui et laborem tolerat et neglegentiam propemodum non recusat.

XV. DE APIBVS

Hoc mense maxime apibus solet morbus incumbere. Nam post hiberna ieiunia tithymalli et ulmi amaris floribus, qui prius nascuntur, auidius adpetitis, solutionem uentris incurrent et pereunt, nisi adfueris uelocitate remedii. Praebebis ergo mali granati cum uino Amineo grana contrita uel uuae passae cum rore Syriaco et austeri uino uel simul omnia leuigata et incocta uino aspero. Quae deinde in ligneis canalibus refrigerata ponantur. Item rosmarinus aqua mulsa decoctus congelatur et in imbrice ponitur sucus huiusmodi. **2**. Quod si horridae uidentur atque contractae torpere silentio et mortuarum corpora

agilitatem *RLPQVGSNM* : -te *K* ‖ fortitudinemque *RLKPQVSNM* : et fortitudinem *G* ‖ **3**. murini *RLKPVGSNM* : muniri *Q* ‖ robei *RLKP Rodg.* : rubei *GSNM Schmitt* ‖ auribus *RLKPQVGS²NM* : naribus *S¹* ‖ geret *LKPQVGNM* : generet *S* ‖ subolis *RLKPQVGSN* : bubolis *M* ‖ admitti… debet *om. S* ‖ **4**. solidata *RKPQVGSNM* : -te *L* ‖ minor *RLK PQGSNM* : maxime *V* ‖ agro *RLKPQVSNM* : aratro *G* ‖ qui *om. Iens.*

XV. pereunt *codd.* : intereunt *Pol.* ‖ praebebis *RLKPQVSNM* : implebis *G* ‖ passae *RLKPQVGSN* : pasre *M* ‖ rore *RKPQVGSNM* : rosae *L* ‖ syriaco *RLKPQVGSN* : syra- *M* ‖ austeri *RPKLSNM Rodgers Martin* : -ro *G Schmitt Guiraud* ‖ in *om. K* ‖ canalibus *codd.* : uasculis *Pol.*

ruche des cadavres d'abeilles, il faudra y verser avec des teyaux en roseau du miel cuit avec une poudre de noix de galle ou de roses sèches. Il faudra avant tout, s'il y a dans la ruche des parties de rayons pourries ou des alvéoles vides que l'essaim, réduit par quelque accident à un trop petit nombre, n'est pas capable de remplir, les couper toujours avec des instruments de fer bien aiguisés, avec suffisamment d'adresse pour que l'ébranlement du reste des rayons ne pousse pas les abeilles à déserter leur domicile ainsi secoué. **3**. Les abeilles ont souvent à souffrir de leur propre prospérité. En effet, si l'année produit une excessive abondance de fleurs, elles ne pensent plus qu'à fabriquer du miel et en oublient de procréer, de sorte que leur population, non renouvelée et épuisée par le travail, s'éteint et en arrive à une complète disparition. C'est pourquoi, lorsqu'on constatera qu'une abondante et continuelle moisson de fleurs produit une trop grande quantité de miel, on empêchera les abeilles de sortir en bouchant l'ouverture de la ruche un jour sur trois. Ainsi elles s'occuperont de la procréation. **4**. C'est maintenant, à l'approche du premier avril, qu'il faut curer les ruches, en retirant les saletés et les ordures qui s'y sont amassées durant l'hiver, ainsi que les vermisseaux, les teignes et les araignées qui encombrent les rayons, et les papillons, dont les excréments font naître les vermisseaux. On les enfume alors en faisant brûler de la bouse de vache sèche, ce qui est excellent pour la santé des abeilles. Cette opération doit être renouvelée à plusieurs reprises jusqu'à l'automne. Pour exécuter ces travaux et tous les autres, il faut être chaste et sobre, éviter les bains, s'abstenir de manger des mets acres et à l'odeur forte ainsi que toute espèce de salaisons[2].

frequenter efferre, canalibus ex canna factis mel cum gallae puluere uel siccae rosae coctum debebis infundere. Illud ante omnia expediet ut putres partes fauorum uel uacuas ceras, quas aliquo casu examen ad paucitatem redactum non ualebit inplere, semper recidas acutissimis ferramentis subtiliter, ne mota alia pars fauorum cogat apes domicilia concussa deserere. **3**. Nocet apibus plerumque felicitas sua. Nam si nimiis floribus annus exuberat, dum solam curam gerendi mellis exercent, de prole nil cogitant ; cuius omissa reparatione, populus idem labore confectus extinguitur totius gentis exitio. Itaque cum mellis nimietatem uideris ex florum grandi et continua messe defluere, interiectis ternis diebus clauso foramine non eas patiaris exire. Ita ad generandam subolem conferentur. **4**. Nunc circa Kalendas Apriles curandi sunt aluei, ut omnia purgamenta tollantur et sordes quas tempus contraxit hibernum et uermiculi et tineae et araneae, quibus corrumpitur usus fauorum et papiliones, qui uermiculos stercore suo faciunt nasci. Tunc fumus incensi sicci bubuli stercoris adhibeatur, qui aptus est apium saluti. Quae purgatio frequenter usque in autumni tempora celebretur. Haec omnia ceteraque efficies castus et sobrius et alienus a balneis uel a cibis acribus et odoris inmundi atque omnibus salsamentis.

2. efferre *RLPQVSNM* : off- *KG* ‖ semper *om.* S^1 ‖ **3**. felicitas *RLK²PQVGSNM* : facilita K^1 ‖ nimiis *RL²KPQVSNM* : nimius L^1 nimis *G* ‖ exuberat *R²LPQVGSNM* : -ret R^1 ‖ gerendi *RLKPGS* : generandis V^1 generandi *V²M* ‖ continua messe *QVGSN* : continuam esse *RLKPM* ‖ **4**. uermiculi *R²LKPQVGSNM* : -lae R^1 ‖ tineae *RKPQV GSNM* : tinae *L* ‖ fumus *V²SNM* : fimus *RLKPV¹G* ‖ celebretur *codd.* : -bratur *Iens.* ‖ alienus *RKPQVGSNM* : alineus *L* ‖ a balneis *codd.* : ab alliis *coni. Schn.* ‖ uel a *codd.* : et *Schn.*

XVI. LES HEURES

Pour l'indication des heures, ce mois ci s'accorde avec le mois d'octobre.

Première heure :	vingt cinq pieds <d'ombre>
Deuxième heure :	quinze pieds
Troisième heure :	onze pieds
Quatrième heure :	huit pieds
Cinquième heure :	six pieds
Sixième heure :	cinq pieds
Septième heure :	huit pieds
Neuvième heure :	onze pieds
Dixième heure :	quinze pieds
Onzième heure :	vingt-cinq pieds.

XVI. DE HORIS

Hic mensis ad deprehendendas horas consentit Octobri.

Hora I	pedes XXV
Hora II	pedes XV
Hora III	pedes XI
Hora IV	pedes XIII
Hora V	pedes VI
Hora VI	pedes V
Hora VII	pedes VI
Hora VIII	pedes VIII
Hora IX	pedes XI
Hora X	pedes XV
Hora XI	pedes XXV

XVI. deprehendendas *RPQVGSNM* : deprehendas *LK* ‖ consentit *GS Schmitt* : -sit *RLKPMN Rodg*.

LIVRE V

MOIS D'AVRIL

I. Semailles et culture de la luzerne.

II. Greffe de l'olivier et de l'olivier sauvage ; bêchage des vignes et des pépinières ; greffe des vignes et labourage des terrains humides et gras.

III. Les jardins : à ce sujet les choux, également le céleri, l'arroche, le basilic avec les instructions les concernant, également le melon, le concombre, le poireau, le câpre, le serpolet, la colocase, les laitues, la bette, les oignons, le coriandre, les endives, les courges et la menthe.

IV. Les fruits : à ce sujet le jujubier avec les instructions le concernant et les autres fruits dont la culture a été décrite dans les mois correspondants.

V. L'huile et le vin de violette.

VI. Les troupeaux : à ce sujet l'élevage des veaux, la tonte et le marquage.

VII. Les abeilles : à ce sujet la recherche des abeilles et le nettoyage des ruches.

VIII. Les heures.

LIBRO V CONTINETVR

MENSIS APRILIS

I. medica *RKPQVGSNM* : -cina *L*.

II. oleo *om*. *G* || et *om*. *K*.

III. : colocasio *LKPSNM Rodg*. : collocasio *R*[1] colocasia *R*[2]*Q Iens*., *fort*. *recte* colocaseo *Schmitt* || lactucis *RLKPVGSNM* : latacis *Q* || beta *SM* : betae *RLKPG* bete *Q* || cucurbitis *RLPQVGSNM* : cocurbit *K* || ac menta *om*. *S*[1].

IV. zizypho *ego* : zizyfa *RPQ Rodg*. zyzyfa *L*. zizifa *GSVM Schn*.

VI. de tonsuris et signaturis *om*. *G*

VII. uestigandis *RKPQVGSNM* : uist- *L* || aluеariis *om*. *G*.

LIVRE CINQUIÈME

LE MOIS D'AVRIL

I. SEMAILLES ET CULTURE DE LA LUZERNE

C'est ce mois-ci que, sur des planches préparées d'avance comme nous l'avons indiqué[1], il faut semer la luzerne, qui, une fois semée, dure dix ans et peut être fauchée de quatre à six fois par an. Elle fume le terrain, engraisse les animaux maigres et guérit ceux qui sont malades. Un jugère de cette plante suffit largement à nourrir trois chevaux durant toute une année. Un cyathe de graine permet d'ensemencer une surface large de cinq pieds et longue de dix. **2.** Mais il faut aussitôt recouvrir les semences de terre avec des râteaux en bois, parce que le soleil a tôt fait de les brûler. Après les semailles, l'endroit ne doit pas être touché par le fer, mais fréquemment débarrassé des mauvaises herbes au moyen de râteaux en bois, afin qu'elles n'étouffent pas la luzerne encore tendre. **3.** Sa première coupe doit intervenir assez tard, pour lui laisser le temps de répandre un peu sa

LIBER QVINTUS

SIVE

MENSIS APRILIS

I. DE MEDICA SERENDA ET DISCIPLINA EIVS

Hoc mense in areis quas ante sicut diximus praeparasti medica serenda est. Quae semel seritur et decem annis permanet, ita ut quater uel sexies possit per annum recidi. Agrum stercorat, macra animalia reficit, curat aegrota. Iugerum eius toto anno tribus equis abunde sufficit. Singuli cyathi seminis occupant locum latum pedibus quinque, longum pedibus decem. **2**. Sed mox ligneis rastellis obruantur iacta semina, quia sole citius conburuntur. Post sationem ferro locum tangi non licet, sed rastris ligneis frequenter herba mundetur, ne teneram medicam premat. **3**. Prima messis eius tardius fiat, ut aliquantum semen excutiat. Ceterae uero messes quam uolueris cito

I. *Tit. om. K* || in areis *RLKPQVSNM* : inartis *G* || praeparasti *RLK PQVGSN* : -rari *M Pol.* || medica *RKPQGSNM* : -cina *L* || semel *codd.* : simul *Iens.* || et *om. E edd.* || in *ante* decem *ins. L* || unum *ante* annum *ins. K* || cyathi *edd. Schmitt* : cyati *M* quiati *RLKPQVS*[1] *Rodg.* uel ciati *S*[2] *in marg.* quanti *G* || seminis *RLPQVGSNM* : -nibus *K* || **2**. sole *om. Q* || conburuntur *RLKPQVG*[2]*SNM* : -rantur *G*[1] || ferro *RLK*[2]*PQVSNM* : ferrum *K*[1] sero *G* || licet *RLK*[2]*PQVGSNM* : loco *K*[1] || premat *R*[2]*LKPQVGSNM* : premet *R*[1] || **3**. messis *RKPQGSN* : mensis *LVM* || fiat *codd.* fiet *edd.*

graine. Par la suite on pourra aussi rapidement qu'on voudra la récolter et la donner aux bêtes. Mais il faut commencer par ne leur donner qu'avec modération ce fourrage quand il est nouveau, car il les gonfle et fabrique du sang en abondance. Après la coupe, arrosez fréquemment, et arrachez toutes les mauvaises herbes quelques jours après la reprise de la pousse : cela permettra d'obtenir six récoltes par an et assurera à la luzerne une durée de dix années consécutives.

II. GREFFE DE L'OLIVIER ET AUTRES OPÉRATIONS

C'est maintenant qu'il faut greffer l'olivier dans les régions tempérées. Cette greffe se pratique à l'intérieur de l'écorce comme pour les arbres fruitiers, ainsi qu'il a été dit plus haut[1]. Mais pour pratiquer une greffe sur olivier sauvage, afin de lutter contre le fait que d'une oliveraie greffée et accidentellement brûlée renaissent des oliviers sauvages improductifs, il faut procéder de la façon suivante : après avoir placé des branches d'olivier sauvage dans la fosse où nous nous proposons de les greffer, nous remplirons les fosses de terres jusqu'à moitié. **2**. Lorsque l'olivier sauvage aura pris, nous grefferons dans le fond ou bien nous mettrons en terre une branche déjà greffée et nous nourrirons la greffe un peu au-dessous du niveau du sol. Puis nous rajouterons de la terre à plusieurs reprises, au fur et à mesure de la croissance. Ainsi, du fait que la commissure se trouvera cachée en profondeur, on pourra brûler ou couper les arbres sans les empêcher de repousser, et cette greffe retiendra de l'olivier la claire faculté de se régénérer et de l'union avec l'olivier sauvage le don caché de la vigueur. **3**. Certains cultivateurs greffent les oliviers dans la racine et les déterrent une fois qu'ils ont pris avec une partie de la racine pour les transférer comme des plants. Les Grecs recommandent de greffer les oliviers depuis le huitième

peragantur et iumentis praebeantur. Sed primo parcius praebenda est nouitas pabuli. Inflat enim et multum sanguinem creat. Vbi secueris, saepius riga. Post paucos dies, cum fruticare coeperit, omnes alias herbas runcato. Ita et sexies per annum metes et annis decem poterit manere continuis.

II. DE INSERENDA OLEA ET CETERA

Nunc locis temperatis oliua inseratur. Quae inseritur inter corticem more pomorum, sicut supra dictum est. Sed ut oleastro inseras, contra illud quod ex oliueto insito et casu incenso renascitur oleaster infelix, sic prouidendum est : positis prius oleastri bracchiis in scrobe in qua disponemus inserere, scrobes ita replebimus ut mediae uacuae sint. **2**. Cum conprehenderit oleaster, inseremus in infimo uel insitum ponemus, et insitionem prope infra terram nutriemus. Deinde, sicut adolescit, terram subinde colligemus. Ita commissura in profundo latente, quisquis uret aut caedet oliuae locum non auferet pullulandi ; quae et apertam redeundi felicitatem de olea et occultam ualendi feracitatem de oleastri connexione retinebit. **3**. Aliqui oleas in radicibus inserunt et, ubi conprehenderint, cum aliqua parte radicis auellunt et transferunt more plantarum. Graeci oleas ab octauo Kalendarum Aprilium

secueris *RLKPQVGS²NM* : securis *S¹* serius *Pol.* || fruticare *KS²M* : fructicare *P* fructificare *RLGS¹* || runcato *codd.* : truncato *Iens.* || metes *Schmitt* : -tis *codd. Schn. Rodg.* || poterit *RKPQVGSNM* : potuit *L.*

II. et cetera *om. E Iens. Iuc. Comm.* || inseratur *RLKPQVGS²NM* : inseritum *S¹* || quod *RLKPVGSNM* : quo *Q* || renascitur *RLKPQ VGS²NM* : -cuntur *S¹* || oleaster *RLKQGSNM* : -tro *V* || **2**. latente *RLKPQGSNM* : -tem *V* || uret aut caedet *Schmitt* : urit aut caedit *codd. edd. Rodg.* || auferet *LKPQSNM* : auferret *R* adferet *V* aufert G *edd.* || pullulandi *RLKPQGSNM* : pillulandique *V* || de olea feracitatem *om. GM* || occultam *RKQVGSNM* : -ta *L* || **3**. aliqui *RLKPQVSNM* : aliquin *G* || octauo *R²LKQVSNM* : octabo *R¹* octano *G* a nono *Pol.* || kalendarum aprilium *codd.* : kalendas (*uel* calendas) apriles *edd.*

jour avant les calendes d'avril jusqu'au troisième des nones de juillet, en commençant plus tard dans les pays froids et plus tôt dans les pays chauds. Là où il fait très froid, c'est ce mois ci, avant les ides, qu'il faut achever le bêchage des vignes et terminer les travaux qui ne l'auront pas été au mois de mars. On greffe également les vignes. **4**. Il faut débarrasser des mauvaises herbes les pépinières constituées antérieurement, et y procéder à un bêchage léger. C'est maintenant qu'on sème le millet et le panic dans les lieux moyennement secs. C'est ce mois-ci, après les ides, qu'on doit donner le premier labour aux terrains plats et gras, aussi qu'aux champs qui retiennent longtemps l'eau, à un moment ou toutes les herbes y ont poussé et ou la maturité n'a pas encore affermi leurs graines.

III. LES JARDINS

C'est à la fin de ce mois également, et lorsque le printemps est presque fini, que nous pouvons semer le chou. Celui-ci est destiné à monter, car il n'est plus temps de le faire pommer.[1] L'ache se sème bien maintenant, tant dans les pays chauds que dans les pays froids, et dans n'importe quelle terre, à condition qu'elle ne manque jamais d'eau, encore qu'elle ne refuse pas de pousser, si besoin est, même en terrain sec, et qu'elle se sème pratiquement tous les mois, depuis le début du printemps jusqu'à la fin de l'automne. **2**. À la même famille appar-

die usque in terti*um* Nonas Iulias inseri debere praecipiunt, ita ut locis frigidis serius, calidis maturius inserantur. Locis frigidissimis nunc uinearum fossio ante Idus peragenda est et si qua de Martio mense restabunt. Vites quoque inserimus. **4**. Seminaria quae sunt ante facta herbis liberentur et leuiter circumfodiantur. Nunc locis mediocriter siccis milium serimus et panicum. Hoc mense pingues campi et agri qui diu aquam tenent proscindantur post Idus, cum et omnes herbas protulerunt et earum semina nondum maturitate firmata sunt.

III. DE HORTIS

Hoc etiam mense ultimo et prope uere transacto brassicam serere possumus. Quae cauli seruiet, quia *c*ymae tempus amisit. Nunc apium bene seritur locis calidis et frigidis terra qua uolueris, dum modo ibi umor adsiduus est, quamuis nasci, si necesse fuerit, et in siccitate non deneget ; et propre omnibus mensibus a primo uere ad autumnum seratur extremum. **2**. Ex ipsius genere est hip-

tertium *edd. Martin* : terciam *G* tertio *RLKPQVSNM Schmitt Rodg. Guiraud fort. recte (cf. Pall. 11, 1, 1* usque ad sexto *RLKPQVNS, sed* ad sextum *GM).* || ut *codd.* : in *Iens.* || inserantur *NM edd. Schmitt* : -ratur *RLKPQGS Rodg.* || qua *RLKPQVSNM* : quae *G* || restabunt *S Schn. Rodg.* (*conf.* habebunt *in 3, 23, 2)* : -tabant *RLKPGM* -tant *Schmitt* || **4**. leuiter *codd* : leniter *Ges. Schn.* || serimus *RLKPGSM Schmitt Martin* seremus *E Schn. Rodg. (qui scribit in app. « rythmi causa, sed fort. audacius recepi ») Guiraud* || panicum *RLKPQVG SNM* : panicium *E* panitium *Schn.* || tenent *RLKPQVGSN* : terreant *M* || proscindantur *codd.* : -duntur *Iens.* || protulerunt *RLKPVGNM* : -rint *QSE Iuc. Comm. Ges.*

III. uere *RKPQVGSNM* : uero *L* || brassicam *RLPQVGSN* : brasicam *K* brassica *M* || cymae *Schn. Schmitt Martin* : quimae *PVGS*[1]*NM Iens. Rodg. Guiraud* : id est cimae *add. S*[2] quine *LQ* || amisit *RKP QVGSNM* : admisit *L* || nunc *RLKPQVSNM* : tunc *G* || ibi *RLPQVGSN edd. Rodg.* : ubi *KM Schmitt* || deneget *RLKPQGSNM :* degeneret *V* || **2**. ex *RLPQVSNM* : et *K* in *G*.

tient le maceron, plus dur toutefois et plus amer, et l'ache des marais[2], à la feuille molle et à la tige tendre, qui pousse dans les marécages, et le persil, qui pousse surtout en terrain raboteux. On peut avoir toutes ces espèces si l'on sait en prendre soin. L'ache deviendra plus grande si vous enfermez dans un linge clair autant de graines qu'on peut en prendre avec trois doigts, et si vous les enfouissez dans une fosse peu profonde. En effet les germes de toutes ses graines se noueront ensemble pour donner une unique tête d'une grande solidité. Elle sera frisée si les graines sont préalablement battues, ou si l'on passe un rouleau sur les planches au moment de la première pousse, ou si on les foule aux pieds une fois levées. Les vieilles graines d'ache germent plus tôt, les nouvelles plus tard. **3**. On sèmera ce mois-ci aussi l'arroche[3], à condition de pouvoir arroser, ainsi qu'en juillet et les mois suivants jusqu'à l'automne. Il lui faut constamment de l'eau en abondance. Sa graine doit être recouverte de terre aussitôt semée et il faut procéder à un désherbage fréquent. Bien qu'il ne soit pas nécessaire de la transplanter lorsqu'elle est bien semée, sa croissance peut se faire mieux si elle est semée clair et si elle bénéficie de fumier et d'eau. Mais il faut toujours la couper avec un outil en fer, car alors elle ne cesse de repousser. **4**. C'est maintenant qu'on sème le basilic. On dit qu'il pousse vite si on l'arrose d'eau chaude aussitôt semé. Martialis affirme à son propos une chose étonnante, à savoir qu'il donne des fleurs tantôt pourpres, tantôt blanches tantôt franchement rouges et que si sa graine est semée plusieurs fois, elle se transforme tantôt en serpolet tantôt en sisymbre[4]. **5**. C'est encore ce mois ci qu'on sème les melons, les concombres et le poireau, et que l'on plante,

poselinon, durius tamen et austerius, et heleoselinon molli folio et caule tenero quod nascitur in lacunis, et petroselinon maxime locis asperis. Haec omnia genera possunt habere diligentes. Apios maiores facies, si semen quantum tribus digitis conprehendi potest linteolo clauseris rariore et breui fossa obrueris. Ita omnium seminum germen capitis unius soliditate nectetur. Crispi fiunt, si semina ante tundantur uel si super areas nascentes aliqua pondera uolutentur aut pedibus proculcentur enata. Apii semina uetustiora citius nascuntur, quae nouella sunt, serius. **3**. Hoc mense atriplicem seremus, si rigare poterimus, et Iulio uel ceteris usque ad autumnum mensibus. Amat adsiduo umore satiari. Semen statim, cum spargitur, obruendum est ; herbae ei subinde uellantur. Transferri etsi necessarium non est cum bene seritur, tamen potest melius adolescere, si spatio rariore pangatur et iuuetur suco laetaminis et umoris. Ferro tamen semper est recidendum, quia ita pullulare non cessat. **4**. Nunc ocimum seritur. Cito nasci dicitur, si statim cum seueris, aqua calida perfundas. Rem miram de ocimo Martialis adfirmat, quod modo purpureos modo albos flores modo russeos pariat et, si ex eo semine frequenter seratur, modo in serpyllum modo in sisymbrium mutetur. **5**. Hoc etiam mense melones et cucumeres seruntur et porrus et

ipposelinon : -rinon *P* || heleosolinon *Schmitt* : eleoselinon *RLP Rodg.* oleoselinon *KGS* oleosolinon *Q* leoselinon *Pol.* helioselion *Schn.* || molli… petroselinon *om. G.* || caule *codd.* : calide *Pol.* || nascentes *RLKPQVSNM* : acentes *G* || enata *RLKPQVGSN* : ren- *M* || **3**. et *om. Iens.* || uel *om. Iens.* || etsi V^2M : et $RLPQV^1$ ei *S om. G edd.* || recidendum *RLKPQVSNM* : -dus *G* rescidendum *Iens. Iuc.* || quia *QSM* : qui *RLKPVGN* || pullulare *RLKPQVGSN* : pullare *M* || **4**. cito *RLP QVGSNM* : citius *K* || martialis *RKPQVGSNM* : marcialis *L* || purpureos *RPQVGSNM* : purpor- *K* || russeos RKV^2GM : ruseus *L* rosseos *P* roseos V^1SE *edd.* || si *GSNM* : sic *RLKP* || eo *RLKQVSNM* : eodem *G* || sisymbrium *K* : sisimbrium *GSM Iuc.* sisibrum *RLPQV Iens.* || **5**. porrus *RLKPQV* : porrum *GSNM*.

au début du mois, le câprier, le serpolet et la colocase et que l'on sème les laitues, les bettes, les ciboulettes et la coriandre, ainsi que la chicorée pour la seconde fois, en vue de la consommation estivale, les courges et la menthe en racine ou en pied.

IV. LES ARBRES FRUITIERS

LE JUJUBIER. Dans les pays chauds, c'est au mois d'avril qu'on mettra en terre le jujubier, et en mai ou en juin dans les pays froids. Il aime les endroits chauds et ensoleillés. On peut mettre en terre le noyau ou bien planter en bouture ou en pied. Sa croissance est très lente. En tout cas, si on le plante en pied, il vaut mieux le faire en mars dans une terre molle ; si on met le noyau en terre, il faut en placer trois ensemble, la pointe en bas, dans un trou profond d'une paume. Il faut leur mettre du fumier et de la cendre tant au fond qu'à la surface, puis, lorsque la plante sort de terre, arracher manuellement les herbes qui croissent en même temps qu'elle. **2.** Quand elle a atteint la grosseur d'un pouce, il faut la transplanter dans un terrain façonné à la houe ou dans une fosse. Il lui faut une terre qui ne soit pas trop riche, mais plutôt légère et maigre. Il est bon d'entasser durant l'hiver des pierres autour de son tronc, mais il faut les enlever en été. **3.** Si cet arbre prend un aspect triste, on l'égaiera en le raclant avec une étrille en fer ou en versant fréquemment,

in primordio capparis et serpyllum et colocasei plantaria ponemus, et lactucas et betas et cepullas et coriandrum seremus, et intiba secunda satione, quibus utamur aestate, et cucurbitas et mentam radice uel planta.

IV. DE POMIS

ZIZYFVS. Locis calidis Aprili mense zizyfum conseremus, frigidis uero Maio uel Iunio. Amat loca calida, aprica. Seritur ossibus et stipite et planta. Crescit tardissime. Sed si plantam ponas, Martio magis terra molli, si ossibus seras, in scrobe palmari, ita ut terna grana per scrobem cacuminibus ponantur inuersis. Quibus in imo et in summo adfundatur laetamen et cinis, et herbis adnascentibus manu planta liberetur erumpens. **2**. Cum pollicis soliditati similis fuerit, transferatur in locum pastinatum uel in scrobem. Terram diligit non nimis laetam, sed proximam tenui atque ieiunae. Per hiemem prodest illi ut circa codicem lapidum cumulus adgeratur, qui aestate debet auferri. **3**. Si arbor haec tristis est, ferrea strigili subrasa hilarior fiet uel si fimum bubulum radicibus

colocasei *codd.* : -siae *edd.* || coriandrum *LKPGSNM Schmitt* : coliandrum *R Rodg.* || intiba *RLPVGSM Rodg* : intuba *Q* intyba *Schmitt* || planta *RKPQVGSNM* : -tam *L*.

IV. zizyfus *Guiraud* : zizyfa *RP Schmitt Rodg.* zyzyfa *LK²VG* zizifa *S* zyzafa *K¹* || zizyfum *S Schmitt Rodg.* zizifum *GM Com. Ges. Schn.* zyzyfum *RLKPQV* || conseremus *RLKPQVGSN* : seremus *M Pol.* || frigidis… Iunio *om. M* || frigidis *RKPQVGSNM* : fridis *L* || calida aprica *RLKPQVGSN* : aprica calida *M* || plantam *RLKPQ VGSN* : planta *M* || ponas *RLK²PQVGSNM* : ponamus *K¹* ponis *edd.* || seras *RKPQVGSNM* : seram *L* || terna *RLKP²QVGSNM* : terra *P¹* || et in summo *om. G* || **2**. soliditati *R²LKQVGSN* : solidati *R¹PM* || diligit *RLPQVGSNM* : digit *K* || prodest *KPQVGSNM* : prode est *RL* || codicem *RLKPQGSNM* : corticem *V* || lapidum *RKPQVGSNM* : -dem *L* || cumulus *RKPQVGSNM* : -lis *L* || adgeratur *codd.* : ageratur *edd.* || qui *GSNM* : quia *RLKPQ* || **3**. ferrea strigili *R²QVSNM* : ferre astrigili *R¹LKP* ferro astrigili *G*.

mais en petite quantité, de la bouse de vache sur ses racines. On cueille les jujubes mûres et on les conserve dans un récipient en terre cuite allongé, bouché et placé en lieu sec ; ou bien on les arrose aussitôt cueillies de gouttes de vin vieux, ce qui les empêche de s'enlaidir en prenant des rides. On les garde aussi coupées avec leurs branches ou bien enveloppées dans leurs feuilles et suspendues.[1]

4. Les arbres fruitiers qui se plantent en d'autres mois. Dans les pays tempérés on plante encore ce mois-ci les grenadiers, selon la méthode indiquée plus haut[2], et on les greffe. Aux environs des calendes de mai, on peut greffer le pêcher en écusson à la manière dont on écussonne le figuier et que nous avons indiquée en parlant de la greffe. On greffe ce mois-ci le citronnier dans les pays chauds, comme je l'ai expliqué ci-dessus. C'est maintenant que, dans les pays froids, on fera des plantations de figuiers suivant la méthode exposée ci-dessus. **5.** On doit aussi greffer maintenant le figuier dans le bois ou sous l'écorce, comme je l'ai prescrit précédemment[3], et l'enter en écusson dans les pays secs. Il faut planter maintenant, dans les régions ensoleillées et chaudes, les palmiers appelés *cephalones*. On pourra greffer ce mois-ci le sorbier, sur lui-même, sur le cognassier et sur l'aubépine.

V. L'HUILE ET LE VIN DE VIOLETTES

Vous mélangerez autant d'onces de violettes que de livres d'huile, et il faudra laisser le tout pendant quarante

modice et frequenter adfundas. Zizyfa collecta matura in longo uase fictili seruantur oblito et loco sicciore conposito ; uel recens lecta poma, si guttis uini ueteris perfundas, efficitur ne ea rugarum deformet adtractio. Seruantur etiam decisa cum ramis suis aut sua fronde inuoluta atque suspensa.

4. DE POMIS ALIORVM MENSVM. Hoc etiam mense locis temperatis mala granata ponuntur ea ratione qua dictum est, et inseruntur. Nunc circa Kalendas Maias persicus inoculari potest quo more inplastratur ficus, sicut diximus cum de insitione loqueremur. Hoc mense calidis locis citri arbor inseritur, sicut supra memoraui. Nunc locis frigidis fici plantaria disponemus, seruantes eam quae supra dicta est disciplinam. **5**. Nunc etiam ficum debemus inserere in ligno uel sub cortice, sicut ante praecepi, et eam locis siccis inoculare. Nunc palmarum planta, quam cefalonem uocamus, locis apricis et calidis est ponenda. Hoc mense sorbum poterimus inserere in se, in cydoneo, in spina alba.

V. DE OLEO ET VINO VIOLACIO

Tot uiolae uncias infundes quot olei libras miseris, et diebus quadraginta sub diuo habere debebis. Violae pur-

zizyfa *R Schmitt Rodg.* : zyzyfa *LKPQG* zyzifa *V* zizifa *Com. Ges. Schn.* ‖ recens *codd.* recenter *edd.* ‖ cum *RLPQVGSNM* : et *K* ‖ **4**. aliorum *LKPQVGSNM* : aliarum *R* ‖ mensum *RPQV Schmitt Rodg.* : mensium *SE Jens. Com.* mensuum *LK* ‖ mala *RLKPQVGNM* : malo *S* ‖ dictum *RLKPQVSNM* : -tu *G* ‖ nunc *codd.* : nam *edd.* ‖ loqueremur *RLPQVGSNM* : -retur *K* ‖ **5**. palmarum planta *RLKPQVG SNM* : palma palmarum *E* planta palmarum *edd.* ‖ quam *R*[2]*LK PQVSNM* : quem *R*[1] quae *G* ‖ cefalonem *RLKPQVGNM* : cephal- *SE edd.* ‖ alba *RKPQVGSNM* : abba *L*.

V. uiolacio *M Rodg.* : -atio *KG* -aceo *RLPS Schmitt* ‖ infundes *Schmitt* : -das *V*[2]*M Iens. Iuc. Rodg.*, *om. RLKPQV*[1]*GS Pol. Schn.* ‖ quot *RK*[2]*PQVGSNM* : quod *LK*[1] ‖ diuo *codd.* : dio *edd.*

jours en plein air. Il faudra verser, sur cinq livres de violettes débarrassées de toute humidité, dix setiers de vin vieux et au bout de trente jours y ajouter dix livres de miel.[1]

VI. LES TROUPEAUX

C'est généralement ce mois-ci qui naissent les veaux, dont les mères doivent recevoir du fourrage en abondance, afin de pouvoir remplir leur double fonction de travail et d'allaitement. Quant aux veaux, il faut leur donner, à titre d'adjuvant de la salivation, du millet grillé et moulu avec du lait. C'est maintenant qu'il faut dans les pays chauds tondre les brebis, et c'est ce mois-ci qu'il faut marquer les agneaux tardivement nés. C'est le moment de la première saillie des béliers, qui est la meilleure, et permet aux agneaux d'être déjà grands quand arrive l'hiver.

VII. LES ABEILLES

On cherchera ce mois-ci des abeilles dans les endroits appropriés. Du reste elles indiquent elles-mêmes les endroits propres au miel, si elles sont très nombreuses à butiner auprès des sources ; car si l'on n'en voit qu'un petit nombre, c'est que les lieux ne se prêtent pas à la production du miel. En tout cas, si elles sont nombreuses à venir boire, voici comment on peut découvrir l'emplacement des essaims. **2.** Il faut tout d'abord déterminer leur éloignement ou leur proximité ; on doit pour cela se munir d'un petit pot d'ocre liquide et observer les sources ou les eaux environnantes, puis marquer le dos des abeilles en train de boire au moyen d'une baguette trempée dans ce liquide et rester sur place. Si les abeilles mar-

gatae, ut de rore nil habeat, libras quinque uini ueteris decem sextariis debebis infundere et post triginta dies decem mellis ponderibus temperare.

VI. DE ARMENTIS

Hoc mense uituli nasci solent. Quorum matres abudantia pabuli iuuentur, ut sufficere possint tributo laboris et lactis. Ipsis autem uitulis tostum molitumque milium cum lacte misceatur saliuati more praebendum. Nunc locis calidis tondeantur oues et serotini fetus hoc mense signentur. Nunc prima est admissura, quae excellit, arietum, ut agnos iam maturos hibernum tempus inueniat.

VII. DE APIBVS

Hoc mense locis aptis apes quaeremus. Sed loca mellifica indicant apes, si circa fontes frequentissimae pascantur ; nam si rariores uidebuntur, in his locis mellificari utiliter non potest. Quod si frequentes aquantur, ubi sint examina earum hoc genere possumus inuenire. **2**. Ac primo quam longe sint exploremus aut proxime ; rubricam liquidam breui uasculo infusam geramus et obseruemus fontes aut aquas uicinas. Tunc dorsa apum biben-

nil *RPKLVNM* : nihil *GS* || habeat *codd.* : -ant *edd.* || decem sextariis *RLKQVGSN* : sextariis decem *M* || debebis *RKPQVGS²NM* : debemus *L* debes *S¹* || ponderibus *om. M*.

VI. hoc mense *RKPQVGSNM* : haec melle *L* || tostum *codd.* tritum *Pol.* || molitumque *RKPQVSNM* : mollitumque *G* inolitumque *L* || saliuati more (*uel* saliua timore *RLKPVSM* : saluati *Q* saliuatim ori *G* saluiatum ore *E* saluiati *Iens. Iuc* saliuari *Ges. Schn.* || quae excellit *om. Pol.*

VII. aptis *RLKPQVGSN* : apricis *M edd.* || potest *RLKPQVGSNM* : poterant *Pol.* || frequentes *LKPQVGSNM* : -ter *R* || **2**. aut proxime *om. Pol. Schn.* || rubricam *RLKPQVGSN* : -ca *M* || geramus *RLPQVG SNM* : genera- *K* || obseruemus *R²LKPQVGSNM* : obruemus *R¹*.

quées reviennent rapidement on saura que leur domicile n'est pas loin, et, dans le cas contraire, qu'il se trouve à une assez grande distance, que le temps qu'elles mettent à revenir permet d'évaluer. Si le nid est proche, on y parviendra facilement ; s'il est éloigné, on s'y fera conduire de la façon suivante. **3**. On coupera un morceau de roseau ayant un nœud à chaque extrémité et on y pratiquera une ouverture sur le côté. On introduira là un peu de miel ou de vin cuit et on placera le roseau auprès de la source. Lorsque les abeilles seront rassemblées auprès de lui et, guidées par l'odeur, y auront pénétré, on en bouchera l'ouverture avec le pouce et on ne laissera sortir qu'une seule abeille à la fois, dont on suivra le vol ; c'est elle qui vous indique la direction du nid. Lorsqu'on cessera de la voir, on en laissera sortir une autre et on la suivra. C'est ainsi que les abeilles, lâchées l'une après l'autre, vous font parvenir à l'emplacement de l'essaim. **4**. Il y a des gens qui placent près de l'eau un très petit pot de miel. Si une abeille le goûte en venant boire, puis regagne le pâturage commun, elle en attire d'autres, dont on suivra jusqu'à l'essaim la foule sans cesse croissante, après avoir noté dans quelle direction elles s'envolent. **5**. Si l'essaim se dissimule dans un trou, on l'en fera sortir en l'enfumant ; une fois sorti, on l'effraiera en faisant retentir du bronze jusqu'à ce qu'il s'accroche à un arbrisseau ou dans un endroit quelconque du bois, dont on

tium tang*amus* illo liquore tincta festucula atque ibidem moremur. Si cito reversae fuerint quas tinximus, hospitia earum proxima esse noscemus, si tarde, spatio longiore summota, quod pro mora temporis aestimamus. Ad proxima facile uenies ; ad longinqua hoc genere perduceris. **3**. Cannae unum internodium cum suis recides articuli et in latere aperies Ibi mel exiguum uel defritum mittes et iuxta fontem pones. Cum ad eum conuenerint apes atque ingressae fuerint post odorem, foramen pollice claudes adposito et unam tantum patieris exire. Cuius fugam persequere ; ea tibi partem demonstrat hospitii. Cum ipsam coeperis non uidere, alteram continuo dimittes et sequeris. Ita singulae subinde dimissae te faciunt usque ad locum examinis peruernire. **4**. Aliqui mellis breuissimum circa aquas uasculum ponunt, de quo cum apis aquand*o* gustauerit, ad commune pabulum pergens alias exhibebit, quarum frequentiam subinde crescentem, notata reuolantium parte, usque ad examina persequeris. **5**. Quod si est examen in spelunca reconditum, fumo eicietur et, cum exierit, aeris sonitu territum in frutice uel in aliqua siluae se parte suspendet et ita admoto uasculo recipietur. Si

tangamus *edd. Schmitt* : -gat *codd. Rodg.* ‖ festucula *G Schmitt* : fistucula *RLQVSNM Iens. Rodg.* fisticula *KP* ‖ aestimamus *codd.* : extimamus *Iens.* ‖ **3**. defritum *RLPQVG Rodg.* : defructum *S* defrictum *M* defrutum *Schmitt* ‖ mittes *Schn. Schmitt* : mittis *codd. Iens. Iuc. Rodg.* ‖ iuxta *RLKPQVGS²NM* : iusta *S¹* ‖ conuenerint *RKPVG* : cum uenerint *LQ* peruenerint *M* ad id peruenerint *Pol.* ‖ claudes *Schn. Schmitt* : claudis *codd. Iens. Iuc. Rodg.* ‖ adposito *om. S¹* ‖ ipsam *om. K* ‖ dimittes *Schn. Schmitt* : -tis *codd. Iens Iuc. Rodg.* ‖ dimissae *RLK PQVGS²NM* : demisae *S¹* ‖ faciunt *codd.* : -cient *edd.* : ‖ **4**. aquas *codd.* : aquam *edd.* ‖ apis *edd. Schmitt* : apes *(sg.) codd. Rodg., fort. recte* ‖ aquando *edd.* : -da *RLKPQVGNM* aquam de(gustauerit) *S* ‖ exhibebit *RLKPQVSNM* : exib- *G* ‖ frequentiam *RLKPQVGSN* : etiam *M* ‖ **5**. examen *om. M* ‖ fumo *V²SM* : fimo *RLKPV¹G* ‖ eicietur *RKQ VGSM* : iecietur *L* ‖ exierit *RLKQVGSNM* : exerit *P* ‖ suspendet *RL QVGSNM* : -dat *K*.

approchera un récipient pour l'y recueillir. S'il est dans la branche d'un arbre creux, cette branche, coupée des deux côtés au moyen d'une scie très tranchante, pourra, enveloppée dans un linge propre, être emportée et placée au milieu des ruches. **6**. C'est le matin qu'on se met à leur recherche, afin de disposer de toute la journée pour les suivre, car le soir, une fois leur travail terminé, il est rare qu'elles reviennent auprès de l'eau. Quant aux récipients destinés à les recevoir, il faut les frotter de citronnelle ou d'herbes odorantes et les arroser d'un peu de miel. Si l'opération est faite au printemps et si l'on place aux alentours des sources des ruches badigeonnées de la sorte dans les endroits où il y a beaucoup d'abeilles, ces ruches en attireront directement un grand nombre, à condition qu'elles puissent être protégées des voleurs. **7**. C'est ce mois-ci également qu'il faut, comme je l'ai dit plus haut, nettoyer les ruches et tuer les papillons, qui sont particulièrement nombreux lorsque les mauves sont en fleurs. On les attrapera de la façon suivante : on placera le soir entre les ruches un vase de bronze semblable à un vase milliaire, c'est-à-dire profond et étroit, dans le fond duquel il faut mettre une lumière. Les papillons s'y rassembleront, voltigeront autour de la lumière et l'étroitesse du vase les condamnera à mourir pour s'être trop approchés du feu.

VIII. LES HEURES

Les heures de ce mois-ci s'accordent avec celles du mois de septembre de la façon suivante.

Première heure :	vingt-quatre pieds <d'ombre>
Deuxième heure :	quatorze pieds

uero in cauae arboris ramo fuerit, acutissima serra idem ramus supra infraque decisus et munda ueste coopertus poterit adferri et inter aluearia conlocari. **6**. Vestigantur autem mane, ut tota dies sufficiat ad sequendum. Nam uespere, peracto opere, ad aquas plerumque non redeunt. Vasa autem quibus recipiuntur perfricanda sunt citreagine uel herbis suauibus et conspargenda imbre mellis exigui. Quod si uerno fiat et circa fontes aluearia sic tincta ponantur, locis quibus apum frequentia est multitudinem sibi sponte conducent, si tamen seruari a furibus possint. **7**. Hoc etiam mense, sicut supra, purganda sunt aluearia sordibus et necandi papiliones, qui maxime abundant florentibus maluis. Quos hoc genere intercipiemus : uas aereum miliario simile, id est altum et angustum, uespere inter aluearia conlocemus et in fundo eius ponamus lumen accensum. Illuc papiliones conuenient et circa lumen uolitabunt et angustia uasculi ab igne proximo interire cogentur.

VIII. DE HORIS

Huius mensis horae horis mensis Septembris aequantur hoc genere :

Hora I	pedes XXIV
Hora II	pedes XIV

adferri *RLQVGSNM* : -re *K* || **6**. tota *RLQVSNM* : toto *G* || dies *SM* : die *RLKPVG* || sequendum *codd.* : querendum *Pol.* || aquas *codd.* : aquam *edd.* || quibus *codd.* : cum quibus *Pol.* || perfricanda *RLKQVGSN* : -ganda *M* || citreagine *RLKQVGNM* : citirag- *S* || conspargenda *RLKQVM* : conspergenda *GS* || mellis exigui *codd.* : exiguo melle *Pol.* || sic *RKQVGSNM* : si *L* || tincta *LKQVGSNM* : tanta *R* || frequentia *RLKQ*V^2*GSNM* : -ti V^1 || sibi *RLKQVGSN* : si *M* || a furibus *RLQVGSNM* : asuribus *K* || possint *RLKV*G^2*SNM* : possunt G^1*E edd.* || **7**. purganda *RLQVGSNM* : -gata *K* || illuc *RLKVGSNM* : illud *Q* || uolitabunt *RKQVGSNM* : -bant *L* || igne *RLKQVSNM* : igni *G* || cogentur *RLQVGSNM* : cogetur *K*.

VIII. septembris *RLKQGSNM* : -bri *V*.

Troisième heure :	dix pieds <d'ombre>
Quatrième heure :	sept pieds
Cinquième heure :	cinq pieds
Sixième heure :	quatre pieds
Septième heure :	cinq pieds
Huitième heure :	sept pieds
Neuvième heure :	dix pieds
Dixième heure :	quatorze pieds
Onzième heure :	vingt-quatre pieds.

Hora III	pedes X
Hora IV	pedes VII
Hora V	pedes V
Hora VI	pedes IV
Hora VII	pedes V
Hora VIII	pedes VII
Hora IX	pedes X
Hora X	pedes XIV
Hora XI	pedes XXIV

COMMENTAIRE

LIVRE III

1. Trémois : blé de printemps qui pousse en trois mois.

2. Columelle 2,9,14 et 16 distinguait deux espèces d'orge : *hordeum hexastichum* (ou *cantherinum*) et *hordeum distichum* (ou *Galaticum*). Les semailles de la première espèce avaient lieu en septembre, celles de la seconde normalement en mars, en fait fin février-début mars dans les régions froides.

3. L'ulpique est une sorte d'ail à grosse tête.

4. Sur les problèmes de la sarriette (*satureia* et *cumila*) voir *Introduction*, pp. XIX.

5. Forme *melum* : emprunt tardif au grec de la koinè μῆλον chez Palladius, Oribase, Caelius Aurelianus. On trouve chez Palladius les deux formes *melum* et *malum* Cf. J. Svennung, *Untersuchungen*..., p. 116-118.

6. Le sébastier n'est arrivé qu'à l'époque de Pline à Rome, où on le greffait sur le sorbier. Il ne semble pas avoir eu un grand rôle dans l'alimentation, mais plutôt en médecine (J. André, *L'alimentation*[2]..., p. 80).

Chapitre I

1. Sur la lune « croissante » (*luna crescente*), on se reportera à l'édition de R. Martin de Palladius, livres I et II, *Commentaire* p. 105-106. Les Anciens attribuaient une influence importante à la lune, en particulier en matière de croissance des animaux et des plantes. Aujourd'hui encore des prescriptions en liaison avec la lune sont suivies dans les campagnes. Palladius parle également de la lune « décroissante » : *decrescente luna* (3,20, 2 ; 3,25,8) ; *minuente luna* (3,2,5,8). En 3,20,2 nous apprenons que c'est par lune décroissante que « les oliviers et les autres arbres reçoivent du fumier » et, en 3,25,8 l'auteur situe également en lune décroissante la mise en conserve des poires. En 3,24,4 Palladius conseille de ne pas semer les oignons par lune décroissante.

2. Palladius s'est inspiré ici de Columelle 1,17,7. Comme toujours (ou presque) il reprend en le résumant le texte de son prédécesseur. Columelle développe en particulier le mécanisme de l'écoulement du suc du fumier des terrains supérieurs sur les parties basses. Mais Palladius ajoute quelques précisions : la période de lune croissante, la valeur supérieure du fumier récent.

Chapitre II

1. Seule la comparaison avec Columelle 2,4,9 permet de comprendre le *uel* (qu'a du reste supprimé Politien) : Columelle conseille de labourer les collines grasses au mois de mars, sauf si c'est une région au climat tiède et sec. En ce cas, il faut agir dès le mois de février.

Chapitre IV

1. « Semailles des lentilles et aussi de la gesse ». On remarquera que, dans *item circercula*, la préposition *de* est omise ici alors qu'elle figurait dans le sommaire.

2. *Duodecima luna* désigne le douzième jour à partir de la nouvelle lune, c'est-à-dire en période de lune « croissante ».

3. A la formulation concrète *fumus aridus*, Palladius préfère la tournure abstraite« sécheresse du fumier » (*fimi ariditas*). C'est là une de ses habitudes stylistiques. Voir *infra* note 18.

4. Sur la gesse, voir Palladius 1,5 : on la sème en février « là où le sol est fertile et le climat humide ».

Chapitre V

1. Cf. Columelle 2,10,21. Mais celui-ci est plus explicite et précise la date : au lever d'Arcturus, fin février, aux environs du 25 ; aussi bien jusqu'à l'équinoxe de printemps, si le temps est pluvieux. Palladius mentionne aussi le chanvre au mois de mars (4,5).

Chapitre VI

1. D'après Columelle 2,10,26, les terres qu'on peut semer en luzerne au printemps doivent être labourées début octobre (fin septembre pour Palladius 10,7). Cela explique le second labourage (*iterandus*) prévu par Columelle pour les premiers jours de février et pour le début mars par Palladius. Le hersage a lieu chez Columelle après un troisième labour en mars.

La description des planches (*areae*) est ici transcrite directement de Columelle (2,10,26). Mais le désherbage facile (en se tenant des deux côtés, *ex utraque parte*) ne s'éclaire que par la lecture du modèle de Palladius, qui réclame des passages (*semitae*) des deux côtés pour faciliter le travail des sarcleurs. Suivent chez Columelle (2,10,27) un certain nombre d'indications que Palladius passe sous silence.

Etape suivante en avril : on sème la luzerne (Palladius 5,1).

Chapitre VII

1. D'après Palladius, on peut semer l'ers dans les tout premiers jours de janvier (2,8) et encore pendant tout le mois de février. Columelle (2,10,34) est plus explicite : l'ers se sème en automne (cf. Palladius 11,1) ou bien après le solstice d'hiver (*post brumam Ianuarii*). Tous deux déconseillent des semailles en mars, car cette graine aurait la propriété de rendre les bœufs fous (*cerebrosi* chez Columelle, *insani* chez Palladius). De telles remarques d'ordre vétérinaire laissent un peu rêveur sur la valeur scientifique des affirmations aussi bien de Columelle que de Palladius.

Chapitre VIII

1. L'urine est mentionnée très souvent chez Palladius, deux fois plus que chez Columelle. C'est une panacée aussi bien pour les plantes que pour les animaux (sept exemples dans le livre 14 qui est le livre vétérinaire). A titre d'exemple en matière agricole : moyen de soigner les pommiers (3,25,15), les vignes malades (4,7,4), les vignes qui n'ont pas de fleurs (4,10,3), les oliviers stériles (11,8,2), etc.

2. Comme R.H. Rodgers, nous retenons la forme *fructuum*, bien que tous les manuscrits à l'eception de *S* présentent ici *fructum*. Grammaticalement attendue, la forme *fructuum* apparaît en 1,6,4 ; 2,15,16 ; 7 tit IX.

Problèmes autour de *praestare*. Le sens est clair : « il y a amélioration pour la qualité et la beauté des produits ». Mais quel est le sujet de *praestat* ? La situation en général ? Quelle est la fonction du datif *formae* ? Datif de destination ? R.H. Rodgers, *An introduction to Palladius*, p. 100 pense que *praestare* avec le datif signifie « aider, contribuer à ».

3. Dans cette traduction nous employons constamment le mot *amurque*, désignant l'eau de végétation contenue dans les olives (*amurca*). Nombreux usages vantés par Caton. Également chez Varron, *Economie rurale*, tome I, livre 1, édit. J. Heurgon, Belles Lettres, p. 182, note 12. Le mot latin est emprunté au grec ἀμόργη (même sens). Le passage de la sonore à la sourde s'explique sans doute par un intermédiaire étrusque.

Le mot est employé une trentaine de fois chez Palladius. Le plus souvent, il s'agit d'amurque tout court, sans spécification. Mais huit fois l'amurque doit être non salée (c'est le cas ici). On répandait l'amurque au pied des arbres (surtout les oliviers) ou de la vigne ; on en arrosait les céréales ; on enduisait aussi d'armuque les greniers à blé (Cat. 128 ; Colum. 1,6,1 ; Pall. 1,19,2). D'après les *Géopon.* 2,27,7 « il est excellent d'enduire d'amurque le mortier (du sol), car elle a le double mérite de faire périr tous les parasites et de rendre le blé plus solide et plus compact ».

4. Sur l'orge de Galatie, cf. ci-dessus 3, tit. VIII, note 2.

Columelle 2,9,16 donne quelques précisions supplémentaires : il dit que, mélangé au froment, l'orge de Galatie fait un excellent pain de ménage ; il doit être semé dans un sol gras, mais frais.

Palladius 2,4, reprenant Columelle 2,9,16 indique que l'orge de Galatie peut être semé dès la mi-janvier dans les régions de climat tempéré, si l'hiver a été clément.

Chapitre IX

1. Le mot *pastinum* a trois sens en latin : 1/ houe ; 2/ action de houer ; 3/ terrain houé. C'est le troisième sens qui apparaît ici. Exemple parmi d'autres d'une extension sémantique. On pourra citer le français *bureau* où l'évolution est encore plus importante : 1/ morceau de bure servant en particulier de tapis de table ; 2/ meuble à écrire ; 3/ pièce où est le meuble ; 4/ service administratif.

Les sens 2 et 3 de *pastinum* apparaissent chez Palladius. Cf. L. Dalmasso, « Il vocabulario tecnico di un tardo scrittore georgico », *Atti della Academia delle Scienze di Torino*, XLVIII, 1912, pp. 694-695.

2. Ces deux premiers paragraphes du chapitre 9 ont été cités dans l'introduction, p. XII à propos de la manière dont Palladius imite Columelle. Nous ajouterons les remarques suivantes, à propos de deux passages qui nous ont amené à revoir le texte de l'édition Rodgers.

1°) Au lieu de *fecundas*, leçon des manuscrits, Guiraud choisit la correction *infecundas* proposée par Iucundus. Elle paraît en effet conforme au sens : planter dans un champ gras, c'est-à-dire susceptible de bien alimenter les vignes, les espèces grêles et peu fécondes ; au contraire, dans un champ maigre, les variétés productives et robustes. *La conjecture *neque fecundas* va dans le même sens (R. Martin).

2°) *Florent* ne nous paraît pas pouvoir être conservé. Il s'agit de la défloraison et non de la floraison de la vigne (cf. Columelle, 3,1,7 : *deflorescunt*). Nous proposons donc la conjecture *deflorent*, bien que le mécanisme de la faute n'apparaisse pas.

On remarquera, à la suite de Ana Moure Casas, *Paladio, Tratado de agricultura...*, p. 175, note 7, que Palladius exclut les indications sur la vente des raisins et du vin qui apparaissent chez Columelle. Pour les raisins : « vendre aux marchands » (*mercantibus vendere*) ; pour le vin : « l'un contribue au plus haut point au profit du cultivateur » *alterum ad reditus coloni... plurimum confert*. Il y a chez Palladius des références minimales à la situation concrète de son entourage.

3. Columelle 3,2 signale environ trente classes et sous-classes de raisins. La réduction du nombre chez Palladius est évidente, puisqu'il se limite à signaler ci-dessous, dans le paragraphe 4, les Aminées et les Apienes.

4. A propos des Aminées, Palladius (une fois n'est pas coutume) ajoute quelque chose à Columelle (3,2,4) au sujet de la petite : « elle a des entre-nœuds plus courts et un grain plus petit ».

Le cépage dit « aminée » a été introduit, autour de Paestum, par les Aminéens, originaires de Thessalie. Il proviendrait, selon Galien, *Antid.* 1,3, d'Amineum, localité proche de Naples, à moins qu'un gentilice étrusque ne soit à l'origine du nom. De toute façon, la Campanie fut le centre de diffusion de cette variété, la plus célèbre de l'Antiquité. Première mention chez Caton, *Agr.* 6,4, puis Varron, *Res Rust.* 1,25 et Virgile, *Georg.* 2,97.

Il est souvent question des Aminées chez Columelle au livre 3 : 3,2,7 ; 3,2,12 ; 3,2,28 ; 3,7,2 ; 3,9,1 ; 3,9,3 ; 3,9, 4 ; 3,9, 5 ; 3,9,7. Palladius n'en reparlera qu'une seule fois dans le cours de son traité (en 4,15,1) pour nous dire que le mois de mars est par excellence celui où les abeilles tombent malades et que l'un des remèdes consiste à leur donner des graines de grenade broyées avec du vin Aminée.

5. Les vignes à muscat (*apianae*) ne sont mentionnées qu'une fois chez Palladius. De même Columelle n'en parle qu'en 3,2,17-18, mais il donne un certain nombre de renseignements : il y en a trois sortes, fort propres au joug et aux arbres. L'une d'entre elles est de meilleure race, elle se signale par des feuilles nues ; *l*es deux autres espèces sont tomenteuses (*lanatae*) « Très prolifiques sur un sol gras, elles sont fécondes aussi sur un sol moyen ». Elles sont appropriées à des régions froides. Elles donnent un vin doux, mais nocif pour la tête et les nerfs. Columelle 3,2,18 fait dériver *apianus* du noms des abeilles. J. André, dans son commentaire de Pline 14,24 (Belles Lettres, C.U.F.) précise que les abeilles ne peuvent percer la peau de leurs grains et attendent que les guêpes l'aient fait à leur place.

6. En ce qui concerne le choix du sarment dans le milieu du cep, et non pas dans le haut ou dans le bas, on doit se reporter à Columelle 3,10,1 à 4. Là se trouve en effet l'explication de ce qui, chez Palladius, n'est qu'une simple affirmation : les sarments transplantés en les prenant dans le milieu du cep ne dégénèrent pas facilement. Principe réitéré expressément dans l'œuvre de Palladius (1,6,4 ; 1,6,17).

En ce qui concerne les sarments sortant du vieux bois à hauteur du cinquième ou du sixième œil, Palladius reprend textuellement Columelle, 3,18,3.

7. Définition d'une vigne féconde : celle qui ne se contente pas de donner une ou deux grappes par bras ; celle, d'autre part, qui produit à partir d'une partie dure (cf. Colum. 3,6,2 : ex *duro loco*). Palladius ajoute une indication qui n'est pas dans Columelle : *ex ima parte*.

8. Sur le pourrissement du vieux bois, cf. Colum. 3,17,4. Le procédé traditionnel consistait à mettre en terre le sarment qui sert à provigner, en lui laissant une partie du vieux sarment. L'innovation

consistant à couper celui-ci au point d'intersection avec le nouveau était due, selon Columelle 3,17,4 à Julius Attrius et à Celse, qui suivaient en cela les Saserna.

Ce rejet des extrémités apparaît chez Columelle 3,10,1. Le mot *flagellum* apparaît encore deux fois chez Palladius : 3,12, 3 ; 3,12,6. Mot inconnu de Caton, mais présent chez Varron, *Res Rust.* 1, 31,3 : sarment que, quand il est petit, on appelle *flagellum* et, quand il est grand, *palma*.

9. Le *pampinarius*, « sarment à pampre », est défini par Columelle 3,10,5 : « cette production du tronc dur que l'on nomme sarment à pampre ». En ce qui concerne la stérilité du sarment à pampre poussé sur du bois dur, Columelle 3,10,15 est plus nuancé que Palladius : « J'admets que des sarments à pampre aussi, bien qu'ils aient poussé à partir du bois dur, acquièrent de la fécondité à la saison suivante ».

10. Concernant le sarment qu'il ne faut pas tordre, Columelle 3,18,2 est, comme souvent, un peu plus précis que Palladius : il explique les effets mécaniques de la torsion : « le bois est fragile à l'endroit où, tordu et recourbé au moment du dépôt en terre, il a pris un départ à cause duquel, en se brisant, il perd la plus grande partie de ses racines ». Pline 17,157 signale rapidement le même inconvénient. A vrai dire, un déluge d'explications n'est pas indispensable : seul compte le fait qu'il ne faut pas tordre le sarment.

11. Columelle 3,19,2-3 recommande aussi d'éviter le soleil et le vent. Cf. Pline 17,158.

12. Une coudée correspond à 0,44 m. Columelle 3,19,1 est beaucoup plus nuancé que Palladius. Pour lui, la longueur du mailleton (*malleolus*) n'est guère définie avec précision, car, s'il présente des yeux rapprochés, on doit le faire plus court, plus long s'ils sont espacés. Columelle donne une fourchette : maximum : 1 pied = 0,30 m ; minimum : trois quarts de pied = 0,225 m. Mais ces chiffres valent pour un terrain plat. Dans les pentes, on peut planter un sarment d'un pied et une palme = 0,37 m. On n'arrive pas aux 0,44 m de Palladius.

13. En ce qui concerne l'espacement entre les pieds, Columelle 3,15,1 est plus précis que Palladius : 5 pieds en sol maigre ; 6 pieds en sol moyen ; 7 pieds en sol gras. Pline 17,171 fait varier les espacements entre 5 pieds (sol gras) et 8 pieds (sol maigre), soit l'inverse de ce que préconise Columelle. Caton, *Agr.* 43,2 prévoyait des espacements de deux pieds et demi entre chaque cep.

14. Pour ce type de pépinière viticole, voir Columelle 3,5,3 et 4. Les chiffres ne sont pas comparables : 24 000 plants par arpent chez Columelle ; 3 600 ou, au mieux, 5 476 chez Palladius, suivant l'espacement des ceps (trois pieds ou deux pieds et demi). Chez Palladius, il s'agit de boutures plantées entre les rangées du vignoble lui-même. Cf. Pline 17,172.

Les anciens éditeurs (Iucundus, Gesner, Schneider) ont expliqué ces nombres différemment. Pour le détail sur ces calculs très compliqués, on se reportera à Rodgers, *An introduction to Palladius*, pp. 101-102.

15. Cf. Colum. 2,15,1-2. La couleur des marques sur les cordeaux varie d'un auteur à l'autre, mais sans conséquence : blanc ou autre couleur chez Palladius, pourpre on n'importe quelle autre couleur voyante chez Columelle.

Le mot *surculus* est très répandu en latin, du moins dans le vocabulaire technique. C'est un diminutif de *surus* « piquet, pieu », mot à vrai dire peu attesté en latin. Le *surculus* peut désigner un scion, une greffe, une bouture, une marcotte, un rameau, un arbrisseau. Ici il s'agit d'un pieu.

Les agronomes latins utilisent des mots dérivés de *surculus : surcula* : sorte de raisin chez Pline 14,34 ; *surculaceus* « ligneux » ; *surcularis* « propre à produire des rejetons » ; *surcularius* « planté d'arbrisseaux » ; *surcolō, āre* « dépouiller des rejetons, nettoyer » ; *surculose* « avec une nature ligneuse » ; *surculosus* « ligneux ».

16. Ces quatre lignes de Palladius reprennent Columelle, mais sans résumer les trois paragraphes qu'il consacre à cette question (3,20,1-3). Pourquoi planter des espèces différentes selon Columelle ? Parce que (§1), quel que soit le climat d'une année, une espèce unique en souffre toujours. Le paragraphe 2 de Columelle, à vrai dire, n'apporte pas grand chose : il y a toujours dans le climat quelque chose qui porte atteinte aux vignes. Du paragraphe 3 de Columelle Palladius reprend simplement la dernière phrase : « Il suffit de faire dépendre le sort de la récolte de quatre ou, au plus, cinq espèces ». Mais Columelle avait donné auparavant plus de détails : « Nous devons mettre en culture, en quantité aussi grande que nous pourrons, l'espèce que nous aurons jugée exceptionnelle, ensuite la variété la plus proche de la première, ensuite aussi celles qui occupent le troisième ou quatrième rang ».

17. Palladius reprend l'essentiel de Columelle 3,20,4 : il faut séparer les vignes par espèces, les disposer dans des quartiers propres (*in proprios hortos* chez Columelle, *tabulatim* chez Palladius). On ménagera des allées entre les planches.

Ce problème des allées est résumé à l'extrême chez Palladius ; il emploie un seul mot : *decumanus*. Columelle a recours à deux termes : *semita* « sentier » et *decumanus*. Ces deux mots seraient-ils synonymes et leur emploi redondant ? L'examen de Pline 17,167 nous prouve le contraire. Cet auteur veut diviser le vignoble en deux par une voie droite, orientée est-ouest, la *decumana*, de dix huit pieds de large pour que deux véhicules puissent s'y croiser. Si le vignoble est très étendu, la *decumana* sera coupée au besoin par un *cardo*, nord-sud, divisant le terrain en deux, de même largeur. Faute de *cardo*, il y aura en tout cas dans le même sens plusieurs voies transversales de dix huit pieds de large, et des sentiers toutes les cinq rangées. On est donc loin de l'indication extrêmement sommaire donnée par Palladius.

Palladius ajoute ici : « si l'on n'est pas rebuté par la difficulté de l'opération ». Cela sous-entend un problème de main-d'œuvre, mais Palladius est muet sur ce problème.

18. L'affirmation de Palladius (il est pernicieux de mêler aux vendanges du raisin mûr et du raisin vert) reste en l'air. Columelle 3,21,5 donnait l'explication : le résultat est l'acidité si l'on n'attend pas la maturité du raisin vert ou, si l'on attend cette maturité, on perd la récolte précoce « qui, la plupart du temps, victime des dévastations causées par les papillons, des pluies ou des vents, est détruite » (trad. J.C. Dumont, Les Belles Lettres, C.U.F.).

Trois exemples de mots abstraits employés avec valeur concrète : *maturitas* « raisin mûr », *seritas* « raisin tardif », *cruditas* « raisin vert ».

On notera la forte séparation de mots (*nec paruo... dispendio*). L'adjectif et le substantif sont séparés par six mots.

19. *Opera* est employé ici au sens d'« ouvrier ». Dans la langue rustique, *opera* peut désigner : 1/ une journée de travail (Varron, *Res Rust.* 1,18,2) ; 2/ un journalier, un travailleur, surtout au pluriel.

20. Ici, comme souvent, Palladius condense Columelle 3,15,5. L'information est en fait ici au troisième degré, puisque Columelle s'inspire lui-même de Magon. Columelle, à la différence de Palladius, se place aussi sur le plan économique de la rentabilité : « le calcul du coût du vin dans la région et du coût de la main-d'œuvre nous enseignera si cette prescription est avantageuse ».

Chapitre X

1. Ces trois lignes de Palladius correspondent à deux paragraphes de Columelle (3,4,1-2). Palladius parle simplement d'un plant de vigne de bonne qualité (*generosus*). Columelle dissertait assez longuement sur cette bonne qualité : d'abord ne pas prendre de plant importé par transfert d'une région à une autre. Mais Columelle nuançait (§2) : les plants indigènes ne sont pas eux-mêmes à l'abri de toute critique, d'où quelques précautions. Palladius est ici extrêmement sommaire. Le traité de Columelle était bien connu à son époque, et Palladius, ici comme en bien d'autres cas, semble avoir admis que ses lecteurs devraient s'y reporter.

Seminarium « pépinière » est employé une trentaine de fois chez Palladius. Chez Columelle, le mot pour désigner la pépinière en général est *seminarium*. Les trois exemples de *uitiarium* (3,4,1 ; 3,5,1 ; 3,5,3) concernent une pépinière de vigne (cf. Caton 40,1).

Pour Caton, la pépinière de vigne n'exige pas de préparation particulière. Chez Columelle 3,5, elle est différente des autres (nature et préparation du sol, espacements, nombre de scions, leur sélection).

2. « Nous appelons pépinière... ». Il ne s'agit pas ici de définir une pépinière en général. Le mot a déjà été employé ci-dessus en 1,6,17 et 2,15,1. L'auteur décrit le type de pépinière convenant aux vignobles plantés d'arbres.

3. Comme souvent, Palladius, qui reprend Columelle 3,19,2, est plus succinct que son modèle, mais cela peut s'expliquer par une certaine prudence. Columelle propose des dimensions pour le triple bourgeon : « un peu plus petit que trois quarts de pied, plus long en tout cas qu'un demi-pied ». Il explique dans la phrase suivante que le *trigemmis* est une bouture à trois mérithalles. Etant donné que la longueur du mérithalle varie beaucoup selon les cépages, ces chiffres sont sujets à caution.

4. *Rediges* ; *depones*. Les manuscrits ont ici *redigis* et *deponis*, leçons que conserve Rodgers. Dans un contexte où tout est au futur, nous adoptons les corrections *rediges* et *depones*, proposées par Schmitt.

Vbi conualuerint... coniunges. Cf. Colum. 3,15,3-4. Précision supplémentaire chez Palladius : « au bout de deux ans ».

En ce qui concerne les pierres au fond de la fosse, précision de poids (cinq livres) déjà chez Columelle. Pline 17,82 conseille de mettre des pierres au fond de la fosse pour tous les arbres.

5. Palladius cite Magon, mais il ne l'a certainement pas lu directement, et il s'inspire de Columelle qui citait l'auteur carthaginois en 5,5,4 : il ne faut pas remplir entièrement la fosse de terre au moment où on y met le plant, mais en laisser à peu près la moitié de vide, de manière à ce qu'elle ne soit comblée que par degrés deux ans après. Palladius ajouté des indications concernant le climat : sec ou humide.

Pour le subjonctif *conueniat* des manuscrits (corrigé en *conuieniet* par Iucundus), nous rejoignons l'interprétation de Svennung, *Untersuchungen...*, p. 465 note 1 : le subjonctif a ici valeur de potentiel.

6. En ce qui concerne le choix des arbres pour la vigne arbustive, Palladius indique les mêmes essences que Columelle 5,6,4-5 et dans le même ordre préférentiel : peuplier, orme et frêne. Mais pourquoi tel arbre plutôt que tel autre ? Le lecteur de Palladius reste, comme souvent, sur sa faim, et un viticulteur curieux ne peut se dispenser ici de la lecture de Columelle. Palladius invite du reste à consulter son modèle (*Columella dicit*). Par ailleurs, il tient à affirmer sa différence : au lieu d'arbres élevés en pépinière, il préconise l'emploi de « pieds d'arbres déjà assez grands, pris en quelque endroit que ce soit, ou des troncs munis de racines appartenant à ces espèces ».

Problèmes posés par *ponat uel... his utatur*.

Ce texte pose problème et Schmitt suppose une lacune entre *ponat* et *uel*. En revanche Rodgers garde le texte des manuscrits, que Moure Casas traduit de la façon suivante : « Celui qui pratique ce système de vignes mariées doit planter des arbres des espèces suivantes – au lieu, si le territoire en fournit en abondance, qu'il utilise les suivantes – :

peupliers, » etc. Il est évident que, dans la perspective de cette traduction, le *de his generibus* reste en l'air. Cela fait supposer l'utilisation d'arbres autres que le peuplier, l'orme ou le frêne, mais lesquels ? Rien ne nous renseigne là dessus. Par ailleurs, le modèle de Palladius, Columelle 5,6,4-5 ne parle que des trois arbres ci-dessus. Quels seraient les autres ? Une solution est possible pour sauver le texte : donner à *uel* le sens de « par exemple » et supposer une duplication (Svennung, *Untersuchungen...*, p. 548 note 3 parle de « tautologie ») : *ponat* repris par *his utatur*.

Un problème est posé par le nom du frêne : *fraxinus* ou *fraxus* ? L'édition de Rodgers donne trois fois *fraxus* (3,10,4 ; 3,25,6 ; 12,13,3) et trois fois *fraxinus* (12,15,2 ; 14,18,5 ; 15,129). Schmitt choisit toujours *fraxinus*, même lorsque la majorité des manuscrits a *fraxus*. Svennung *Untersuchungen...*, p. 143 remarque que, depuis toujours les éditeurs ont écrit *fraxinus* (mais Rodgers a trois exemples de *fraxus*), car qui a entendu parler d'un arbre nommé *fraxus* ? Cependant le fait que les meilleurs manuscrits donnent *fraxus* en deux passages (3,10,4 ; 3,25,6) devrait faire réfléchir. Selon Svennung, *fraxus* s'explique facilement. *Fraxinus* n'est pas un mot-racine. Sa finale *–inus* le signale comme un dérivé : cf. *faginus*, *cannabinus*, etc. Mais le principal argument en faveur de *fraxus* se trouve dans certaines langues romanes : espagnol, italien du sud, sarde. Selon J. *André, les noms de plantes dans la Rome antique, fraxus* est une forme tardive. Il n'y a donc rien d'étonnant à ce qu'on la rencontre chez Palladius. C'est cette forme que nous retenons.

7. Cf. Colum. 5,6,11 et 5,7,3.

Palladius, qui sait son Columelle par cœur, rapproche en trois lignes deux passages de son modèle distants d'un certain nombre de pages. En 5,6,11 il est question à vrai dire des arbres en général, sans intervention de la vigne. La mention des quarante pieds concerne les terrains fertiles (terres à blé chez Palladius) ; distance de vingt pieds pour les terrains maigres (*exilis* chez les deux auteurs). En 5,7,3, Columelle parle, comme ici Palladius, de vignes mariées aux arbres : *rumpotinae arbores*. Vingt pieds de distance s'il ne s'agit pas de terres à blé. Dans le cas contraire, quarante pieds d'un côté, vingt pieds de l'autre. Comme d'habitude, Palladius a simplifié son modèle.

8. Cf. Colum. 5,6,18. Même terme chez les deux auteurs pour indiquer le risque d'écrasement de la vigne par l'arbre : *obprimere*.

9. Cf. Colum. 5,6,21. Même mot : *cauea*, chez Columelle et chez Palladius. On voit bien l'utilité : empêcher le bétail d'abîmer la vigne (*iniuria* chez les deux auteurs). Dans l'antiquité on attribuait un caractère vénéneux aux morsures de chèvre (cf. Varron, *Res Rust.* 1,2,19 ; Pline 8,204). Ici Palladius se réfère aux animaux en général.

10. Rodgers, *An Introd. to Palladius*, p. 103 pose le problème du choix entre *quo* et *quod*. Le manuscrit *M*, ainsi que les éditeurs, ont *quo*, mais Rodgers pense que Svennung, *Untersuchungen...*, p. 452 a

raison d'expliquer *quod* par *ut*. Cette « équivalence » ne nous convainc pas, car *quo* donne un sens satisfaisant : « où puisse passer la tige d'un sarment ».

11. Sur les paragraphes 6 et 7, cf. Gargilius Martialis (voir M. Sirch, *Die Quellen des Palladius in seinem Werke über die Landwirtschaft*, p. 18). Gargilius Martialis est une source importante de Palladius qui le cite treize fois (voir l'édition de Palladius par R. Martin, Les Belles Lettres, p. XXXIII) et l'utilise à plusieurs reprises sans le citer, ce qui est le cas ici.

On rapprochera aussi Caton, *Agr*. 52. Pour désigner le panier d'osier (ici *corbicula*), Caton emploie le mot *qualus*. Il décrit surtout (paragraphe 1) le procédé appliqué aux arbres. Application à la vigne : trois lignes au paragraphe 2. Cf. encore Caton 133,3 : même présentation avec les arbres en général et ensuite (paragraphe 4) application à la vigne.

Chapitre XI

1. Le mot *prouincia* est souvent employé chez Palladius ; il faut ajouter trois exemples de l'adjectif *prouincialis*. Dans la plupart des cas, *provincia* est le synonyme de *regio*, *locus*, mais pas toujours. En 1,6,9 *in prouinciis* désigne les régions hors de l'Italie, sens que l'on retrouve très nettement chez Pline 19,65 : *In Italia uirides et quam minimi, in prouinciis quam maximi*. Ici on peut supposer le développement d'un nouveau sens pour *uineae prouinciales*, avec une sorte de valeur distributive sous-jacente : les vignes « des diverses régions ». Cette notion de vignes « des provinces » n'apparaît nulle part chez Caton et Varron. Il est vrai qu'à leur évoque *prouincia* n'avait pas encore pris le sens de « région » (d'abord administrative, puis « région tout court »).

2. Pour le cep qui se tient tel un arbuste (*arbuscula*) sur un tronc court, cf. Columelle 5,4,1. Mais Columelle s'investit (*ipse cognoui*). On notera au contraire le caractère technique, objectif, scientifique de la formulation de Palladius. En ce qui concerne la hauteur (un pied et demi) cf. Columelle 5,8,9.

3. Le procédé de la vigne en cercles (*orbiculi se sequentes*) est repris de Columelle 5,4,1 : *orbiculi gyrique*. D'après lui, certains appellent ces vignes *characatae* « échalassées ». Cf. Sur ce point K.D. White, *Roman Farming*, p. 233.

4. Columelle 5,4,2. Les vignes qui se couchent sont appelées par Pline 17,22 *prostrata*. Il indique qu'elles étaient cultivées surtout en Egypte.

Chapitre XII

1. Cf. Colum. 4,10,3, qui explique l'intérêt d'une taille en automne, ce que ne fait pas Palladius : c'est parce qu'en automne les plantes se dépouillent de leurs fruits et de leurs feuilles *divina quadam lege et*

aeterna « en vertu d'une loi divine éternelle ». Une fois de plus, Palladius est sec, affirmatif, dogmatique.

2. Le *focaneus* désigne le sarment « de fond de gorge » (*fauces*), qui naît au sein de la fourche formée par deux bras de la vigne. Il faut le couper parce qu'il affaiblit les autres sarments et peut arriver à détruire la forme qui avait été donnée au cep. De façon un peu inattendue, Rodgers choisit *focalis*, donné par deux manuscrits (S^1M), tout en reconnaissant que c'est un hapax.

3. Le sarment de un ou deux yeux est laissé uniquement pour rénover la vigne. La méthode est encore employée de nos jours.

4. *Decliuibus*, bien que donné par un seul manuscrit, a été adopté sans doute à juste titre par les éditeurs (mais dubitativement par Rodgers), à l'exception de Schmitt, comme venant de l'adjectif *decliuis*. Plus tard, on trouvera cependant *decliuus* chez Cassiodore.

5. Nous trouvons ici trois termes techniques pour la vigne : *flagellum*, *palmes* et *custos*.

Flagellum signifie étymologiquement « petit fouet » et, comme la plupart des termes techniques, il peut prendre des sens assez divers. Ici, il désigne le « scion », pousse de l'année. Le mot est inconnu de Caton, mais présent chez Varron (1,31,3). Il est d'emploi fréquent chez Columelle. *Palmes*, de la famille de *palma*, désigne le « sarment à fruit ». *Custos* est le « courson », sarment taillé très court et laissé l'hiver sur la plante mère avant d'être bouturé. Columelle 4,21,3 nous dit que les noms du courson pouvaient varier, les uns l'appelant *custos*, les autres *resex*, d'autres enfin *praesidiarius*.

6. Le sarment *fructuarius* « productif » est né d'un sarment d'un an ; il est ainsi nommé en raison de son rapport immédiat.

7. Les Anciens connaissaient trois sortes de vignes : sans support, sur support ou sur arbre (Varron, *Res Rust.* 1,8 ; Pline 17,164 ; 199 sq. ; cf. R. Billiard, *La Vigne dans l'antiquité*, p. 361). Les supports peuvent prendre diverses formes, en 3,9,2 Columelle, comme ici Palladius, distingue *iugum* et *pergula*.

8. Si tous les sarments sont du même côté, la veine qui conduit la sève s'épuise et elle sèche comme si elle était frappée de la foudre. Palladius se contente d'affirmer, sans trop expliquer ; Columelle 4,24,9 est plus explicite. Palladius se contente de reprendre la formule de Columelle : *nelut icta fulgure arescat*.

Chapitre XIII

1. L'expression au nominatif *Vitis quae in arbore conlocatur* constitue une sorte de sous-titre à l'intérieur du chapitre, procédé auquel Palladius recourt parfois. Assez nombreux exemples ci-dessous dans le long chapitre (XXV) consacré aux arbres fruitiers : *Pirus* ; *Vinum piri et acetum* ; *Liquamen ex piris* ; etc. Palladius a recours essentiellement au nominatif pour ces titres intérieurs. On trouve cependant *De melo* en 3,25,13.

2. Palladius semble partisan de tailler ces vignes dès la première année. Il rejoint en cela Columelle 5,6,22-23 : sa longue expérience l'a convaincu qu'il faut pratiquer la taille dès la première année, pour que les vignes ne se couvrent pas de sarments inutiles. Sur ce point Columelle s'opposait à Celse, qui prohibait la taille tant que la vigne n'avait pas acquis sa vigueur. Pline 17,35,207 partage l'opinion de Celse.

3. Cette méthode de taille est directement inspirée de Columelle 5,6,26 : couper les vieux sarments, laisser pousser les nouveaux, en retranchant les vrilles et les rameaux inutiles. Cette expression « rameaux inutiles » (*ramuli inutiles*) reprend les *nepotes* « rejetons » de Columelle. Mais il y a une différence entre les deux textes : chez Palladius on coupe les vieux sarments qui ont porté du fruit la première année (*primi anni*) ; chez Columelle il s'agit de l'année précédente (*proximi anni*). En fait, les vignes mariées aux arbres ne produisent pas la première année ; on ne comprend donc pas très bien le *primi* de Palladius, conforté pourtant par l'ensemble des manuscrits. Pline 17,35,208, avec l'adverbe *proxime*, va dans le même sens que Columelle.

4. Même recommandation chez Columelle 5,6,27, mais avec davantage d'explications que chez Palladius : si on délie et si on relie les vignes tous les ans, c'est parce qu'on les éclaircit ainsi plus commodément, et qu'elles se rafraîchissent (*refrigeratur* aussi chez Palladius) lorsqu'elles sont liées à un autre endroit, ou qu'elles sont moins blessées et qu'elles s'en portent mieux. Pour Pline 17,35,210, la raison de cette opération est que la vigne puisse se reposer entre deux ligatures.

5. Ici la formulation de Palladius, non motivée, est nettement insuffisante. En effet, l'auteur ne nous explique pas pourquoi il faut procéder ainsi : les raisons de cette technique doivent être recherchées chez Columelle. Les branches des arbres doivent être en étage : « lorsque les arbres commenceront à grandir, il faudra les façonner avec la serpette et y former des *tabulata* (étages d'arbres) » (Colum. 5,6,11). Vient ensuite (5,6,12) un renseignement fondamental : « Ces sortes d'étages ne doivent pas être à moins de trois pieds de distance les uns des autres et ils doivent être faits de façon que leurs branches supérieures ne soient pas sur une seule et même ligne avec les inférieures, parce qu'autrement l'inférieure occasionnerait un frottement continuel à la branche à fruit qui descendrait de la supérieure à mesure qu'elle germerait et qu'elle finirait par faire tomber le fruit ».

Il est vraisemblable que les utilisateurs du traité de Palladius avaient aussi en mains celui de Columelle. En tout cas il est ici indispensable de s'y reporter.

6. *Agendum... aliae*. Palladius résume en une phrase deux paragraphes de Columelle : 5,6,36-37.

7. Palladius indique seulement « plus bas » (*humilius*) et « plus haut » (*altius*). Plus précis, Columelle 5,7,2 donne des chiffres : huit pieds et douze pieds.

Chapitre XIV

1. *Dixi* : cf. ci-dessus 3,11,1 chapitre sur les vignes en région : « Dans les provinces, il existe de nombreuses façons de constituer une vigne, mais la meilleure, c'est quand le cep se tient, tel un arbuste, bien établi sur un tronc court ».

2. *Rudica* et *palus* : l'échalas et le pieu.

Cette même association se trouve chez Palladius en 2,22. Quelle est la différence entre les deux ? De manière générale, l'échalas a un sémantisme plus limité : il sert à porter des plantes grimpantes, vigne ou autre. Un pieu, un piquet ont des emplois plus larges. Mais lorsque les deux termes sont employés ensemble, comme ici, quelle est la différence ? Palladius ne s'explique pas. Une solution se trouve chez Varron, *Res Rust.* 1,8,4 : « L'échalas (*pedamentum*) comporte quatre genres » : 1/ *ridica*, solide, fait de chêne ou de genévrier ; 2/ *palus*, piquet fait avec une gaule (*pertica*) ; puis, à défaut des deux premiers ; 3/ des roseaux (*harundo*) ; 4/ l'échalas (*pedamentum*) naturel, fait de sarments qui passent d'arbre en arbre.

Donc, si l'on suit Varron, l'échalas (*ridica* a ici le même sens que *pedamentum*) et le pieu constituent le système numéro 1 et le système numéro 2 pour faire grimper la vigne.

Nous trouvons la même gradation chez Columelle 4,26, 1 : *melior est ridica palo* « l'échalas est préférable au pieu ».

Un problème de forme se pose pour *ridica*. Les manuscrits de Palladius ont soit *redica*, soit *radica*. Rodgers adopte toujours *redica*. Schmitt, sans aucune cohérence, a tantôt *redica* (2,22 ; 12,15,2 ; 13,2) tantôt *ridica* (3,14 ; 12,5). Caton, Varron et Columelle ont *ridica*, que nous choisissons. Ce passage de *i* à *e* concerne d'autres mots chez Palladius : voir Svennung, *Untersuchungen*..., pp. 122-124 : il s'agit sans doute d'une prononciation paysanne.

3. Sur les vignes qui s'étendent sur le sol, Palladius reprend en quelques lignes tout un paragraphe de Columelle : 5,5,17. Celui-ci précisait que de telles vignes sont appropriées aux régions venteuses, qu'elles donnent du mal aux agriculteurs et que leur vin n'est jamais d'un bon cru (*generosus*).

Chapitre XV

1. Ce chapitre est intéressant en ce qui concerne l'utilisation que Palladius fait de Columelle et de la connaissance parfaite qu'il en a. Il résume d'abord les cinq paragraphes suivants : 4,11,1-4 et 4,12,1. Puis il saute quelques chapitres pour passer à 4,17,5. Enfin, on se retrouve au livre 11,2,19. C'est là la preuve, s'il en était besoin, que Palladius connaît Columelle pratiquement par cœur.

Le piocheur (*fossor*) est l'ouvrier le plus fréquemment cité (10 exemples) presque toujours à propos de la vigne, une fois à propos d'arbres fruitiers (3,25,3). Les *fossores* (qui travaillent parfois à deux :

iuncti en 2,10,2) ont bien l'air d'être des saisonniers. Si l'on met à part le creuseur de puits au mois d'août (9,9,1), les autres *fossores* travaillent en janvier et février.

Chapitre XVI

1. *Propago* désigne la marcotte ou provin.

Mergus « sautelle » est défini ici par Palladius : « chaque fois qu'une sorte d'arc est laissé au-dessus de la terre, le reste de la vigne étant enfoui ». Il est tentant de rapprocher le mot du verbe *mergo,* « plonger ».

2. Un problème se pose pour les *iustas uites*. Nous avons traduit par « vignes bien adaptées » mais cela est contredit par la phrase suivante : « A ce qu'affirment les paysans... elles ont presque toujours des racines sans vigueur ». Le rapprochement avec Columelle 4,15,3 n'est pas éclairant sur ce point.

Les paysans (*agricolae*) interviennent quatre fois chez Palladius : 1,1,1 ; 3,16,1 ; 3,16,2 ; 3,17,6. Palladius semble s'adresser presque toujours à celui qui exécute et non pas à celui qui fait exécuter, encore qu'il soit difficile de savoir si l'on n'a pas affaire à un factitif..

Chapitre XVII

1. Ce chapitre sur les greffes annonce le poème *De insitione*, qui termine l'ouvrage à la suite du livre vétérinaire. Il est question des greffes dans plusieurs livres du traité : 1,7,1 (généralités) ; ici au livre 3 ; puis livre 5 (avril) à propos des oliviers et de la vigne ; livre 7,5,2 (juin) : figuiers. Notre chapitre 17 du livre 3 synthétise les divers types de greffes sur les arbres. C'est un chapitre thématique.

2. Palladius s'inspire manifestement de Columelle 5,11,1, mais il oublie de parler de la ressemblance, bien signalée par sa source, qu'il doit y avoir entre l'arbre porteur et l'arbre greffé. Svennung, *De auctoribus Palladii* signale un rapprochement avec Gargilius Martial.

3. Les trois types de greffe cités correspondent approximativement à la greffe en couronne, en pointe, en écusson. La greffe en écusson (*emplastrum*) se rapporte à un morceau d'écorce portant un œil pour greffer.

4. La technique d'introduction d'un coin est pratiquée de nos jours pour ne pas déchirer l'écorce ou rompre les scions. Six à huit doigts représentent de 11 à 15 cm. On a pratiquement les mêmes dimensions chez Columelle 5,11,5 et Pline 17,111.

5. On notera le caractère très technique et très précis de ces types de greffe. Le procédé décrit par Palladius s'emploie encore aujourd'hui, du fait qu'il se rapporte à la nécessité de boucher la greffe pour la séparer de l'air. Les greffeurs employaient de la boue et un mélange d'argile et de bouse de vache. Cf. Caton, *Agr.* 40,2 : *Argillam vel cretam coaddito, harenae paululum et fimum bubulum*

Cette première moitié du paragraphe 3 pose de manière concentrée le problème de l'alternance du futur et du présent dans les prescriptions. A vrai dire, on attendrait plutôt le futur. Mais les manuscrits sont contradictoires : tantôt présent (*constituimus*), tantôt futur (*relinquemus*). Dans un cas (*ligauimus*) il s'agit d'une erreur manifeste et il faut adopter *ligabimus* de *K*, ce que font tous les éditeurs. Pour le reste, Rodgers alterne : *constituimus*, puis *relinquemus*, puis à nouveau *stringimus*, puis *ponemus*. Schmitt unifie en adoptant partout le futur. C'est la solution que nous avons choisie.

6. Pour la lune croissante, cf. Palladius 1,31,8, où les deux façons d'envisager le calendrier se recoupent nettement : « Bien que nous indiquions à chaque mois la date à laquelle il convient de semer chaque espèce, il faut dans ce domaine tenir compte de la nature du pays et du climat… Tout ce qui est l'objet d'ensemencement doit être mis en terre lorsque la lune croît ; c'est quand elle décroît que l'on doit couper et cueillir » (trad. R. Martin). On se reportera également à Palladius 3,1, avec la note de notre commentaire.

7. Ce paragraphe 5 permet de noter une grande variété dans la syntaxe de l'injonction. En effet, nous trouvons successivement : un impératif futur *secato* ; deux impératifs présents : *depone* et *stringe* ; un subjonctif : *colligatur*.

Dans ce domaine de l'injonction, on notera aussi, à côté de l'adjectif d'obligation en *–ndus* qui est attendu, la première personne du pluriel du présent ou du futur (cf. ci-dessus note 5). Cette recherche de la variété syntaxique montre clairement que Palladius était loin d'être indifférent aux préoccupations de style.

8. Cette pratique est un ajout personnel de Palladius. Dans les autres exemples de celui-ci (14,3 ; 14,5,7) *uiscum* désigne le gui. La glu pourrait être extraite du gui.

Diligens agricola. Les agriculteurs sont quelquefois mentionnés chez Palladius. Celui-ci est *diligens*, nous n'en saurons pas plus. Cela ne nous indique rien sur le statut social de l'*agricola* ; on peut penser cependant qu'il s'agit d'un propriétaire. Lorsque Palladius parle de gens qui emploient telle ou telle méthode agricole, il écrit simplement : *aliqui* ou *quidam*.

9. Cf. 7,5,2-4.

10. Columelle 4,29,13-16 décrit deux formes de greffe de la vigne : en fente ou par rapprochement, procédé qui commençait à être utilisé à son époque et que Pline 17,30,137-138 considérait comme un mélange de greffe et de marcottage. La confrontation du texte de Columelle et de celui de Palladius révèle les importantes omissions de ce dernier dans la greffe par rapprochement, à peine reconnaissable, si ce n'est dans l'emploi de la tarière gauloise.

11. Sur la tarière gauloise, voir Ana Moure Casas, *Paladio, Tratado de agricultura*…, p. 192, note 36 : l'avantage de cet outil résidait dans

le fait qu'il ne produisait pas de sciure faisant obstacle à la fusion du greffon et de la tige, comme c'était le cas avec les tarières plus anciennes. La tarière gauloise, au contraire, donnait des copeaux plus faciles à éliminer, laissait l'incision propre, le trou lisse et ne le brûlait pas. Telles sont, selon Columelle 4,29,16, les innovations de l'instrument venant des Gaules, où le développement technique en matière d'instruments agricoles était notablement supérieur. Columelle dit avoir été le premier à utiliser pour les greffes cette tarière, d'où se déduit son introduction tardive, fait confirmé par Pline 17,116 : *Nostra aetas correxit ut Gallica uteretur terebra, quae excauat nec urit*. Dans le texte de Palladius la tarière est citée sans plus d'explication, comme correspondant à un outil devenu probablement d'usage courant à cette époque.

12. Le donneur de conseils est espagnol et la tarière est gauloise. Le peu que nous savons sur Palladius signale qu'il possédait des domaines en Italie (notamment dans les environs de Rome : 3,25,10) et en Sardaigne (4,10,16). L'Espagnol, dont le nom n'est pas indiqué, a-t-il été rencontré par Palladius à Rome ou en Sardaigne ? Ou notre auteur est-il allé lui-même en Espagne ? Rien ne permet de préciser ce point.

Chapitre XVIII

1. Les *tabulae* dont il s'agit sont des planches de vigne (cf. ci-dessus 3,9,11). Le « propre terrain » (*suum locum*) est explicité ci-dessous en 3,18,3.

2. Reprise de Columelle 5,9,9 avec de petits détails en moins.

3. La comparaison avec Columelle 5,9,8 montre naturellement des ressemblances, mais aussi des différences. Columelle, plus précis, indique une orientation vers le midi (*meridiem*).En revanche, Palladius signale la distance entre les pieds, ce que ne fait pas Columelle. C'est un des cas où l'agriculteur doit avoir en mains les deux traités.

Le mot *rubrica* désigne ici la « craie rouge ». Il est employé assez souvent chez Palladius au sens de « terre rouge » (1,34,3 ; 2,13,5 ; etc.).

4. *Creta*. Ce mot peut désigner en latin soit la craie, soit l'argile. Les anciens semblent avoir confondu les deux (R. Billiard, *L'agriculture dans l'antiquité*..., p. 39). Voir Palladius 1,34,3 : *Creta quam argillam dicimus*. Mais le plus souvent, *creta* désigne la craie chez Palladius : 3,25,17 ; 3,25,22 ; 3,25,26 ; 4,10,5.

Sur *sabulo*, on se reportera à l'introduction p. XIX. Il semblerait que ce mot désigne le « gros sable ». Il peut être tantôt « gras » (*pinguis* 3,18,3), tantôt « maigre » (*macer* 3,18,4), tantôt « ferme » (*masculus* 9,8,2).

5. Le *cerrus* est une sorte de chêne. Une autre attestation chez Palladius : 1,9,3 ; également chez Pline 16,17 ; 20,218 ; 24,12 ; etc. Cf. André, *Les noms de plantes*..., p. 58.

6. *Aestuosis*. La plupart des manuscrits donnent *aestiuosis*, qui semble signifier plutôt « estival ». A bon droit, nous semble-t-il, Schmitt a choisi *aestuosis*. Dans son édition, Rodgers retient *aestunosis*. Mais, dans son *Indroduction to Palladius*, p. 106, il est beaucoup plus embarrassé : Columelle 5,8,5, qui est ici la source de Palladius, a *aestuosis*. Rodgers pense que *aestiuosus* est le produit d'une corruption, à la fois chez Palladius et chez Pline 17,139 ; 18,83,34,116.

7. Des listes similaires, mais plus complètes, d'olives – vu que Palladius tient généralement à éviter les énumérations – figurent depuis Caton dans les manuels d'agriculture antique, jusqu'au *Etymologies* d'Isidore.

La *pausia* est une variété d'olive noire. D'après Columelle 12,51,3 elle ne se conservait en bon état que durant deux mois. L'olive *orchis* tire son nom du grec ; elle était ainsi appelée, selon Isidore 17,7,63 parce qu'elle avait la forme d'un testicule. De la forme de l'olive paraît procéder aussi la variété *radius*. Les noms des trois dernières variétés (*Servia*, *Licinia*, *Cominia*) paraissent dérivés d'anthroponymes.

8. En ce qui concerne les qualités diverses de ces olives, Palladius n'est pas très prolixe. Columelle 5,8,4 signale que l'*orchis*, comme la *radius*, est meilleure pour la table que pour l'huile. On extrayait de la *Cominia* de l'huile pour la préparation des parfums (comme aussi de la *Licinia*).

Il faut signaler le long chapitre 22 du livre 12 où Palladius décrit les diverses façons de conserver les olives.

9. Cf. ci-dessus 3,10,1.

10. Columelle 5,9,10 donne beaucoup plus de détails que Palladius, à l'exception de la longueur de la branche d'olivier (un pied et demi). Cette indication n'apparaît que chez Palladius.

11. Ce passage constitue, par rapport à Columelle, un ajout original de la part de Palladius.

Chapitre XIX

1. Pour ce chapitre, cf. Colum. 5,10,1-8, peut-être par l'intermédiaire de Gargilius Martialis.

2. En 3,25.

Chapitre XX

1. Il manque ici la fin du titre annoncé au début du livre 3 : *et plantis circumfodiendis*.

2. Sur la lune « décroissante » voir ci-dessus, chapitre 1, note 1.

3. *Vehes* « charretée » représente une correction de Iucundus. Les manuscrits ont *veges*, que conserve Rodgers, mais qui n'est pas acceptable à l'époque de Palladius. Le passage de *vehes* à *veges*, certes signalé par Svennung, *Untersuchungen*..., p. 612, à quoi renvoie Rodgers, concerne le latin du Moyen-Âge.

Chapitre XXI

1. Cf. Varron, *Res Rust.* 1,35,1. Selon lui, il faut semer le lis et le safran dans la période du 27 septembre au 24 décembre. On est loin de Columelle 11,2,19 et Palladius qui recommandent une plantation en février ; les indications de Varron sont moins nettes en ce qui concerne les rosiers et les violettes. On reprendra ici une note de Ana Moure Casas *Paladio, Tratado de agricultura...*, pp. 198-199 : « Les auteurs latins ont traité de la culture des plantes de jardin, employées comme substances aromatiques ou odorantes et aussi à des fins ornementales. La mode des jardins s'était introduite à Rome sous l'influence des Grecs depuis les dernières décennies de la République. Cornelius Scipion, le vainqueur d'Hannibal, semble avoir été le premier propriétaire d'une maison de campagne entourée de jardins. A partir du début de l'Empire, la coutume s'est développée sans retour en arrière, d'après P. Grimal, *La vie à Rome dans l'antiquité*, Paris, 1967, p. 52 sqs ; 113 sqs. Les arbres et fleurs d'ornement, ainsi que les haies de rosiers constituent les éléments fondamentaux de ces jardins ».

2. *Virgulta, -orum*, « jeunes branches, boutures ». La correction opérée par Rodgers de *uirgultis* en *uirgulis* ne nous paraît pas s'imposer, *uirgula* désignant surtout une « baguette ». Le mot *uirgulta, -orum* est largement employé par Palladius (une vingtaine d'exemples).

3. *Ariditas universa*, « toutes les branches sèches ». Sur cet emploi chez Palladius d'un substantif abstrait avec valeur concrète, voir édition de R. Martin, Paris, Belles Lettres, *Introduction* p. XLI (ex : *cretae candore* = *creta candida*). Cf. ci-dessus 3,4 : *ariditas fumi* avec note 3. Egalement 3,9,12 : *maturitas*, *seritas*, *cruditas* et note 17.

4. Il s'agit de la greffe par rapprochement (cf. 3,17,7).

Chapitre XXIII

1. Le titre est ici plus court que celui qui est annoncé dans le sommaire en début de livre : il manque *et seminaris myrti et lauri*. Pourtant la dernière phrase de ce chapitre 23 concerne bien le myrte et le laurier.

2. Columelle 4,32,2 indique trois façons d'obtenir des roselières : en semant un bulbe de la racine, en plantant un morceau de roseau ou bien en enterrant le roseau entier horizontalement, Palladius retient seulement l'un de ces trois procédés. Sur *oculus*, cf. Pline 17,144 : *Seritur bulbo radicis, quod alii oculum uocant*.

3. *Sucus* peut désigner des liquides divers. On peut penser à ce que nous dit Palladius en 1,39,4 sur les eaux issues des salles de bain d'été : « Il faut, si possible, établir les bains de telle sorte que toute l'eau qu'on y aura utilisée puisse s'écouler dans les jardins » (traduct. R. Martin). Mais cela peut concerner aussi toutes les sortes d'eaux usées.

4. D'après Caton, *Agr.* 6,3-4, l'asperge et le roseau formaient une association bénéfique. Le texte de Caton est repris par Pline 16,67,173.

Selon Pline 19,148, on ne brûle que les asperges et selon Théophraste *H.P.*, 4,11,13, que les roseaux.

5. Le saule était très estimé pour attacher les vignes ainsi que les échalas les plus élevés dans les treilles. Il était utilisé aussi en vannerie et, comme substitut du cuir, dans des récipients déterminés, entre autres applications (cf. Pline 16,68,174 sqs).

Le genêt, utilisé comme lien de seconde catégorie, s'est employé pendant longtemps aussi pour teindre la laine et le lin en jaune ou en vert.

Chapitre XXIV

1. Ce chapitre sur les jardins représente le cas typique où le titre intérieur de chapitre est fortement abrégé par rapport au titre de la liste initiale, où nous avons, à la suite de *De hortis : in eo de sepibus, de lactuca, carduo,* etc. Voir ci-dessus en tête du livre 3.

2. Cf. ci-dessus 1,34,4-6 où Palladius détaille les diverses sortes de clôtures (maçonnerie, pierre sèche). Le procédé qu'indique notre passage est le dernier décrit (§5 et 6). Palladius résume ce qu'il a dit au livre 1, en ajoutant ici l'arrosage quotidien.

La forme *grossa* est récusée par Iucundus, Commelianus, Gesner et Schneider, qui la remplacent par *crassa*. Mais *grossus* se trouve dans certains manuscrits de Columelle (12,44,8 et 12,47,3).

3. Le cardon se sème en février, en mars (4,9) ; se plante en mai (6,5), en octobre (11,9), en novembre (12,6). Palladius utilise uniquement le terme *carduus*, sans mentionner le synonyme *cinara*, usuel chez Columelle.

La source de Palladius est, comme en général dans les chapitres sur les jardins, Gargilius Martialis.

4. Le cresson alénois était utilisé comme condiment pour les rôtis et les salades. Pour plus de détails, on se reportera à l'édition de R. Martin, 2,14,5, note 9.

5. La coriandre était utilisée pour conserver la viande, mais elle apparaissait aussi en cuisine dans la confection de divers plats. En ce qui concerne la forme du mot chez Palladius, on trouve aussi la leçon manuscrite *coliandrum*. L'ensemble des éditeurs de Palladius, jusqu'à Schmitt, a normalisé et adopté partout la forme *coriandrum*. Rodgers fait cavalier seul en choisissant *coliandrum*. Un passage de *coriandrum* à *coliandrum* chez un auteur comme Palladius est-il impensable ? Déjà en Grèce il a existé dans les *Géoponiques* une forme dissimilée κολίανδρον. En latin, *coliandrum* est attesté ailleurs et, à vrai dire, avant Palladius. Ainsi Garg. Mart. *Medic.* 4,18,30 ; Colum. 6,33,2. Voir Svennung, *Untersuchungen...*, p. 131-132.

6. L'ulpique : variété d'ail à grosse tête dont on préparait un aïoli en le pilant dans l'huile et le vinaigre (Pline 19,112).

7. Sur la sarriette appelée *satureia* et ses rapports avec la sarriette appelée *cunila*, voir Introduction pp. XIX-XX.

En 1,37,3, la sarriette (*satureia*) apparaît au troisième plan pour donner un miel de qualité. En 11,14,6, en octobre, préparation d'un vin à base de *satureia* et de fenouil. Deux exemples en 14,3,1 dans la longue liste des herbes à vertu curative dans la médecine vétérinaire. En 14,40 cette plante intervient pour les maux de tête chez les bœufs.

8. Il est assez souvent question de la ciboule chez Palladius. Cette plante peut être semée en toute saison : au printemps, en mars (4,9,5) et en avril (5,3,5) ; en été (juillet : 8,2,1) ; en automne (octobre : 11,11,4 et novembre : 12,6). Encore en décembre (13,3) et en février (3,24,2). Dans le livre vétérinaire, nous apprenons que la ciboule est un remède contre la colique des bœufs (14,41) et contre la difficulté d'uriner (14,60).

9. Graphie du mot *thallus*. La forme *tallus* est celle de la majorité des manuscrits. On trouve *talus* dans *V* et *G*. La forme grecques étant θαλλός, la forme en *th* paraît s'imposer en latin. C'est celle que donne l'édition de Schmitt. Elle se trouve chez Columelle 11,3,58. Le choix de Rodgers en faveur de *tallus* surprend au plan linguistique, dans la mesure où Palladius, lecteur des *Géoponiques* et par conséquent helléniste averti, a peu de chances d'avoir adopté cette graphie.

10. L'aneth est à semer en mars, mais aussi en septembre (10,13,3) et en octobre (11,11,4) dans les pays tempérés et chauds. Il était utilisé en novembre (12,22,1) pour confire les olives.

L'aneth était utilisé de manière plus générale pour la conservation des aliments, au même titre que le fenouil, le poireau et diverses sarriettes. Il entrait dans la confection de sauces. On laissait sécher un bouquet de graines d'aneth pendu devant l'âtre.

11. Le nom de la moutarde, *senapi*, pose un problème de vocalisme, par la présence du *e* au lieu du *i* dans la première syllabe. La forme en *e* provenant de *i* est signalée par Svennung, *Untersuchungen*... au milieu d'autres exemples du même phénomène. Elle se trouve déjà chez Pétrone 66,7. *Senapi(s)* est à retenir pour Palladius, ce que fait Rodgers. Schmitt imprime également *senapi(s)* sauf en 11,11,2 où il donne *sinapi*, sans justification.

La moutarde est à semer en février (3,24,5), en mars (4,9,5), mais aussi en octobre (11,11,2) et en décembre (13,3). En 8,9, Palladius signale un des emplois de la graine de moutarde, mélangée avec du miel, du vinaigre et de l'huile d'Espagne. En 13,5 il est question de raves coupées en petits morceaux et plongées dans la moutarde. La graine de moutarde servait à la confection de la moutarde de table.

12. Les choux peuvent être semés en janvier, mais aussi tout au long de l'année : février (3,24,5) ; mars (4,9,5) ; etc. Tout climat convient au chou (3,24,6). En 14,39,1 Palladius donne une recette pour engraisser les bœufs : lorsqu'ils reviennent du pâturage, on leur donne des choux infusés dans du vinaigre fort.

Le chou était le légume du pauvre. La plante avait deux noms : *caulis* et *brassica*. Le terme le plus ancien est *brassica*. Il n'a pas été remplacé par *caulis*, puisque *brassica* est très bien attesté chez Palladius (voir ci-dessus la note sur 3,24,7). *Caulis* désignait au départ la tige des plantes, puis la plante elle-même, en particulier le chou.

13. On est frappé par l'abondance des erreurs manuscrites dans ce paragraphe 6. Sans doute peuvent-elles se comprendre à propos d'un mot comme *puluinus* qui donne lieu à des variantes difficilement explicables. Le style est souvent rapide, les phrases brèves. N'y a-t-il pas une contradiction (rare chez Palladius) au début du paragraphe 6 ? L'auteur nous dit que le chou aime surtout le climat froid, puis, immédiatement après, qu'« exposés au midi ils rapportent plus ».

14. Pour désigner le chou, le mot *brassica* est à peu près deux fois plus employé par Palladius que *caulis* (cf. ci-dessus note 12). Le chou intervient dans le livre vétérinaire. Il constitue le traitement pour l'indigestion des bœufs (14,6,1), pour la fièvre des bœufs (14,9,1) et pour les mules en chaleur (14,28,1).

Il y aurait peu de différence entre la graine de chou et celle de rave (cf. Pline 19,2,58). Il existe d'ailleurs un chou-rave (*brassica rapa*) : cf. Pline 18,126 sq ; 20,18 sq.

15. *Illud utile*. Presque tous les manuscrits ont *uile*, adopté par Rodgers. Schmitt choisit *utile* du manuscrit *S*, que nous adoptons. Rodgers, *An introduction to Palladius,* essaie de défendre *uile* en lui donnant le sens de « peu cher, économique ».

16. On peut semer la mauve en février (3,24,9) ; également en mars (4,9,5). En avril (5,7,7) il faut nettoyer les ruches et tuer les papillons qui se multiplient principalement pendant que la mauve est en fleur. En juillet (8,2,1) on sème encore la mauve dans les pays arrosés et froids. Il faut semer la mauve en octobre (11,11,3) parce que la venue de l'hiver l'empêcherait de se développer. Dans le livre vétérinaire, l'emploi de la mauve est signalé contre la peste (14,1,2).

Il s'agit ici de la mauve cultivée. Mais il y avait aussi une espèce sauvage. Toutes les deux constituaient une plante alimentaire, et cela depuis Hésiode (*Trav.* 41). La mauve avait des propriétés laxatives. Cette plante entrait dans les préparations d'Apicius (3,8).

17. Il est déjà question de la menthe au livre 1,35,5. Palladius donne des recettes pour protéger le jardin ou le domaine : pour que les légumes n'engendrent pas d'animaux nuisibles, on peut semer la menthe en divers endroits, notamment entre les plants de choux ». Il faut planter la menthe en février (3,24,9), en avril (5,3,5), en octobre (11,11,4). Une légère dose de menthe intervient pour fabriquer une sorte de vinaigre (8,8,2). La menthe entre aussi dans une recette pour confire les olives (12,22,2). Elle donne une odeur agréable aux mets rustiques (Pline 19,159). La médecine condamnait en général l'abus des condiments, sauf la menthe qui fait digérer (Martial, 10,48,10).

18. On remarquera que Palladius indique uniquement le mois de février pour semer le fenouil, à la différence d'autres plantes, par exemple la menthe et la mauve. Le fenouil servait à confire les olives (12,22,1). C'est également l'une des nombreuses plantes que l'on utilisait en bouquet, pour donner du goût, en particulier pour rendre le vin agréable à boire (11,14,6). Il existait à Rome du pain au fenouil (parmi d'autres types de pain : au pavot, à l'anis, au céleri). Le fenouil figure aussi parmi les remèdes vétérinaires (14,3).

19. Il y a plusieurs périodes pour semer la carotte : février (ici) ; août (9,5,3) ; octobre (11,4). Cela rappelle ce qui a lieu pour la mauve et la menthe, contrairement au fenouil (voir ci-dessus note 18). La carotte était modérément appréciée des gourmets. Plusieurs applications en médecine vétérinaire : 14,3 ; 14,9,4 ; 14,25,3.

20. Sur les rapports entre la sarriette (*cunila*) et la sarriette (*satureia*) voir Introduction pp. XIX-XX. La *cunila* est à semer en février (ici) mais aussi en mars dans les régions froides (4,9,5), en novembre (12,6), en décembre (13,3). La *cunila* sert de remède de vétérinaire dans diverses maladies : 14,3 ; 14,8,2 ; 14,13,3 ; 14,22,12 ; 14,32,8.

21. La première mention du cerfeuil se trouve chez Columelle, 11,3,14. On pouvait le planter aussi en octobre, aux environs des calendes (10,13,3).

22. La bette peut être semée au cours de plusieurs mois : février (ici) ; mars (4,9,5) ; avril (5,3,5) ; juin (7,4) ; juillet (8,2,1) ; septembre (10,13,3). Elle était très appréciée comme nourriture frugale. C'était un mets vulgaire et réservé aux ouvriers. Elle était relevée en raison de son goût fade.

23. Le nom du poireau se présentait en latin sous deux formes : *porrus* (ici) et *porrum* (1,28,5). Mais, au pluriel, toujours *porri*. On remarquera la longueur de la notice (deux paragraphes) consacrée au poireau. Le développement reprend Columelle 11,3,30-32. Les deux développements sont de longueur sensiblement égale, mais les renseignements ne sont pas exactement les mêmes. Le bon agriculteur devait avoir en mains à la fois Palladius et Columelle.

Le poireau avait une place importante dans l'alimentation. On utilisait ses parties vertes, également son bulbe et il pouvait aussi servir de condiment. D'après Pline 19,33,108, Néron consommait du poireau pour soigner sa voix.

24. A l'époque de Pline (19,33,109), il semble que cette pratique était récente. La technique traditionnelle (indiquée aussi par Columelle 11,3,31 et *Géoponiques* 12,29,2) consistait à poser le poireau sur une pierre ou une tuile pour le forcer à faire grossir la racine, procédé que Palladius recommande pour les laitues (2,14,2). Cf. Ana Moure Casas, *Paladio, Tratado de agricultura*..., p. 207, note 61.

25. L'aunée, plante oubliée de nos jours, figurait à Rome parmi les plantes potagères. Cf. André, *L'alimentation*[2]..., p. 18. Elle avait un

rhizome charnu, d'odeur forte, de saveur âcre et amère. Elle ne pouvait être consommée qu'après une préparation compliquée, l'*inulae curatio* (Colum. 12,48). Pline donne diverses recettes tendant à l'adoucir, avec des vins cuits, du miel, des dattes ou des raisins secs (Pline 19,91-92). Mais cette plante était réputée excellente pour la santé. L'impératrice Livie s'en faisait servir un plat chaque jour (Pline 19,92).

26. La colocase peut être semée aussi en avril (4,3,5). À Rome on consommait le rhizome tubéreux et féculent de la colocase. Cette plante avait été introduite en Italie à l'époque de Pline.

27. Le cumin est attesté plusieurs fois chez Palladius : en 1,24,2, à propos du pigeonnier, le cumin est un moyen pour attirer d'autres pigeons. En 1,27,3 : le cumin sert à soigner les yeux des poules, ainsi qu'à détruire leurs poux. En 1,35,8 : utilisation du cumin sauvage pour chasser les puces. Le cumin est à semer en février (3,24,14) ainsi qu'en mars (4,9,17). Dans le livre vétérinaire, deux attestations (14,3 ; 14,18,7) du cumin comme remède.

La forme de Palladius est *cyminum*, la forme *cuminum* apparaît parfois dans les manuscrits, a côté de variantes comme *ciminum* ou encore *cyninum*.

D'après Pline 19,160, la graine de cumin était la meilleure de toutes les épices. Elle figure dans presque toutes les recettes d'Apicius.

28. L'anis est semé aussi au mois de mars (4,9,17). IL était consommé à divers niveaux de l'alimentation : pain à l'anis (Pline 20,185) ; pâté d'olive à l'anis. L'anis était utilisé aussi pour ôter la mauvaise odeur du vin (Pline 19,188 ; 20,185).

Chapitre XXV

1. Sur les différentes époques de plantation des poiriers, voir Pline 17, 29,131 et *Géopon.* 10,23,2. Palladius établit les dates en fonction du climat, tandis que, chez les auteurs ci-dessus (y compris Magon) la date est fixée selon les diverses variétés.

2. L'adjectif *lapidosus* « pierreux » est employé généralement, comme on s'y attend, pour désigner des terrains. Mais certains fruits pouvaient être dits « pierreux » : ici la poire, chez Virgile, *Georg.* 1,34, les cornouilles.

3. Considérations philosophiques sur la nature, assez rares chez Palladius. Sur le sort des arbres issus de graines semées, voir Virgile, *Georg.* 2,57-59 : « Quant à l'arbre qui a levé de graines semées, il est lent à venir et ne prêtera son ombre qu'à nos arrière-neveux ; ses fruits dégénèrent, oublieux de leurs sucs originels » (trad. E. de Saint-Denis, Les Belles Lettres).

4. Des listes d'espèces de poires se rencontrent chez Caton, Columelle, Pline. Caton 7,4 mentionne six espèces : volèmes, anicianes, sémentives, tarentines, mustées, cucurbitives. Il signale aussi l'existence d'autres variétés.

Columelle 5,10,18 mentionne dix-huit espèces et termine par « d'autres encore, dont il serait trop long de faire l'énumération ».

Pline 15,16,53-54 cite quarante quatre espèces.

Palladius est fidèle à sa coutume d'omettre les énumérations. Cf. ci-dessus. 1,6,14 : « Il serait superflu de s'étendre sur les noms des diverses espèces de blé, qui changent fréquemment avec les régions et les époques ».

5. La lie de vin apparaît chez Palladius comme une sorte de panacée : pour soigner le poirier (ici), le mûrier (3,25,30), le palmier (11,12,2), le cerisier (11,12,8), le pêcher (12,7,3). Au livre 14 la lie de vin intervient quatre fois pour soigner diverses maladies : 14,13,9 ; 14,30,5 ; 14,34,1 ; 14,50,3. Autres vertus de la lie de vin : elle intervient dans un onguent pour les brebis après la tonte (6,8,1).

6. *Infundes*. Problème déjà vu du choix entre futur ou présent (3,10,3). Cf. la note 4 du chapitre 10. Le futur, adopté par Schmitt, nous paraît s'imposer au milieu d'un contexte au futur.

7. Un chapitre ci-dessus du livre 3 est consacré à la greffe : le chapitre 17.

8. A propos du prunellier ou prunier sauvage, voir Ana Moure Casas, *Paladio, Tratado de agricultura*..., p. 210, note 65. Peu importe, semble-t-il, à Palladius, la prohibition religieuse de faire des greffes avec le prunellier, exprimée par Pline 15,57 : *Neque omnia insita misceri fas est, sicut nec spinas inseri, quando fulgura piri non queunt facile, quotque genera insita fuerit, tot fulgura uno ictu fieri pronuntiatur*. D'après Moure Casas, le fait que Palladius ne prenne pas en compte cette prohibition ne doit pas être mis au compte d'un christianisme présumé de l'auteur. Cette pratique de greffer poirier et prunellier, arbres de texture semblable, se retrouve actuellement à la campagne.

Autres greffes sur le prunellier dont nous parle Palladius : du pommier (3,25,17) ; du sébestier (3,25,32).

9. Sur les problèmes de *fraxus/fraxinus*, voir ci-dessus 3,10,4 et la note 6.

10. Le *punicum* désigne le grenadier (cf.4,10,4 ; etc.), *malum punicum* la grenade (4,10,1 ; 6,6 ; etc.)

11. Rodgers supprime la phrase *Pirus omni genere inseritur*. Dans *An Introd to Palladius* p. 109 il invoque les arguments suivants : 1°) cette phrase est redondante ; 2°) la clausule est de moins bonne qualité que *germen inclusit*. Ce deuxième argument peut-il emporter la conviction ? Quant au premier, il nous laisse un peu sceptique : pour nous, en fait, il s'agit d'un résumé conclusif, qui n'est pas superflu. Nous conservons donc le texte des manuscrits.

*12. *Ita*, donné par les manuscrits, a été supprimé par Gesner, suivi par l'ensemble des éditeurs suivants, à l'exception de Guiraud qui pensait devoir le maintenir en dépit du fait que la suite de la phrase ne contient rien que cet adverbe serait susceptible d'annoncer. H. Widstrand, *Palladius-studien* p. 18 a défendu *ita* en citant le parallèle de 12,7,18 : *Si vero Februario ponemus... ita faciendum est.* Svennung, *Untersuchungen...*, p. 400 cite des exemples qui vont dans le même sens, mais Rodgers a récusé ces arguments (*An Introd. to Palladius* p. 109). La présence de *ita* s'explique vraisemblablement par un phénomène banal de dittographie après *(p)ira*, provoqué par la ressemblance de *r* et de *t* en minuscule caroline (R. Martin).

13. Les manuscrits sont partagés entre *coeperint* et *coeperunt*. Schmitt choisit *coeperunt* et Rodgers *coeperint*. Nous suivons Rodgers qui justifie sa préférence dans *An Introd. to Palladius*, p. 110. Il suit lui-même H. Widstrand, *Palladius-studien* p. 59 sq., qui cite plusieurs exemples chez Palladius de *ubi* avec des formes en *-rint* : *ubi mitescere coeperint*, leçon de tous les manuscrits en 2,15,4 ; *ubi conualuerint*, leçon de tous les manuscrits en 3,10,2 ; *ubi comprehenderint*, leçon de tous les manuscrits en 5,2,3.

Ces formes en *-rint* représentent des futurs antérieurs d'après Widstrand et Rodgers.

14. Le mot *tenaces, -ium*, au sens de « queue » (littéralement « ce qui tient ») est employé par Palladius en 4,10,4 et 4,10,9.

15. Pour *sabulo* cf. ci-dessus 3,18,3 et la note 4.

16. Sur la conservation dans le miel cf. Ana Moure Casas, *Paladio, Tratado de agricultura...*, p. 211, note 66. La conservation des fruits dans le miel n'apparaît pas avant le début du premier siècle avant J.C. Columelle la recommande en 12,10,5 : « Il n'y a point de fruit que l'on ne puisse conserver dans du miel ».

17. Selon Columelle 12,14, au commencement du mois d'août, on coupe les poires en deux ou trois morceaux et on les faits sécher au soleil. S'il y en a une grande quantité, elles constituent une bonne partie de la nourriture des paysans pendant l'hiver.

Palladius, en parlant de tous ces traitements au mois de février, sort des limites de son calendrier.

18. La *sapa* ou vint cuit peut servir pour conserver de nombreux produits : les cormes (2,15,5) ; les poires (ici) ; les nèfles (4,10,22) ; les pêches (12,7,8) ; les olives (12,22,3). Ce vin cuit est obtenu par réduction : de moitié (Colum. 12,19,1) ; des deux tiers (Pline 14,80 ; Palladius 11,18).

D'après J. André, *L'alimentation*[2]..., p. 164, « il existait trois espèces de vin cuit, dont la nature varie avec les auteurs et les époques : 1/ La *sapa*... ; 1/ le *defrutum*... : 3/ le *caroenum*... ».

Pour le *defrutum*, voir ci-dessous 3,29,25 et la note. Le *caroenum* est mentionné en 11,18.

19. Le *passum* désigne un vin de raisins séchés, *passum* étant le participe passé du verbe *pando, -ere*, qui signifie « étendre », mais aussi « étaler à l'air », en particulier du raisin. Cette technique était déjà connue des Grecs (Hésiode, *Trav.* 609-624). Palladius la décrit en 11,19.

La conservation des fruits dans un liquide était fréquente chez les Romains, le *passum* étant l'un de ces liquides. Pour nous en tenir à Palladius, cela concerne les poires (ici), les coings (3,25,25), les nèfles (4,10,22), les sorbes (2,15,5).

On peut assimiler le *passum* au « vin de paille » d'aujourd'hui.

20. Le vin doux était connu depuis Caton, 120. Pour la fabrication du vin doux on se reportera à Columelle 12,29 : manipulation un peu complexe, qui permet de conserver le vin doux pendant toute une année.

21. Le poiré fait partie des vins de fruits, comme le vin de coings, de grenades, de cornouilles et de sorbes. Un certain nombre d'entre eux avaient un usage médicinal.

22. Dans les régions viticoles on avait du vinaigre de vin. Ailleurs, on faisait un vinaigre de poires, de figues ou de pêches.

23. Passage difficile : le mot *liquamen* désignait essentiellement le *garum*, sorte de liqueur de poisson très appréciée des Romains. Mais quel pourrait être le rapport avec les poires, malgré les affirmations de Svennung, *Untersuchungen*..., pp. 12-13 ? Ce pseudo-rapprochement avec le *garum* est amené par le mot *castimoniale* ; il existait en effet un *garum castimoniale*, à l'usage des Juifs. Mais, encore une fois, quel est le rapport ? Cela dit, la présence ici de *castimoniale* pose problème, au point que Politien a supprimé le mot. Nous suivons le choix de Ana Moure Casas et traduisons par « pur ».

24. Palladius omet volontiers les énumérations : cf. 1,6,14 et la note 4 sur 3,25,4.

25. Beaucoup de manuscrits omettent *ouillum*. Mais Palladius spécifie les fumiers en 4,10,27 et 5,4,3.

26. Sur les vertus du fiel de lézard, voir Ana Moure Casas, *Paladio, Tratado de agricultura*..., p. 123, note 70 : le fiel paraît avoir un effet magique, fondé sur la possibilité de transmission de la vertu spécifique du lézard, traditionnellement de bon augure et capable de transmettre sa couleur verte, couleur de la fécondité, à l'arbre pour éviter qu'il ne pourrisse. Pline aussi croit à l'effet magique du lézard : *contraque urucas et ne mala putrescant lacerti uiridis tangi cacumina iubent* (17,47,266). Affirmation identique dans *Géopon.* 10,18.

27. Sur l'urine humaine chez Palladius, cf. ci-dessus 3,8 et la note 1. En 2,14,2, Columelle donne la seconde place en qualité pour les engrais à l'urine humaine.

28. Varron 1,59,1 cite les *orbiculatae*, pommes rondes, parmi cinq sortes de pommes ; Columelle 5,10,19 signale cinq espèces. Fidèle à sa méthode (absence d'énumération), Palladius parle seulement des *orbiculatae*.

29. Le cidre est mentionné aussi chez Pline 14,19,103, mais son usage était limité en général à la médecine.

30. Cf. ci-dessus 3,25,11.

31. Le cognassier était venu d'Orient. La Grèce l'a connu dès le VIIe siècle avant notre ère. Il a été cultivé en Italie à la fin du IIIe siècle avant J.-C.

32. Un des moyens d'obtenir des cognassiers : mettre en terre des branches de la cime et des boutures. Autre moyen : mettre en terre, vers les calendes de novembre, des coings (11,12,9). Ce dernier procédé est présenté ci-dessous en 3,25,23 comme un moyen de soigner les cognassiers malades.

33. Sur les deux sens possibles de *creta*, « craie » ou « argile », voir ci-dessus 3,18,3 et note 4. La *creta* est ici employée pour fumer les cognassiers. Varron, *Res Rust.* 1,7,8 signale qu'en Gaule transalpine on fumait les terres avec une craie blanche extraite du sol.

34. Sur l'amurque, voir ci-dessus 3,8 et la note 3. Vertus curatives pour les cognassiers (entre autres).

35. Problème de genre pour le nom de la chaux : masculin d'après les manuscrits, suivis par Schmitt et Rodgers ; mais féminin pour Iucundus, Commelianus, Gesner et Schneider.

36. *Locularis* est évidemment dérivé de *loculus*, désignant divers objets à compartiment ; Ici : un fût ? un casier ? Etant donné le caractère visqueux du produit, le deuxième sens semble le bon.

37. *Defritum* « vin cuit ». Problème de forme pour ce mot qui est bien utilisé chez Palladius : Schmitt a toujours *defrutum* et Rodgers toujours *defritum*. Les manuscrits ont préférentiellement *defritum*. La forme la plus ancienne était *defrutum* : Plante, *Pseud.* 741 ; Varron, *Res Rust.* 1,60, qui cite Caton ; Virgile, *Georg.* 4,269. Sur le passage de *defrutum* à *defritum*, voir Svennung, *Untersuchungen*..., p. 44, note 6 et p. 126.

Le *defritum* était l'un des trois vins cuits, les deux autres étant la *sapa* (cf. ci-dessus 3,25,10 et la note 18) et le *caroenum*. Le *defritum* constituait un des procédés de conservation des coings, soit en les faisant bouillir (3,25,25), soit sans bouillir (3,25,26). C'était aussi un des moyens de confire les olives (12,22,2 ; 12,22,4 ; 12,22,5). Il constituait l'un des remèdes vétérinaires (14,3,4) en particulier contre l'inflammation des parties génitales chez les chèvres ayant mis bas (14,33,4).

Pour le *passum* cf. ci-dessus 3,25,10 et la note 19.

*38. *Clauduntur/claudunt*. Tous les manuscrits autres que *M* donnent *clauduntur*, leçon adoptée par Rodgers, que suit Guiraud, mais corrigée en *claudunt* par l'ensemble des éditeurs précédents, qui retrouvaient sans le savoir la leçon de *M*, inconnu d'eux. Le passif, défendu par H. Widstrand dans ses *Palladius-studien,* p. 24, n'est certes pas inacceptable, mais on voit mal quel est son sujet ; l'actif (qui n'est plus une conjecture depuis la découverte de *M*) semble plus naturel, mais c'est son complément qui fait problème. La correction de *ita* (qui n'a d'ailleurs pas grand sens) en *ista* semble une solution satisfaisante (R. Martin).

39. *Siliqua*, mot sans étymologie, désigne à la fois le caroubier et la caroube. Arbre originaire du Proche-Orient et venu à Rome par la Grèce (appelé parfois *siliqua Graeca* : Columelle 5,10,20 ; 7,9,6). On mangeait ses gousses épaisses à pulpe sucrée (Pline 15,95 ; 15,111 ; 15,117). Columelle 5,10,20 est le premier agronome à en parler. D'après lui, il fallait le planter uniquement en automne, avant le solstice d'hiver.

40. Première attestation du mûrier dans le calendrier de Palladius. Il en sera question plusieurs fois par la suite : au mois de mars (4,10,16 ; 4,10,32 ; 4,10,37) ; au mois de novembre (12,7,23), ainsi que plusieurs attestation dans le *De insitione*. Le mûrier était cultivé à Rome (Columelle 10,401 ; Pline 24,130). Ses fruits pouvaient être consommés frais ou en confitures.

41. Bonne remarque chez Rodgers, *An Introd. to Palladius* p. 111 : le manuscrit *M* a *laetantur* qui peut s'expliquer à la suite de *amant* et *comprehendunt*. Mais *laetatur* est en harmonie avec les deux formes de singulier qui suivent : *desiderat* et *prematur*. Palladius peut faire alterner sans problème le singulier et le pluriel. Exemple en 3,25,28 : *mori nascuntur* suivi de *serenda est*. A notre avis, il est difficile de choisir de manière péremptoire entre *laeatatur* et *laetantur*.

42. Cf. Palladius 15,119-122 et 127-128.

43. Sur le mûrier on greffe le cédratier (4,10,16 ; 15,109-110) et le térébinthe (15,135). Toutes ces possibilités (autres descriptions cependant dans *Géopon.* 10,76,1) paraissent suggérer les progrès réalisés dans la technique de la greffe depuis l'époque de Pline : *Minimum in hac arbore ingenia profecerunt, nec nominibus nec insitis* (15,27,97).

44. Seule mention du noisetier chez Palladius. Cet arbre apparaît déjà chez Caton (143,3) qui conserve la noisette fraîche en la mettant en terre dans des pots. A Rome on mangeait la noisette fraîche et surtout grillée (Pline 15,89 ; Apicius 6,5,2 ; 7,13,4).

45. *Terra* du manuscrit *M* paraît préférable à *terram* des autres manuscrits. On ne voit pas en effet pourquoi les noisettes devraient être placées au-dessus de la terre. Il s'est produit une sorte de mécanisme chez les copistes, entraînant l'accusatif après *supra* préposition. Ici *supra* est un adverbe.

46. Le sébastier (*myxa*) est arrivé à Rome à l'époque de Pline, en provenance de Syrie. On le greffait sur le sorbier (Pline 15,43). On conservait les sébastes par dessiccation, tout comme les prunes, les cerises, les caroubes. Mais les sébastes semblent avoir joué un rôle surtout en médecine (Pline 22,130). De nos jours il a existé un sébastier officinal (*cordia myxa*) portant un fruit semblable à une petite prune. Il était beaucoup employé autrefois pour les tisanes pectorales. Seule attestation ici chez Palladius.

47. Pour le nom de l'azerolier, il y a hésitation sur la forme : *tuber* ou *tubur*. Les manuscrits donnent les deux chez Columelle. Même

situation chez Palladius. Schmitt et Rodgers ont tantôt *tuberes* (ici), tantôt *tubures* (10,14,1). L'azerolier est une grande aubépine cultivée actuellement dans le midi pour son fruit, l'azerole, sorte de petite cerise jaune dont on fait des confitures. Cet arbuste était venu à Rome du Proche-Orient (d'Afrique d'après Pline 15,47). Les Romains appréciaient le fruit pour son goût sucré (Martial 13,42-43). Plusieurs attestations chez Palladius : 2,15,20 (janvier) ; 10,14,1 et 10,14,2 (septembre).

48. La duracine est ici une pêche à chair ferme. Chez Caton, les duracines sont des raisins à grains durs (*Agr.* 7,2). Même chose chez Pline 14,16 ; Colum. 12,44,4 ; etc. Le mot *acinus* désigne souvent le grain de raisin (Colum. 3,1,5 ; 3,1,7 ; etc.). La duracine désigne donc un fruit dont l'intérieur est ferme. Autres attestations chez Palladius : 12,7,4 ; 12,7,6 ; 12,7,8.

49. *Pistacia* et *pistacium* peuvent désigner aussi bien l'arbre (pistachier) que le fruit (pistache). Nous avons chez Palladius, pour désigner l'arbre, *pistacia* (ici) et *pistacium* (4,10,37 ; 11,12,3 ; 11,14,12 ; 15,157). D'après J. André, *L'alimentation*[2]..., p. 86, le pistachier a été introduit de Syrie en Italie en 37 après J.C. A l'origine, la pistache semble avoir été à Rome utilisée en médecine (Pline 13,51 ; 23,150). On ne sait rien de son emploi dans l'alimentation.

50. La châtaigne n'est pas mentionnée à Rome avant Varron (*Res Rust.* 3,15,1-2). Virgile en faisait la nourriture des bergers (*Buc.* 1,81 ; 2,52 ; 7,53). Mais Pline en cite sept variétés cultivées (15,93-94). On mangeait les châtaignes bouillies (Pline 15,94), rôties (Martial 5,78,15) ou en purée (Apicius 5,2,2). Voir, à ce sujet, J. André, *L'alimentation*[2]..., pp. 84-85.

Semen aspargi. Voir à ce propos Rodgers, *An introduction to Palladius,* p. 112. Les anciens éditeurs imprimaient *semina spargi* (leçon de *S*), mais Schmitt a raison de donner *semen aspargi*. Svennung, *Untersuchungen...*, p. 530 préférait *castanea aspargi*, mais le fait d'omettre *semen* est très gênant, car cela rompt le parallélisme avec *amygdali semina* quelques lignes plus haut. La forme reconstituée étymologiquement *aspargi* est souvent préférée dans les manuscrits à la forme phonétique *aspergi*.

Chapitre XXVI

1. L'élevage des porcs a été étudié de manière systématique par Varron dans les *Res Rusticae*, livre 2, chapitre 4. Cf. Columelle 7,9 et Pline qui, dans un long passage du livre 8, prend sa source chez Varron. Les indications de Columelle sont reprises par Palladius, à l'exception de ce qui concerne la castration, des arbres dont les porcs mangent les fruits et des recommandations sur les conditions que doit remplir le porcher (cf. J. Svennung, « De auctoribus Palladii », *Eranos* 25,1927, p. 149-150). C'est la première fois dans son livre que Palla-

dius parle des porcs. Il en sera question, naturellement, dans le livre vétérinaire.

2. *Incipit*. Un présent s'impose ici. Bien qu'*incipiet* soit la leçon des manuscrits, des éditeurs et de Rodgers, nous avons retenu la correction due à Schmitt.

3. D'après Columelle 7,9,4, c'est uniquement dans les propriétés voisines des villes qu'il faut vendre les cochons de lait, car, dans les campagnes éloignées, dès que les porcelets cesseront de téter, ils se nourriront d'herbes et de paille. D'après Ana Moure Casas, *Paladio, Tratado de agricultura*..., p. 222, note 87, la formule « Quand on a la possibilité de s'en défaire » sous-entend qu'à l'époque de Palladius il n'y avait pas de système économique autarcique, mais que les ventes d'animaux étaient en usage.

4. Le *pastor*, gardien des porcs, était sans doute un travailleur spécialisé, extérieur à la famille.

5. En ce qui concerne le nombre de porcelets qu'une truie peut nourrir : légère réduction de Columelle (huit) à Palladius (six). On constate une même réduction de chiffres (vingt-cinq chez Columelle, quinze chez Palladius) en 1,2,8,5, à propos du nombre de poussins que peut élever une poule.

6. Sur le piocheur (*fossor*), voir ci-dessus note 1 sur 3,15,3.

Chapitre XXVII

1. Explication de *aliter* : une recette un peu différente de vin de myrte a été donnée par Palladius en 2,18. A propos de la question, très complexe, des diverses sortes de vin de myrte, on se reportera à la note très développée de R. Martin sur 2,18 : pp. 205-206 de l'édition des Belles Lettres. Trois sortes de vin de myrte d'après J. André à propos de Pline 14,104, davantage d'après R. Martin. Autre recette de vin de myrte ci-dessous en 3,31 : recette fournie par les Grecs. Il est question aussi du vin de myrte en décembre (13,2).

2. Le nom de la cruche (*laguna*) pose des problèmes de forme. On trouve *laguna, lacuna, lagena, laguena*. S'il s'agit, comme il est vraisemblable, d'un emprunt au grec λάγυνος, la forme la plus autorisée est *laguna*.

3. Palladius utilise à la fois *myrtae* et *myrti*. Les deux formes se suivent à quelques lignes d'intervalle en 3,31.

Chapitre XXVIII

1. Le mois de février est le seul où Palladius parle de la vigne antimorsures (thériaque). Il en sera question une autre fois au début du livre 14 (vétérinaire), où Palladius explique clairement l'utilité de la vigne thériaque qui, grâce à la cendre issue de la combustion des sarments, permet de contrebalancer l'effet des morsures de chiens, et même de chiens enragés.

L'étymologie du mot est limpide : emprunt au grec θηριακός, « relatif aux bêtes » et « bon contre la morsure des bêtes sauvages ». La découverte des propriétés thériaques est attribuée à un médecin contemporain de Néron.

2. Pour Pline 14,117, le vin, le vinaigre, les raisins, les pampres de la vigne thériaque valent uniquement contre les morsures des serpents.

Chapitre XXIX

1. Le procédé que recommande Palladius pour obtenir les ancêtres de ce que nous appelons aujourd'hui les « raisins de Corinthe » se rencontre avec quelques variantes chez Colum. *Arb.* 9,3, *Géopon* 4,7,1, Pline 17,35,162. En ce qui concerne Pline, il s'agissait d'une méthode inventée récemment.

2. *Opon Quirenaicon.* Il s'agit du *lacerpitium* (ou *-cium*), en abrégé *laser*, comme le signale Caelius Aurelianus, *Acut.* 3,8 : *Laser, quem Graeci opon Cyrenaicum uocant.* Le *laser* est le suc extrait d'une férule (ici de Cyrénaïque, mais aussi d'une férule de Perse).

Chapitre XXX

1. Un problème peut être soulevé quant à la nature casuelle exacte de *uites* : nominatif ? accusatif ? En construction stricte, *uites* serait un accusatif annonçant à l'avance *fieri iubent.* Mais on peut en faire aussi un nominatif *pendens.* Svennung, *Untersuchungen...* en cite des exemples p. 178 sq.

Chapitre XXXI

1. Les deux recettes de ce livre 3 présentent peu de différences avec la recette antérieure. En 2,18 : « Sur dix setiers urbains de vin vieux on en mettra trois de graines de myrte concassées, et on les laissera infuser pendant dix-neuf jours ». L'absence de miel est la principale caractéristique de la formule à la grecque. Recettes similaires pour l'élaboration du vin de myrte chez Columelle en 12,38.

*2. *Inclinabis.* Le verbe *lino*, « enduire », appartient en latin classique à la troisième conjugaison. Mais *linabis* est ici la leçon d'une écrasante majorité de manuscrits, deux seulement, *S* et *E*, ayant *lines,* qui est à l'évidence une correction clacissisante. Rodgers, suivi par Guiraud, choisit la forme *linabis*, mais obélisée. Schmitt fabrique *oblines*. Svennung, *Untersuchungen...*, p. 104, note 3, estime que le rythme de *linabis* est parfaitement satisfaisant. On pourrait évidemment supposer que le verbe *linere* était passé à la première conjugaison en latin tardif, mais, outre le fait que l'on n'en a aucun autre exemple et que, du reste, la forme attendue *linibis* se lit ci-dessus en 3, 12,4, le rapprochement avec la phrase du chapitre 25 citée dans l'apparat invite à conjecturer avec vraisemblance *inclinabis*, l'omission de *inc* s'expliquant aisément par un phénomène de quasi-haplographie après la conjonction *ac* (R. Martin).

Chapitre XXXII

1. *Propoma, -atis*, « apéritif ». Transcription directe du grec πρόπομα. Aucun source connue.

2. La terre végétale est implicitement comparée à la cendre de bois (« charrée ») utilisée dans l'Antiquité et au Moyen-Âge pour obtenir l'eau de lessive appelée parfois « eau de cendre ». Cf. infra, p. 132, note 2.

LIVRE IV

1. Sur les rapports entre la sarriette (*cunila*) et la sarriette (*satureia*) voir ci-dessus 3,24,9 et note 20 et 3,24,2 et note 7.

2. Sur la coriandre, voir ci-dessus,3,24,2 et note 5.

3. Sur l'anis, voir note 28 sur 3,24,14.

Chapitre I

1. Cf. 3,12,15.

2. *Cum uero germen eruperit*. Cf. Rodgers, *An Introd. to Palladius*, p. 114 : la majorité des manuscrits donne *ruperit*, alors que Palladius utilise souvent le composé pour des raisons rythmiques. Cf. Svennung, *Untersuchungen*..., p. 550, note 3.

3. Cf. 3,9,1 ; 3,9,10 ; 3,9,11.

Chapitre II

1. *Veruactum* « terrain en jachère ». Unique exemple chez Palladius *Veruactum* est antérieur (Caton *Agr*. 27, Varron *Res Rust*. 1,44,2) à *uerago*, qui ne se trouve pas avant Columelle et Pline. Le mot habituel pour la jachère est *noualis* : Palladius 1,6,13 ; 2,10,1 ; 12,13,3.

Chapitre III

1. Première attestation du panic chez Palladius. Attestations ultérieures : 5,2,4 : panic à semer dans les régions très froides (en mars dans les régions chaudes et sèches) ; 6,1 : panic à semer en mai dans les régions froides et humides ; 10,12 : il faut moissonner le panic en septembre.

Le panic ou millet des oiseaux était usuel depuis Caton. Il a été associé dès le début au millet (Caton, *Agr*. 6,1). Pline 18,54 signale que tous deux servaient à confectionner un pain grossier. Ce qui explique la fausse étymologie d'Isidore (17,13) qui met *panicum* en relation avec *panis* : *panicium dictum quod... ex eo panis uice homines sustententur*. En fait *panicum (-cium)* est dérivé de *panus* : « fil de tisserand », « épi à panicules ».

2. Le millet (*milium*) comporte de nombreuses attestations chez Palladius. En 1,2,5, le millet constitue un aliment pour les tourterelles, avec le blé. En 1,30,3, c'est un aliment pour engraisser les oisons. En

3,25,26, nous apprenons que l'un des procédés de conservation des coings consiste à les recouvrir de millet.

D'après J. André, *L'alimentation*[2]..., p. 53, le millet et le millet à grappes étaient consommés par les Romains (Colum. 2,7,1-2). Le millet était une vieille culture de Grèce et d'Italie. Il faisait partie de ces plantes à bouillir qui constituaient en de nombreuses régions la nourriture des paysans.

3. Sur les problèmes concernant *sabulo* et *harena*, voir *Introduction*, p. XIX.

Chapitre IV

1. Les deux espèces dont parle Palladius représentent le *cicer arietinum* et le *cicer punicum*. Cf. Columelle 2,10,20. Le pois chiche se mangeait grillé en guise de friandise. Il était vendu soit sec, soit vert en bottes.

Chapitre V

1. Sur le chanvre, cf. 3,5 et la note 1.

Chapitre VI

1. C'est ici la seule attestation de la gesse (*cicera*) chez Palladius. On trouve en revanche chez lui plusieurs attestations de la gesse blanche (*cicercula*) : 2,5 ; 3,4 ; etc. La gesse blanche est un pois cassé, anguleux. *Cicera* et *circercula* étaient cultivées essentiellement pour les animaux. Mais la gesse blanche servait aussi à la consommation humaine.

Chapitre VIII

1. Cf. Columelle 11,2,29.

2. Dans les *Géoponiques* 9,10,4, il est question aussi d'arbres percés du côté du sud.

Pour le choix du sud en ce qui concerne la plantation des figuiers, cf. ci-dessous 4,10,24 : *trisulcum ramum... ab australi parte decides*.

3. *Utrimque*, correction de Schneider acceptée par Rodgers, est plus riche de sens que le *utrumque* des manuscrits ; Il correspond par ailleurs à ἑκατέρωθεν dans les *Géoponiques*.

Chapitre IX

1. Sur le cardon, voir ci-dessus 3,24,2 et note 3.

2. Le nom de la taupe (*talpa*) était d'abord masculin (Virgile, *Georg*. 1,183). Mais, sans doute parce que la forme du mot en *-a* semblait contradictoire avec le genre, la langue en a fait un féminin.

3. Sur la ciboule (*cepulla*), cf. ci-dessus 3,24,3 et note 8.

4. Sur l'aneth (*anethum*), cf. ci-dessus 3,24,5 et note 10.

5. Sur la moutarde (*senapi*), cf. ci-dessus 3,24,5 et note 11

6. Sur la mauve (*malua*), cf. ci-dessus 3,24,9 et note 16.

7. La ravenelle (*armoracea*) était encore une plante sauvage chez Pline (19,82). Elle servait à faire des bouillies et pouvait être mise en conserve. Dans le livre vétérinaire, Palladius signale son emploi pour soulager les douleurs oculaires des bœufs (14,19,4).

8. Sur la bette (*beta*), cf. ci-dessus 3,24,10 et noté 22.

9. Sur le poireau (*porrus*), cf. ci-dessus 3,24,11 et note 23.

10. Sur la colocase (*colocasia*), cf. ci-dessus 3,24,14 et note 26.

11. Sur la *cunila* et la *satureia*, voir *Introduction*, p. XIX-XX.

12. Sur le cresson alénois (*nasturtium*), cf. ci-dessus 3,24,2 et note 4.

13. Sur le raifort (*rafanus*), voir J. André, *L'alimentation*[2]..., pp. 16-17. Le raifort « était regardé comme un aliment très avantageux pour l'hiver et sa culture, pratiquée dès Caton, est abondamment décrite ». Pour les références de ces descriptions, on se reportera à Caton *Agr.* 6,1 ; Colum. 11,3,47 ; Pline 19,78 sq. Malgré l'odeur âcre du raifort, qui donnait une haleine fétide, une recette nous est fournie par Apicius 3,14, qui l'accompagne d'une sauce au *garum* et au vin poivré.

14. Le melon (*melopepo* abrégé en *melo*) est venu d'Afrique intertropicale en Égypte, puis en Grèce (*melopepo* reprend le grec μηλοπέπων), puis en Italie. Il est apparu en Campanie au temps de Pline, qui le croit né d'une mutation accidentelle du concombre (Pline 19,67). On servait le melon avec une sauce compliquée (Apic. 3,7).

On sème le melon pendant trois mois consécutifs : mars (ici) ; avril (5,3,5) et mai (6,5).

15. Procédé analogue pour éviter la saveur amère chez Columelle 11,3,51 et Pline 19,64. Le texte de Palladius ajoute des précisions en ce qui concerne la couleur blanche.

16. D'après J. André, *Les noms de plantes dans la Rome antique*, le mot *culex* (Palladius) ou *culix* (Pline 19,68) désigne une « plante indéterminée, dans le suc de laquelle on fait macérer les semences de concombre pour obtenir des fruits sans graines ».

17. Selon Columelle 11,3,53, ce procédé pour conserver les concombres apparaît chez un auteur égyptien, Bolus de Mendès (*Bolus Mendesius*). Le verbe *necari* a fait l'objet d'un commentaire critique de la part de R.H. Rodgers, *An Introd. to Palladius*, p. 116. Il a dans son texte *negari*, leçon de la plupart des manuscrits, mais, depuis Iucundus, les éditeurs impriment *necari* (leçon de deux manuscrits, adoptée également par Schmitt). Rodgers estime que le verbe *necari* a ici un sens trop fort. Mais *necare* est employé pour « détruire des plantes » par Pline 31,52. Nous avons retenu la leçon *necari*, car nous estimons que l'idée de négation portée par *negari* ne convient pas ici.

18. Les asperges sont semées en février et en mars.

19. Il est préférable d'acheter les asperges, car la culture est longue (plus de deux ans). D'une manière générale, il faut se procurer en temps utile tout ce dont on a besoin, quitte à acheter au dehors.

20. On sème la rue au mois de mars, mais on peut la semer aussi en mai (6,5). Cette plante était très appréciée des Romains ; elle intervenait dans la confection des sauces et jusque dans les entremets sucrés. Elle était cultivée dans tous les jardins (Colum. 10,121 ; Pline 19,156 sq.).

21. Cette étrange pratique s'insère dans un contexte magique à propos de la rue : ainsi, en 1,24,3, Palladius conseille de suspendre en plusieurs endroits du pigeonnier des rameaux de rue, afin d'écarter les animaux hostiles. Cf. encore 4,10,30 : lorsqu'un figuier laisse tomber ses fruits, un des remèdes consiste à suspendre à ses branches une écrevisse avec une branche de rue.

22. Les effets d'une femme ayant ses règles (*mulier menstruans*) sont signalés de manière contradictoire : en 1,35,3, Palladius nous dit qu'un des procédés pour préserver le jardin des chenilles consiste à en faire faire le tour « par une femme ayant ses règles, sans ceinture, cheveux dénoués et pieds nus ». Mais ici l'influence est présentée comme néfaste : la rue « redoute le contact d'une femme dans sa période impure ». On rapprochera la croyance, rapportée par Pline 19,176, suivant laquelle l'approche d'une *mulier menstrualis* avait une influence néfaste sur toutes les plantes, dont elle faisait jaunir les feuilles et, en 19,64, concernant le caractère mortel du sang menstruel pour la végétation. On voit mal comment les Anciens pouvaient attribuer à la femme ayant ses règles une influence tantôt favorable, tantôt néfaste.

23. Sur la coriandre (*coriandrum*), cf. ci-dessus 3,24,2 et note 5.

24. A propos de la courge (*cucurbita*), voir J. André, *L'alimentation*[2]..., p. 42. Elle faisait l'objet à Rome d'usages un peu contradictoires. Ce fruit « peu nourrissant » figurait dans des repas « médiocres et ridicules » (Pline le Jeune, *Epist.* 1,15,2). Mais Pline l'Ancien considérait la courge comme une « nourriture salutaire et douce » (Pline 19,71) qu'on accommodait de diverses façons.

25. Deux noms en latin pour la bette : *beta* (ci-dessus 3,24,10 et note 22) et *blitus* (ici). De même, en français, la bette ou la blette.

26. Pour la bonne qualité d'une vieille graine, cf. ci-dessus 4,9,15 à propos de la coriandre.

Chapitre X

1. La grenade apparaît sous deux noms chez les agronomes latins : *malum punicum*, en raison de ses origines carthaginoises et *malum granatum* (fruit grenu). Les deux se trouvent chez Palladius : *malum punicum* : 3,25,6 et note 10 ; 3,25,24 ; 4,10,1 sq. ; 4,10,4 sq. ; 6,6 ; 7,5,1 ; 12,7,23. *Malum granatum* : 3,29,3 ; 4,25,1 ; 5,4,4. Sans compter, pour les deux dénominateurs, les emplois vétérinaires.

2. Sur les bienfaits de l'eau de lessive à propos des noyers, voir ci-dessus 2,15,18. L'eau de lessive était utilisée aussi pour faire germer

des noyaux de prune : 12,7,13. On reprendra ici la note de Ana Moure Casas, *Paladio, Tratado de agricultura…*, sur 2,15,18, p. 163 : Dioscoride mentionne la lessive de cendre de figuier, médicamenteuse. Chez Columelle, cela s'applique à l'huile qui se détache de l'olive en coulant comme une lessive, sans pressage (12,52,11). En 12,22,1, Columelle nous indique que la lessive de cendre était employée pour apprêter et conserver le moût. L'eau de lessive a été utilisée dans les campagnes, de l'époque romaine à nos jours.

3. *Tripedanea* est omis par la plupart des manuscrits. V^2 a *bipedanea*. Rodgers a retrouvé *tripedanea* chez Columelle : *fossulae tripedaneae* (12,46,3). Nous adoptons la même leçon.

4. Les applications médicinales dc la grenade verte sont décrites chez Palladius 14,3,2.

5. Problème du choix possible entre forme de présent ou de futur : *mittes/mittis ; exprimes/exprimis ; coques/coquis ; claudes/claudis*. Schmitt a généralisé la forme de futur. Toujours très conservateur, Rodgers fait alterner, de manière peu crédible, présent et futur : *conficies ; mittis ; exprimis ; coques ; claudis*. Les leçons des manuscrits n'éclairent pas le problème. Il nous a paru logique de tout aligner sur la forme initiale *conficies*. Problème déjà rencontré ci-dessus : 3,10,2-3 et note 4.

6. *Sit*, correction de Iucundus adoptée par Schmitt nous paraît mieux convenir pour le sens que *fit*, leçon des manuscrits adoptée par Rodgers.

7. *Tectam/tectum*. *Tectam* se trouve seulement dans le manuscrit *G*, les autres ayant *tectum*. Mais *tectam* est préférable car il s'accorde avec *arborem*, qui n'est distant que de quelques mots. *Tectum* s'accorderait avec *genus*, qui est beaucoup plus éloigné.

8. La plupart des manuscrits ont omis *qualo desuper omni modo muniendi sunt*. Ce passage aurait-il été ajouté par une sorte de prélecture du paragraphe 18, ci-dessous : *Si uasculis quibuscumque claudatur* ? Nous ne le croyons pas et nous gardons le texte complet.

9. Voir ici Ana Moure Casas, *Paladio, Tratado de agricultura…*, p. 251, notre 22 : l'indication de Gargilius Martialis (le cédrat produit des fruits en Assyrie) est en relation avec l'un des noms de l'arbre, *malum Assyrium*, qui dénote son origine orientale. J. André, *L'alimentation*[2]…, pp. 79-80 signale que ce fruit d'origine indienne fut acclimaté en Italie aux environs du 1er siècle avant notre ère (dans *Georg.* 2,216 Virgile le cite comme un arbre exotique). Columelle ne le mentionne pas et Pline 13,100-103 ne l'identifie pas clairement. Ce passage de Palladius nous amène à supposer que Gargilius Martialis fut à Rome l'un des théoriciens de la culture du cédrat, mais Palladius semble être aussi un spécialiste en la matière, capable d'exposer une nouvelle méthode de culture découverte par lui personnellement. Le passage en question est repris en 8,3,2.

10. *Neapolis* ne désigne pas l'actuelle ville de Naples, mais une localité située sur la côte occidentale de la Sardaigne, comme l'a montré L. Gallo, *Neapolis in Paladio*, 4,10,16, *ASNP*, IX, 1979, pp. 179-184.

11. Le néflier (*mespilus*) avait été évoqué très brièvement en 3,25,32 (greffe opérée au mois de février). Ici, plusieurs paragraphes sont consacrés à la nèfle. Voir à ce sujet J. André, *L'alimentation*[2]..., p. 81 : « La nèfle (*Mespilus germanica* L.) apparaît pour la première fois en Italie dans Dioscoride 1,118, mais les *mespili* de Pline 15,84, à feuilles découpées, ne sont pas tous des néfliers. C'est seulement à partir de Palladius, qui traite de sa culture, qu'on peut être assuré que *mespilus* désigne cet arbre dans les textes. On mettait en conserve les fruits qui ne peuvent se manger que blets ».

On plante les néfliers en novembre (12,7,23).

12. Le figuier a été évoqué plusieurs fois ci-dessus de manière rapide : en 1,35,3 nous apprenons que la cendre de figuier peut être utilisée contre les chenilles. Les coings peuvent être conservés dans des feuilles de figuier (3,25,25). Le mûrier se greffe sur le figuier (3,25,30). Le figuier peut être planté en février (3,25,33). Mais, comme pour le néflier, c'est ici que les plus longs développements sont consacrés au figuier. Dès le traité de Caton, la figue est mentionnée plusieurs fois et elle apparaît ensuite dans tous les traités d'agriculture. Les descriptions les plus détaillées se trouvent chez Pline 15,68-83 et chez Palladius. Il y avait quarante quatre variétés culturales de figuier : cf. J. André, *Lexique des termes de botanique en latin*, p. 136-168. La culture de cet arbre était donc très importante et le figuier intervient chez Palladius presque tous les mois : greffe en avril (5,4,4), en mai dans les pays froids (6,6), en juillet (8,3,2) ; « caprification » en juin (7,5,2) ; on peut planter les figuiers en novembre (12,7,23).

13. Deux formes de plantation pour le figuier : en bouture (*talea*), ou bien en arrachant une branche au sommet de l'arbre (*cacumen*). Dans ce dernier cas « on coupera, du côté de l'arbre exposé au midi, un rameau de deux ou trois ans garni de trois pointes » (cf. ci-dessous, 4,10,24).

14. L'une des rares interventions où Palladius se met en scène.

15. *Abrotonum* « l'aurone », plante médicinale. On n'est pas très bien fixé sur la nature exacte de l'aurone. Ce qu'on sait très bien, en revanche, d'après le texte de Palladius, c'est que l'aurone est essentiellement une plante médicinale, étant donné que, sur les six attestations, cinq se trouvent dans le livre vétérinaire à titre de médication : 14,3,1 ; 14,7,4 ; 14,8,4 ; 14,35,6 ; 14,54,2.

Flottement également au niveau de la forme du mot. Schmitt imprime *abrotani* et Rodgers *aprotani*. Nous choisissons *abrotani*, le *b* en raison de la forme grecque ἀβρότονον, le *a* par suite d'une évolution phonétique latine. Svennung, *Untersuchungen*..., p. 125 remarque que la finale *-anum* est plus fréquente en latin que la finale *-onum* ; par ailleurs il y aurait eu dissimilation au niveau des *o*.

16. On reprendra ici la note de Ana Moure Casas, *Paladio, Tratado de agricultura*..., p. 256, note 26 : « Ce mélange de procédés scientifiques, fondamentalement des amendements et des insecticides – cendre, amurque, urines, chaux, poix, algues par exemple – joint à des croyances superstitieuses selon notre époque, comme l'usage des écrevisses de rivière (1,35,3) est difficile à circonscrire. Toutes ces techniques étaient sûrement équivalentes pour la pensée antique. Certaines, comme l'association de la rue et de la figue, vont se perpétuer pendant des siècles ».

17. *Coracinus* : sorte de poisson du Nil d'après Pline 9,57.

18. Il s'agit d'un procédé pour obtenir des figues fraîches en hiver. Voir à ce sujet Ana Loure Casas, *Paladio, Tratado de agricultura*..., p. 257, note 28 : « Ce n'est pas une recette originale de Palladius, qui l'a prise probablement à Garg. Mart. Il s'agit d'une pratique agricole traditionnelle très largement répandue, qui consiste à obtenir une deuxième génération de figues en arrachant les premières avant maturité... Cette méthode est décrite aussi chez Columelle 5,10,10 et Pline 15,73, avec quelques variantes ».

19. Rodgers, *An Introd. to Palladius*, p. 120 a raison de choisir *umidis*, confirmé par 8,3,2 : *hoc tempore lucis umidis inoculari ficus... protest*. Le *melius* de presque tous les manuscrits, choisi par Schmitt, n'a aucun sens.

20. A propos de la forme double des figues, on se reportera à Ana Moure Casas, *Paladio, Tratado de agricultura*..., p. 259, note 29 : « Palladius utilise le terme *duplicata*, paraphrasé ainsi dans la vieille tradition espagnole : « après qu'elles auront séché des deux côtés, on les double, c'est-à-dire que la pulpe de l'une sera jointe à la pulpe de l'autre. Ces figues sont appelées figues doubles en Catalogne ».

Chapitre XI

1. *Rubei/robei*. Voir J. André, *Etude sur les termes de couleur*..., p. 85 : la forme tardive est *rubeus*, avec un vocalisme refait sur *ruber*. Les manuscrits sont partagés.

*2. La phrase pose deux problèmes. Le premier est celui de la séquence *quibus* ... *conparabit*, donnée par huit manuscrits sur dix. Le pronom relatif est très certainement un datif, constituant avec *cordi est* un syntagme classique en double datif : « ceux qui ont à cœur, ceux qui souhaitent ». Mais le pluriel fait attendre, dans la principale, un verbe lui aussi au pluriel, que donnent, de fait, *S* et *E* qui, probablement par tentative de correction, présentent la leçon attendue *conparabunt*. Il semble difficile de ne pas corriger le texte (pourtant accepté par tous les éditeurs, y compris C. Guiraud), ce qui peut se faire de deux façons : soit en mettant effectivement le verbe au pluriel, ce qui doit logiquement entraîner la correction en *summittent* du verbe coordonné *summittet* (donné cette fois par tous les manuscrits) mais le passage fautif de *conparabunt* à *conparabit* est inexplicable ; soit, comme nous le proposons, en conjecturant *cui* pour *quibus*, le mécanisme de la faute étant cette fois assez clair : dans l'archétype de notre tradition, c'est le le substantif au pluriel *tauros* qui, du fait qu'il paraissait être l'antécédent du pronom relatif, a provoqué, par un phénomène d'entraînement syntaxique bien banal, le passage de *cui* à *quibus*. On pourrait d'ailleurs se demander si Palladius n'avait pas écrit *cui bubus cordi est armenta construere* : « celui qui souhaite constituer un cheptel en bovins » (sur le modèle de *lapidibus murum construere*) ; celle conjecture plus élaborée rendrait la faute encore plus plausible, et nous l'aurions proposée si elle était nécessaire pour expliquer la faute ; mais tel n'est pas le cas, et, renonçant à l'introduire dans le texte, nous nous bornons à la suggérer dubitativementdans l'apparat. Le second problème est celui de la place de *his signis* : si l'on s'en tient au texte des manuscrits, Palladius recommande d'élever (*summittere*) « depuis leur plus jeune âge » (*a tenera aetate*) des taureaux ayant, entre autres caractéristiques (*signis*), celle d'être « d'un âge moyen » (*aetatis mediae*), ce qui est une absurdité manifeste, cette mention ne pouvant s'appliquer qu'aux bêtes achetées. La transposition de *his signis* avant *aut* permet d'éliminer cette absurdité, en en faisant le complément de *conparabit* et non de *summittet* ; mais il faut convenir que le mécanisme de la faute, si faute il y a, n'apparaît pas ; on ne saurait donc exclure que cette formulation pour le moins maladroite soit à mettre au compte de Palladius lui-même (R. Martin).

3. L'achat de nouvelles vaches prend place dans le problème de l'autarcie. Le paysan achète essentiellement dans deux domaines : les terres et le cheptel. Au livre 1,5 Palladius fait des allusions à des achats de terre. Il n'en est plus question dans les autres livres. Les achats de cheptel font partie de la pratique de l'élevage et vont de pair avec la vente, au rythme même de la croissance du bétail.

Chapitre XII

1. Le bouvier (*bubulcus*) fait partie du personnel stable chez Palladius, au même titre que le laboureur (*arator*), le gardien (*custos*). Par contre le *fossor* serait plutôt un saisonnier. Voir ci-dessus 3,15,3 et 3,26,5.

Chapitre XIII

1. Sur *meritum*, les « qualités », les « mérites », on se reportera à R.H. Rodgers, *An Introd. to Palladius*, pp. 121-122. Au début du paragraphe 2, Palladius écrit que « dans l'étalon, quatre choses sont à examiner : la forme, la couleur, les qualités, la beauté », successivement *forma, color, meritum, pulchritudo*. Au paragraphe 2, il parle de la *forma* et de la *pulchritudo* et, au paragraphe 3, il traite des couleurs qui sont préférables. Mais nulle part il ne disserte spécifiquement sur le troisième élément, *meritum* (les qualités), bien qu'à la fin du para-

graphe 3 il écrive : *Ceteri uero despiciendi, nisi magnitudo meritorum culpam coloris excuset* et, au paragraphe 6 : *In pullis pro aetatis merito ea sunt consideranda quae signum bonae indolis monstrant quae in patribus uel matribus spectanda praecepi*. Palladius parle alors d'*hilaritas*, *alacritas* et *agilitas*. Au paragraphe 7, il mentionne les *mores*.

2. Le livre 4 est celui où Palladius s'intéresse aux chevaux (il avait parlé brièvement des écuries en 1,21 et reparlera des chevaux dans le livre vétérinaire). Nous avons ici un paragraphe détaillé consacré à la couleur. Il était très brièvement question de celle des bœufs en 4,11,2. Palladius parlera un peu plus longuement en 4,14,3 des couleurs qui sont préférables pour un bon âne étalon.

On est frappé par le nombre de couleurs possibles pour la robe d'un cheval étalon, encore ne s'agit-il que des couleurs préférables. Elles sont au nombre de seize, si l'on s'en tient au texte de Rodgers. En effet, des problèmes de transmission de texte font apparaître des différences dans le nombre de ces couleurs. Les éditeurs antérieurs à Rodgers hésitent parfois sur la ponctuation : en rétablissant des virgules dans des groupes de deux mots, ils augmentent le nombre de couleurs. Ex. : *albus, guttatus* au lieu de *albus guttatus* chez Rodgers ; *niger, pressus* (*niger pressus* chez Rodgers) ; *murinus, obscurior* (*murinus obscurior* chez Rodgers). Nous adoptons la solution raisonnable de Rodgers, contrairement à celle de Schmitt, qui utilise les virgules.

Cela étant, le nombre de couleurs recommandé par Palladius paraît vraiment bien élevé. On considérera d'abord le blanc. Le terme fondamental, *albus*, n'apparaît ici qu'après *albineus*, qui pose bien des problèmes. Ce mot est un hapax. On ne le trouve qu'ici, deux fois à trois lignes d'intervalle. La première fois, la quasi-totalité des manuscrits a *abineus*, la seconde fois les manuscrits sont partagés entre *albineo* et *abineo*. Rodgers choisit les deux fois *abineus*, Schmitt a *albineus*, suivant en cela les éditeurs antérieurs. Nous avons retenu la forme *albineus*, en raison de la parenté formelle avec *albus*, qui a par ailleurs en latin une importante famille de dérivation.

Peut-on donner un sens précis à *albineus* dans le domaine du blanc ? J. André, *Etude sur les termes de couleur...*, ne le pense pas. Pour lui (p. 150) « les qualificatifs colorés de la robe du cheval, déjà difficiles à distinguer et à préciser en français, ne peuvent souvent en latin être définis que de façon assez vague ». Et de citer ici, pour le seul blanc, *albineus, albus, candidissimus* et, sans doute, *spumeus*. Rodgers, *An Introd. to Palladius...*, p. 122, n'a pas d'idée précise sur la signification d'*abineus*. Il n'est pas convaincu par l'explication de E. Boehmer, « De colorum equinorum nominibus », *Romanische Studien* 1 (1872), p. 242 sqq : « Accipio albineum de colore qui parietibus dealbatis similis est ; albarium enim opus probabile est albineum quoque uocatum fuisse, quum albarii opifices uocentur etiam albini ».

Ana Moure Casas, *Paladio, Tratado de agricultura*... choisit de ne pas traduire *albineus/abineus*. Les deux fois, elle garde le mot latin présenté entre guillemets : « abineus », et « abineo ». Dans sa note 30, p. 265-266, elle remarque que le mot ne figure pas chez Isidore, sans que l'on puisse savoir s'il ne l'a pas lu dans son exemplaire de Palladius, ou s'il l'a omis simplement parce qu'il ne le comprenait pas. Elle propose de corriger *albineus/abineus* en *albidus*, qui existe au sens de « blanc ». Sa transformation en *albineus*, qui pourrait se situer dans l'archétype, aurait été favorisée par la série de mots terminés en *-eus*, au milieu desquels *albineus* apparaît dans ce passage.

Candidissimus doit désigner un cheval d'une blancheur éclatante. L'emploi de *canus* (avec *quouis colore*) nous paraît relever du désir de varier l'expression en ayant recours à des synonymes. R. Martin, dans son Introduction au tome I, parle d'un « effort constant de variété dans l'expression » (p. XLVI). D'après J. André, *Etude sur les termes de couleur*..., p. 65, *canus* désignerait un « gris blanchâtre ». Mais il modifie ce point de vue p. 68 : « Chez certains auteurs, *canus* est devenu un substitut d'*albus* ». A notre avis, c'est ce qui se passe ici. Quant à *spumeus*, que nous traduisons par « couleur d'écume », nous laissons à J. André (o.c. p. 150) la responsabilité de cette affirmation : « *Spumeus* sans doute doit être considéré comme un blanc ».

Dans le domaine des jaunes, *gilbus* pose quelques problèmes. Cet adjectif est très rare dans la langue classique. Il qualifie exclusivement la robe des chevaux. La continuité de son existence dans la langue des éleveurs est attestée par Palladius, Isidore, *Orig*. XII, 1, 48 et la *Mulomedicina Chironis*. Le vrai sens est difficile à préciser. Servius, *Georg*. III, 83 fait penser à « alezan clair » (cf. R. Billiard, *L'agriculture dans l'antiquité*, p. 304-305). Pour J. André (*o.c.* p. 150) « le rapprochement étymologique possible avec anglais *yellow* et allemand *gelb* rend plus probable le sens d'« isabelle ».

Certains de ces termes de couleur sont en liaison avec une réalité (le pelage de la souris : *murinus*). En ce qui concerne *ceruinus*, « couleur du poil du cerf », J. André (*o.c.* p. 214) cite le français « louvet » qui morphologiquement fait référence au loup, mais indique un jaune mêlé de noir, correspondant à la couleur du poil de cerf. Un terme fait difficulté : *murteus*. Cet arbuste est toujours vert, ce qui ne correspond évidemment pas à la robe des chevaux. Dans l'Antiquité, deux explications orientent vers le rouge : Servius, *Georg*. III, 82 (*phoeniciatos uocant pressos, myrteos*) et Isidore, *Orig*. XII, 1, 53 (*myrteus autem est pressus in purpura*). J. André (*Etude sur les termes de couleur*... p. 190) propose le sens de « bai brun ».

Chapitre XV

1. *Ros Syriacum*. Le grec *rhus*, latinisé en *ros* désigne un arbrisseau de Syrie, traduit en français par *sumac*, terme arabe passé dans les

langues orientales. Plante connue depuis l'antiquité pour ses propriétés médicinales (entre autres). Ici il s'agit de soigner la diarrhée des abeilles.

2. Une recommandation paraît ici peu crédible : éviter de se baigner (*alienus a balneis*), si l'on se réfère à Columelle 9,14,3, qui dit que l'on ne doit pas s'approcher d'une ruche sans s'être lavé préalablement (*nec nisi lotus ad eas accedat*). L'explication se trouve chez Palladius lui-même (1,37,4) : « Il faut que soient éloignés des ruches tous les endroits malodorants : bains, étables, fosse d'écoulement des eaux de la cuisine ». Il faut éviter aussi les nourritures trop odorantes : chez Palladius « mets acres et à l'odeur forte, ainsi que toute espèce de salaison » ; chez Columelle : salaisons et tous les jus qu'elles rendent, acrimonie puante de l'ail ou de l'oignon ».

LIVRE V

Chapitre I

1. Cf. ci-dessus 3,6.

Chapitre II

1. Cf. ci-dessus 3,7.

Chapitre III

1. *Brassica* et *caulis* désignent parallèlement le chou, mais ici *caulis* concerne la tige du chou. *Quima* pose un problème de forme et un problème de sens. Ce terme, qui n'est utilisé qu'une autre fois chez Palladius (10,13,1) se présente chez cet auteur sous la forme probablement populaire *quima*, la forme classique, attestée chez Lucilius, Columelle et Pline, étant *cyma*, emprunt latinisé au grec κῦμα (neutre), avec changement de genre et passage à la première déclinaison Il s'agit, semble-t-il, de faire pommer un chou-fleur vert.

2. Seules attestations chez Palladius du maceron (*hipposelinon*) et de l'ache des marais (*heleoselinon*). D'après J. André, *L'alimentation*[2]..., p. 18, « Le maceron... a été cultivé très tôt non seulement pour ses feuilles, mais aussi pour sa racine charnue et aromatique, que l'on mangeait crue ou cuite ». Les Anciens semblent l'avoir surtout mise en conserve.

3. L'arroche des jardins pouvait être semée aussi en juillet (cf. ci-dessous 8,2,1). Apicius ne donne aucune recette à son sujet. Cette variété cultivée est signalée aussi par Columelle 11,3,42. Pline 20,219 et Dioscoride 2,119 parlent d'une variété sauvage à usage médical.

4. Les « transformations » dont parle ici Palladius sont assez étranges. Il n'y a pas lieu de rapprocher avec ce qui est dit en 3,24,7 : « La graine de chou devenue vieille se change en rave ». En effet, il y

a peu de différence entre la graine de chou et celle de rave. Sans doute le basilic et le serpolet sont deux labiées, mais le sisymbre est une crucifère. Pline 19,172 associe le serpolet et le sisymbre et il fait allusion en outre aux changements entre plantes aromatiques, comme celui du vieux basilic en serpolet et du sisymbre en menthe (19,176). Ces mutations, si mutations il y a, s'expliqueraient comme une dégénérescence des plantes plus aromatiques qui deviendraient des plantes moins aromatiques.

Le basilic et le serpolet entraient dans la composition de bouquets d'herbes aromatiques. Le sisymbre est une espèce de salade.

Chapitre IV

1. Nous avons ici chez Palladius la description du jujubier la plus complète de l'agronomie latine. Columelle 9,4,3 parle simplement de ses fleurs qu'apprécient les abeilles. Pline 15,47 et 17,75 ne donne guère de détails sur sa culture ; il signale que l'arbre a été introduit en Italie pratiquement à son époque.

2. Cf. 4,10,1.

3. Cf. 4,10,23 et 4,10,31-32.

Chapitre V

1. D'autres types d'huile apparaissent chez Palladius : de myrte (2,17), de laurier (2,18), de lentisque (2,20), de lis (6,14), de rose (6,16). Beaucoup s'utilisaient dans l'alimentation, en cosmétique et, surtout, en médecine. Pline 15,24-30 dit qu'on ne les connaissait pas à l'époque de Caton et énumère environ quarante huiles différentes, en signalant les propriétés curatives de beaucoup d'entre elles (23,80-83). Attestation aussi chez Dioscoride, comme médicaments simples ou en composition. Utilisation vétérinaire chez Palladius des huiles de lentisque (14,2,4 ; 14,19,3 ; 14,24,3) et de rose (14,51). Pour usage agricole, l'huile de laurier : si, pendant trois jours, on fait tremper les graines de cardon dans de l'huile de laurier, leur goût prendra celui du laurier (4,9,3).

Toutes ces huiles ont en commun leur nature aromatique.

On remarquera la nature du produit ainsi présenté : huile, violettes, vin vieux et miel.

TABLE DES MATIÈRES

COLLECTION DES UNIVERSITÉS DE FRANCE

OUVRAGES PARUS

Série grecque

dirigée par Jacques Jouanna
de l'Institut
professeur émérite à l'Université de Paris Sorbonne

Règles et recommandations pour les éditions critiques (grec). (1 vol.).

ACHILLE TATIUS.
Le Roman de Leucippé et Clitophon. (1 vol.).

AELIUS ARISTIDE (Pseudo-)
Arts rhétoriques. (2 vol.).

AELIUS THÉON.
Progymnasmata. (1 vol.).

ALCÉE.
Fragments. (2 vol.).

LES ALCHIMISTES GRECS.
(4 vol. parus).

ALCINOOS.
Les Doctrines de Platon. (1 vol.).

ALEXANDRE D'APHRODISE.
Traité du destin. (1 vol.).

ANDOCIDE.
Discours. (1 vol.).

ANONYME DE SÉGUIER.
Art du discours politique. (1 vol.).

ANTHOLOGIE GRECQUE.
(12 vol. parus).

ANTIGONE DE CARYSTE.
Fragments. (1 vol.).

ANTIPHON.
Discours. (1 vol.).

ANTONINUS LIBERALIS.
Métamorphoses. (1 vol.).

APHTHONIOS.
Corpus Rhet. I. Progymnasmata.

APOLLONIOS DE RHODES.
Argonautiques. (3 vol.).

APPIEN.
Histoire romaine. (7 vol. parus).

APSINÈS.
Art rhétorique. (1 vol.).

ARATOS.
Phénomènes. (2 vol.).

ARCHILOQUE.
Fragments. (1 vol.).

ARCHIMÈDE. (4 vol.).

ARGONAUTIQUES ORPHIQUES. (1 vol.).

ARISTÉNÈTE. (1 vol.).

ARISTOPHANE. (5 vol.).

ARISTOTE.
De l'âme. (1 vol.).
Catégories. (1 vol.).
Constitution d'Athènes. (1 vol.).
Du ciel. (1 vol.).
Économique. (1 vol.).
Génération des animaux. (1 vol.).
De la génération et la corruption. N^lle éd. (1 vol.).
Histoire des animaux. (3 vol.).
Marche des animaux - Mouvement des animaux. (1 vol.).
Météorologiques. (2 vol.).
Parties des animaux. (1 vol.).

Petits traités d'histoire naturelle. (1 vol.).
Physique. (2 vol.).
Poétique. (1 vol.).
Politique. (5 vol.).
Problèmes. (3 vol.).
Rhétorique. (3 vol.).
Topiques. (2 vol.).

ARISTOTE (Pseudo-).
Rhétorique à Alexandre. (1 vol.).

ARRIEN.
L'Inde. (1 vol.).
Périple du Pont-Euxin. (1 vol.).

ASCLÉPIODOTE.
Traité de tactique. (1 vol.).

ATHÉNÉE.
Les Deipnosophistes. (1 vol. paru).

ATTICUS.
Fragments. (1 vol.).

AUTOLYCOS DE PITANE.
Levers et couchers héliaques. - La sphère en mouvement. - Testimonia. (1 vol.).

BACCHYLIDE.
Dithyrambes. Épinicies. Fragments. (1 vol.).

BASILE (Saint).
Aux jeunes gens. Sur la manière de tirer profit des lettres helléniques. (1 vol.).
Correspondance. (3 vol.).

BUCOLIQUES GRECS.
Théocrite. (1 vol.).
Pseudo-Théocrite, Moschos, Bion. (1 vol.).

CALLIMAQUE.
Hymnes. - Épigrammes. - Fragments choisis. (1 vol.).

LES CATOPTRICIENS GRECS.
Les Miroirs ardents. (1 vol. paru).

CHARITON.
Le Roman de Chaireas et Callirhoé. (1 vol.).

COLLOUTHOS.
L'Enlèvement d'Hélène. (1 vol.).

CORPUS RHETORICUM.
(2 vol. parus).

CTÉSIAS DE CNIDE.
La Perse. L'Inde. Autres fragments. (1 vol.).

DAMASCIUS.
Traité des premiers principes. (3 vol.).
Commentaire du *Parménide* de Platon. (4 vol.).
Commentaire sur le *Philèbe* de Platon. (1 vol.).

DÉMÉTRIOS.
Du style. (1 vol.).

DÉMOSTHÈNE.
Œuvres complètes. (13 vol.).

DENYS D'HALICARNASSE.
Opuscules rhétoriques. (5 vol.).
Antiquités romaines. (2 vol. parus).

DINARQUE.
Discours. (1 vol.).

DIODORE DE SICILE.
Bibliothèque historique. (10 vol. parus).

DION CASSIUS.
Histoire romaine. (4 vol. parus).

DIOPHANTE.
Arithmétique. (2 vol. parus).

DU SUBLIME. (1 vol.).

ÉNÉE LE TACTICIEN.
Poliorcétique. (1 vol.).

ÉPICTÈTE.
Entretiens. (4 vol.).

ESCHINE.
Discours. (2 vol.).

ESCHYLE.
Tragédies. (2 vol.).

ÉSOPE.
Fables. (1 vol.).

EURIPIDE.
Tragédies (12 vol.).

FAVORINOS D'ARLES.
Œuvres (2 vol. parus).

GALIEN. (6 vol. parus).

GÉOGRAPHES GRECS.
(1 vol. paru).

GÉMINOS.
Introduction aux phénomènes. (1 vol.).

GRÉGOIRE DE NAZIANZE (le Théologien) (saint).
Correspondance. (2 vol.).
Poèmes. (1 vol. paru).

HÉLIODORE.
Les Éthiopiques. (3 vol.).

HÉRACLITE.
Allégories d'Homère. (1 vol.).

HERMÈS TRISMÉGISTE. (4 vol.).

HERMOGÈNE (Ps.).
Corpus Rhet. I. Progymnasmata.

HÉRODOTE.
Histoires. (11 vol.).

HÉRONDAS.
Mimes. (1 vol.).

HÉSIODE.
Théogonie. - Les Travaux et les Jours. - Bouclier. (1 vol.).

HIPPOCRATE. (12 vol. parus).

HOMÈRE.
L'Iliade. (4 vol.).
L'Odyssée. (3 vol.).
Hymnes. (1 vol.).

HYPÉRIDE.
Discours. (1 vol.).

ISÉE.
Discours. (1 vol.).

ISOCRATE.
Discours. (4 vol.).

JAMBLIQUE.
Les Mystères d'Égypte. (1 vol.).
Protreptique. (1 vol.).

JEAN LE LYDIEN.
Des magistratures de l'État romain. (2 vol. parus).

JOSÈPHE (Flavius).
Autobiographie. (1 vol.).
Contre Apion. (1 vol.).
Guerre des Juifs. (3 vol. parus).

JULIEN (L'empereur).
Lettres. (2 vol.).
Discours. (2 vol.).

LAPIDAIRES GRECS.
Lapidaire orphique. - Kerygmes lapidaires d'Orphée. - Socrate et Denys. - Lapidaire nautique. - Damigéron. - Evax. (1 vol.).

LIBANIOS.
Discours. (3 vol. parus).

LONGIN. RUFUS.
Fragments. Art rhétorique. (1 vol.).

LONGUS.
Pastorales. (1 vol.).

LUCIEN. (4 vol. parus).

LYCOPHRON.
Alexandra (1 vol.).

LYCURGUE.
Contre Léocrate. (1 vol.).

LYSIAS.
Discours. (2 vol.).

MARC-AURÈLE.
Écrits pour lui-même. (1 vol. paru).

MARINUS.
Proclus ou sur le bonheur. (1 vol.).

MÉNANDRE. (4 vol. parus).

MUSÉE.
Héro et Léandre. (1 vol.).

NICANDRE.
Œuvres. (2 vol. parus).

NONNOS DE PANOPOLIS.
Les Dionysiaques. (19 vol.).

NUMÉNIUS. (1 vol.).

ORACLES CHALDAÏQUES. (1 vol.).

PAUSANIAS.
Description de la Grèce. (6 vol. parus).

PHILODÈME DE GADARA.
Sur la musique. Livre IV (2 vol.).

PHOCYLIDE (Pseudo-). (1 vol.).

PHOTIUS.
Bibliothèque. (9 vol.).

PINDARE.
Œuvres complètes. (4 vol.).

PLATON.
Œuvres complètes. (26 vol.).

PLOTIN.
Ennéades. (7 vol.).

PLUTARQUE.
Œuvres morales. (20 vol. parus).
Vies parallèles. (16 vol.).

POLYBE.
Histoires. (12 vol. parus).

PORPHYRE.
De l'abstinence. (3 vol.).
Vie de Pythagore. - Lettre à Marcella. (1 vol.).

PROCLUS.
Commentaires de Platon.
– Alcibiade. (2 vol.).
– Parménide. (3 vol. parus)
Théologie platonicienne. (6 vol.).
Trois études. (3 vol.).

PROLÉGOMÈNES À LA PHILOSOPHIE DE PLATON. (1 vol.).

QUINTUS DE SMYRNE.
La Suite d'Homère. (3 vol.).

SALOUSTIOS.
Des dieux et du monde. (1 vol.).

SAPHO-ALCÉE.
Fragments. (1 vol.).

SCYMNOS (Pseudo-)
voir GÉOGRAPHES GRECS.

SIMPLICIUS
Commentaire du *Manuel* d'Épictète (1 vol. paru).

SOPHOCLE.
Tragédies. (3 vol.).

SORANOS D'ÉPHÈSE.
Maladies des femmes. (4 vol.).

STRABON.
Géographie. (10 vol. parus).

SYNÉSIOS DE CYRÈNE.
Hymnes. (1 vol.).
Lettres. (2 vol.).
Opuscules. (3 vol.).

THÉOGNIS.
Poèmes élégiaques. (1 vol.).

THÉOPHRASTE.
Caractères. (1. vol.).
Métaphysique. (1 vol.).
Recherches sur les plantes. (5 vol.).

THUCYDIDE.
Histoire de la guerre du Péloponnèse. (6 vol.).

TRIPHIODORE.
La Prise de Troie. (1 vol.).

XÉNOPHON.
Anabase. (2 vol.).
L'Art de la chasse. (1 vol.).
L'Art équestre. (1 vol.).
Banquet. - Apologie de Socrate. (1 vol.).
Le Commandant de la Cavalerie. (1. vol.).
Cyropédie. (3 vol.).
Économique. (1 vol.).
Helléniques. (2 vol.).
Mémorables (1 vol. paru).

XÉNOPHON D'ÉPHÈSE.
Éphésiaques ou Le Roman d'Habrocomès et d'Anthia. (1 vol.).

ZOSIME.
Histoire nouvelle. (5 vol.).
Tome I. N^lle^ éd. (1 vol.).

Série latine

dirigée par
Jean-Louis Ferrary
de l'Institut, directeur d'études à l'École pratique des hautes études (IVe section)
et
Jean-Yves Guillaumin
Professeur à l'Université de Franche-Comté

Règles et recommandations pour les éditions critiques (latin). (1 vol.).

ACCIUS.
Œuvres. Fragments. (1 vol.).

AMBROISE (Saint).
Les Devoirs. (2 vol.).

AMMIEN MARCELLIN.
Histoires. (7 vol.).

L. AMPÉLIUS.
Aide-mémoire. (1 vol.).

L'ANNALISTIQUE ROMAINE.
(3 vol. parus).

APICIUS.
Art culinaire. (1 vol.).

APULÉE.
Apologie. - Florides. (1 vol.).
Métamorphoses. (3 vol.).
Opuscules philosophiques. - Fragments. (1 vol.).

ARNOBE.
Contre les Gentils. (3 vol. parus).

LES ARPENTEURS ROMAINS.
(2 vol. parus).

AUGUSTIN (Saint).
Confessions. (2 vol.).

AULU-GELLE.
Nuits attiques. (4 vol.).

AURÉLIUS VICTOR.
Livre des Césars. (1 vol.).
Abrégé des Césars. (1 vol.).

AVIANUS.
Fables. (1 vol.).

AVIÉNUS.
Aratea. (1 vol.).

BOÈCE.
Institution arithmétique. (1 vol.).

CALPURNIUS SICULUS.
Bucoliques.

CALPURNIUS SICULUS (Pseudo-).
Éloge de Pison. (1 vol.).

CASSIUS FELIX.
De la médecine. (1 vol.).

CATON.
De l'agriculture. (1 vol.).
Les Origines. (1 vol.).

CATULLE.
Poésies. (1 vol.).

CELSE.
De la médecine. (1 vol. paru).

CÉSAR.
Guerre civile. (2 vol.).
Guerre des Gaules. (2 vol.).

CÉSAR (Pseudo-).
Guerre d'Afrique. (1 vol.).
Guerre d'Alexandrie. (1 vol.).
Guerre d'Espagne. (1 vol.).

CETIUS FAVENTINUS.
Abrégé d'architecture privée. (1 vol.).

CICÉRON.
L'Amitié. (1 vol.).
Aratea. (1 vol.).
Brutus. (1 vol.).
Caton l'ancien. De la vieillesse. (1 vol.).
Correspondance. (11 vol.).

De l'invention (1 vol.).
De l'orateur. (3 vol.).
Des termes extrêmes des Biens et des Maux. (2 vol.).
Discours. (22 vol.).
Divisions de l'art oratoire. - Topiques. (1 vol.).
Les Devoirs. (2 vol.).
L'Orateur. (1 vol.).
Les Paradoxes des stoïciens. (1 vol.).
De la république. (2 vol.).
Traité des lois (1 vol.).
Traité du destin. (1 vol.).
Tusculanes. (2 vol.).

CLAUDIEN.
Œuvres. (3 vol. parus).

COLUMELLE.
L'Agriculture, (4 vol. parus).
Les Arbres. (1 vol.).

COMMODIEN.
Instructions.

COMŒDIA TOGATA.
Fragments. (1 vol.).

CORIPPE.
Éloge de l'empereur Justin II. (1 vol.).

CORNÉLIUS NÉPOS.
Œuvres. (1 vol.).

CYPRIEN (Saint).
Correspondance. (2 vol.).

DOSITHÉE.
Grammaire latine. (1 vol.).

DRACONTIUS.
Œuvres. (4 vol.).

ÉLOGE FUNÈBRE D'UNE MATRONE ROMAINE. (1 vol.).

ENNODE DE PAVIE.
Lettres. (2 vol. parus).

L'ETNA. (1 vol.).

EUTROPE.
Abrégé d'Histoire romaine. (1 vol.).

FESTUS.
Abrégé des hauts faits du peuple romain. (1 vol.).

FIRMICUS MATERNUS.
L'Erreur des religions paiennes. (1 vol.).
Mathesis. (3 vol.).

FLORUS.
Œuvres. (2 vol.).

FORTUNAT (Venance). (4 vol.).

FRONTIN.
Les Aqueducs de la ville de Rome. (1 vol.).

GAIUS.
Institutes. (1 vol.).

GARGILIUS MARTIALIS
Les Remèdes tirés des légumes et des fruits. (1 vol.)

GERMANICUS.
Les Phénomènes d'Aratos. (1 vol.).

HISTOIRE AUGUSTE.
(5 vol. parus).

HORACE.
Épîtres. (1 vol.).
Odes et Épodes. (1 vol.).
Satires. (1 vol.).

HYGIN.
L'Astronomie. (1 vol.).

HYGIN (Pseudo-).
Des fortifications du camp. (1 vol.).

JÉRÔME (Saint).
Correspondance. (8 vol.).

JUVÉNAL.
Satires. (1 vol.).

LUCAIN.
Pharsale. (2 vol.).

LUCILIUS.
Satires. (3 vol.).

LUCRÈCE.
De la nature. (2 vol.).

STACE.
Achilléide. (1 vol.).
Les Silves. (2 vol.).
Thébaïde. (3 vol.).

SUÉTONE.
Vie des douze Césars. (3 vol.).
Grammairiens et rhéteurs. (1 vol.).

SYMMAQUE.
Lettres. (4 vol.).
Rapports - Discours (1 vol.)

TACITE.
Annales. (4 vol.).
Dialogue des orateurs. (1 vol.).
La Germanie. (1 vol.).
Histoires. (3 vol.).
Vie d'Agricola. (1 vol.).

TÉRENCE.
Comédies. (3 vol.).

TERTULLIEN.
Apologétique. (1 vol.).

TIBULLE.
Élégies. (1 vol.).

TITE-LIVE.
Histoire romaine. (30 vol. parus).

VALÈRE MAXIME.
Faits et dits mémorables. (2 vol.).

VALERIUS FLACCUS.
Argonautiques. (2 vol.).

VARRON.
Économie rurale. (3 vol.).
La Langue latine. (1 vol. paru).

LA VEILLÉE DE VÉNUS
(Pervigilium Veneris). (1. vol.).

VELLEIUS PATERCULUS.
Histoire romaine. (2 vol.).

VICTOR DE VITA.
Histoire de la persécution vandale en Afrique. – La passion des sept martyrs. – Registre des provinces et des cités d' Afrique. (1 vol.).

VIRGILE.
Bucoliques. (1 vol.).
Énéide. (3 vol.).
Géorgiques. (1 vol.).

VITRUVE.
De l' architecture. (10 vol.)

Catalogue détaillé sur demande

Ce volume,
le trois cent quatre-vingt-dix-huitième
de la série latine
de la Collection des Universités de France,
publié aux Éditions Les Belles Lettres,
a été achevé d'imprimer
en novembre 2010
dans les ateliers
de l'imprimerie Peeters s. a.
à Louvain, B-3000

N° d'édition : 7148
Dépôt légal : décembre 2010

Imprimé en Belgique

MACROBE.
Commentaire au songe de Scipion. (2 vol.).

MARTIAL.
Épigrammes. (3 vol.).

MARTIANUS CAPELLA.
Les Noces de philologie et Mercure. (3 vol. parus).

MINUCIUS FÉLIX.
Octavius. (1 vol.).

PREMIER MYTHOGRAPHE DU VATICAN. (1 vol.).

NÉMÉSIEN.
Œuvres. (1 vol.).

OROSE.
Histoires (Contre les Païens). (3 vol.).

OVIDE.
Les Amours. (1 vol.).
L'Art d'aimer. (1 vol.).
Contre Ibis. (1 vol.).
Les Fastes. (2 vol.).
Halieutiques. (1 vol.).
Héroïdes. (1 vol.).
Métamorphoses. (3 vol.).
Pontiques. (1 vol.).
Les Remèdes à l'amour. (1 vol.).
Tristes. (1 vol.).

PALLADIUS.
Traité d'agriculture. (2 vol. parus).

PANÉGYRIQUES LATINS. (3 vol.).

PERSE.
Satires. (1 vol.).

PÉTRONE.
Le Satiricon. (1 vol.).

PHÈDRE.
Fables. (1 vol.).

PHYSIOGNOMONIE (Traité de). (1 vol.).

PLAUTE.
Théâtre complet. (7 vol.).

PLINE L'ANCIEN.
Histoire naturelle. (37 vol. parus).

PLINE LE JEUNE.
Lettres. (4 vol.).

POMPONIUS MELA.
Chorographie. (1 vol.)

PROPERCE.
Élégies. N[lle] éd. (1 vol.).

PRUDENCE. (4 vol.).

QUÉROLUS. (1 vol.).

QUINTE-CURCE.
Histoires. (2 vol.)

QUINTILIEN.
Institution oratoire. (7 vol.)

RES GESTAE DIVI AVGVSTI. (1 vol.).

RHÉTORIQUE À HÉRENNIUS. (1 vol.).

RUTILIUS NAMATIANUS.
Sur son retour. N[lle] éd. (1 vol.).

SALLUSTE.
Conjuration de Catilina. Guerre de Jugurtha. Fragments des Histoires. (1 vol.).

SALLUSTE (Pseudo-).
Lettres à César. Invectives. (1 vol.).

SÉNÈQUE.
Apocoloquintose du divin Claude. (1 vol.).
Des bienfaits. (2 vol.).
De la clémence. (N[lle] éd. 1 vol.).
Dialogues. (4 vol.).
Lettres à Lucilius. (5 vol.).
Questions naturelles. (2 vol.).
Théâtre. N[lle] éd. (3 vol.).

SIDOINE APOLLINAIRE. (3 vol.).

SILIUS ITALICUS.
La Guerre punique. (4 vol.).